JN172472

大審院判決例大審院検事局決議司法省質疑回答
衆議院議員選擧罰則
附　選擧訴訟、當選訴訟判決例

司法省刑事局 編纂

大正十三年發行

大審院判決例
大審院檢事局決議
司法省質疑回答

衆議院議員選擧罰則

附 選擧訴訟、當選訴訟判決例

日本立法資料全集 別巻 1186

信山社

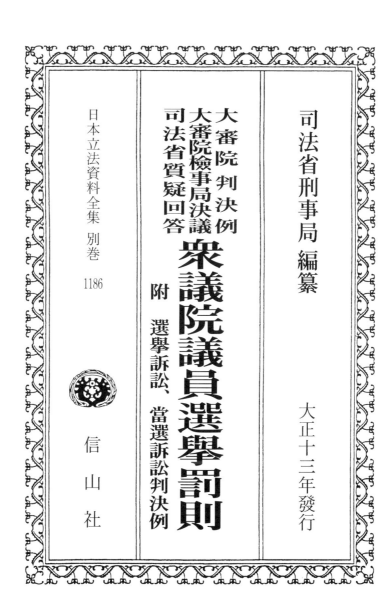

司法省刑事局編纂

大審院判決例
大審院・檢事局決議
司法省質疑回答

衆議院議員選擧罰則

附 選擧訴訟、當選訴訟判決例

東京 清水書店發行

司法省刑事局編纂

大審院判決例
大審院檢事局決議
司法省質疑回答

衆議院議員選擧罰則

附
選擧訴訟
當選訴訟　判決例

東京
清水書店發行

凡例

【要旨】トアルハ改正要旨ノ略
【回答】トアルハ司法省質疑回答ノ略
【判例】トアルハ大審院決判例ノ略
【決議】トアルハ大審院検事局決議ノ略

衆議院議員選擧罰則目次

第八十八條

第八十九條

大審院判決例

大審院判決例

大審院判決例
大審院檢事局決議
司法省質疑回答
衆議院議員選擧罰則目次 終

大審院判決例
司法省質疑回答

衆議院議員選擧罰則

附　選擧訴訟、當選訴訟判決例

司法省刑事局編纂

第一章　選擧ニ關スル區域

第一條　衆議院議員ハ各選擧區ニ於テ之ヲ選擧ス
選擧區及各選擧區ニ於テ選擧スヘキ議員ノ數ハ別表ヲ以テ之ヲ定ム

第二條　投票區ハ市町村ノ區域ニ依ル
特別ノ事情アル市町村ニ於テハ勅令ノ定ムル所ニ依リ二箇以上ノ投票區ヲ設ケ又ハ數町村ノ區域ニ依リ一投票區ヲ設クルコトヲ得

前項ノ場合ニ於テ投票ニ關シ本法ノ規定ヲ適用シ難キトキハ勅令ヲ以テ特別ノ規定ヲ設クルコトヲ得

第三條 町村組合ニシテ町村ノ事務ノ全部又ハ役場事務ヲ共同處理スルモノハ之ヲ一町村、其ノ組合管理者ハ之ヲ町村長ト看做ス（大正八年法律第六十號ヲ以テ改正）

第四條 市町村長ハ投票管理者トナリ投票ニ關スル事務ヲ擔任ス

第五條 （大正八年法律第六十號ヲ以テ削除）

第六條 郡市長ハ選擧長トナリ選擧會ニ關スル事務ヲ擔任ス（同上ヲ以テ全條改正）

一選擧區數郡市ニ渉ルトキハ地方長官ハ關係郡市長ノ一人ヲシテ選擧長タラシムヘシ

第七條 行政區劃ノ變更ニ因リ選擧區ニ異動ヲ生スルモ現任議員ハ其ノ職ヲ失フコトナシ

第二章　選擧權及被選擧權

第八條 左ノ要件ヲ具備スル者ハ選擧權ヲ有ス

一　帝國臣民タル男子ニシテ年齢滿二十五年以上ノ者

二　選擧人名簿調製ノ期日迄引續キ滿六箇月以上同一選擧區内ニ住所ヲ有スル者（同上ヲ以テ本號改正）

三　選擧人名簿調製ノ期日迄引續キ滿一年以上直接國稅三圓以上ヲ納ムル者（同上）

家督相續ニ依リ財產ヲ取得シタル者ニ付テハ其ノ財產ニ付被相續人ノ爲シタル納稅ヲ以テ其ノ者ノ爲シタル納稅ト看做ス

第九條　前條ノ要件中其ノ期間ニ關スルモノハ行政區畫變更ノ爲中斷セラルルコトナシ（同上ヲ以テ改正）

第十條　帝國臣民タル男子ニシテ年齡滿三十年以上ノ者ハ被選擧權ヲ有ス

第十一條　左ニ揭クル者ハ選擧權及被選擧權ヲ有セス

一　禁治產者及準禁治產者

二　身代限ノ處分ヲ受ケ債務ノ辨償ヲ終ヘサル者及家資分散若ハ破產ノ宣告ヲ受ケ其ノ確定シタルトキヨリ復權ノ決定確定スルニ至ル迄ノ者

三　六年ノ懲役又ハ禁錮以上ノ刑ニ處セラレタル者（同上ヲ以テ本號改正）

四　六年未滿ノ懲役又ハ禁錮ノ刑ニ處セラレ其ノ執行ヲ終リ又ハ執行ヲ受クルコトナキニ至ル迄ノ者(同上ヲ以テ追加)

第十二條　華族ノ戸主ハ選擧權及被選擧權ヲ有セス

陸海軍軍人ニシテ現役中ノ者及戰時若ハ事變ニ際シ召集中ノ者又ハ官立公立私立學校ノ學生、生徒亦前項ニ同シ

第十三條　神官、神職、僧侶其ノ他諸宗教師、小學校教員ハ被選擧權ヲ有セス其ノ之ヲ罷メタル後三箇月ヲ經過セサル者亦同シ

政府ニ對シ請負ヲ爲ス者及其ノ支配人又ハ主トシテ同一ノ行爲ヲ爲ス法人ノ無限責任社員、役員及支配人ハ被選擧權ヲ有セス(同上ヲ以テ本項改正)

前項ノ役員トハ取締役、監査役及之ニ準スヘキ者並淸算人ヲ謂フ(同上ヲ以テ本項追加)

第十四條　選擧事務ニ關係アル官吏、吏員ハ其關係郡市內ニ於テ被選擧權ヲ有セス其ノ之ヲ罷メタル後三箇月ヲ經過セサル者亦同シ(同上ヲ以テ中改正)

第十五條　宮內官、判事、檢事、行政裁判所長官、行政裁判所評定官、會計檢査官、收稅官吏及

警察官吏ハ被選擧權ヲ有セス

第十六條　前條ノ外ノ官吏ハ其ノ職務ニ妨ナキ限ハ議員ト相兼ヌルコトヲ得

第十七條　府縣會議員ハ衆議院議員ト相兼ヌルコトヲ得ス

第三章　選擧人名簿

第十八條　町村長ハ毎年十月一日ノ現在ニ依リ其ノ町村内ニ住所ヲ有スル者ノ選擧資格ヲ調査シ選擧人名簿正副二本ヲ調製シ十月十五日迄ニ郡長ニ送付スヘシ

郡長ハ町村長ヨリ送付シタル名簿ヲ調査シ其ノ修正スヘキモノハ修正ヲ加ヘ副本ハ十月三十一日迄ニ之ヲ町村長ニ返付スヘシ

市長ハ毎年十月一日ノ現在ニ依リ其ノ市内ニ住所ヲ有スル者ノ選擧資格ヲ調査シ十月三十一日迄ニ選擧人名簿ヲ調製スヘシ

選擧人名簿ニハ選擧人ノ氏名、官位、職業、身分、住所、生年月日、納税額及納税地等ヲ記載スヘシ（同上ヲ以テ本項中改正）

第十九條　選擧人其ノ住所ヲ有スル市町村外ニ於テ直接國稅ヲ納ムルトキハ命令ノ定ムル所ニ依リ其ノ證明ヲ得テ十月五日迄ニ其ノ住所地ノ市町村長ニ屆出ツヘシ其ノ期日迄ニ屆出ヲ爲サヽルトキハ其ノ納稅ハ選擧人名簿ニ記載セラルヘキ要件ニ算入セス

第二十條　郡長、市町村長ハ十一月五日ヨリ十五日間其ノ廳又ハ地方長官ノ許可ヲ得タル場所ニ於テ選擧人名簿ヲ縱覽ニ供スヘシ

第二十一條　選擧人選擧人名簿ニ脫漏又ハ誤載アルコトヲ發見シタルトキハ其ノ理由書及證憑ヲ具ヘテ之ヲ郡市長ニ申立ツルコトヲ得

第二十二條　選擧人正當ノ事故ニ因リ第十九條ノ手續ヲ爲スコト能ハスシテ選擧人名簿ニ登錄セラレサルトキ亦前條ノ例ニ依ル

第二十三條　縱覽期限ヲ經過シタルトキハ前二條ノ申立ヲ爲スコトヲ得ス

第二十四條　郡市長ニ於テ第二十一條第二十二條ノ申立ヲ受ケタルトキハ其ノ理由及證憑ヲ審查シ申立ヲ受ケタル日ヨリ二十日以內ニ之ヲ決定スヘシ其ノ申立ヲ正當ナリト決定シタルトキハ直ニ選擧人名簿ヲ修正シ其ノ由ヲ申立人及關係人ニ通知シ併セテ其ノ要領ヲ告示スヘシ其ノ申

立ヲ正當ナラスト決定シタルトキハ之ヲ申立人ニ通知スヘシ

前項ニ依リ名簿ヲ修正シタルトキハ郡長ハ其ノ由ヲ本人住所地ノ町村長ニ通知スヘシ

第二十五條　前條郡市長ノ決定ニ不服アル申立人及關係人ハ郡市長ヲ被告トシ決定ノ通知ヲ受ケタル日ヨリ七日以内ニ地方裁判所ニ出訴スルコトヲ得

前項地方裁判所ノ判決ニ對シテハ控訴スルコトヲ許サス但シ大審院ニ上告スルコトヲ得

第二十六條　町村長ハ十一月二十日ヨリ十二月十日迄ノ間ニ其ノ管理ニ屬スル選擧人名簿ヲ郡長ニ送付スヘシ

前項名簿ノ送付ヲ受ケタル郡長ハ之ヲ調査シ其ノ修正スヘキモノハ修正ヲ加ヘ十二月二十日迄ニ之ヲ町村長ニ返付スヘシ

第二十七條　選擧人名簿ハ十二月二十日ヲ以テ確定ス

選擧人名簿ハ次年ノ選擧人名簿確定ノ日迄之ヲ据置クヘシ但シ確定判決ニ依リ修正スヘキモノハ郡市長ニ於テ直ニ之ヲ修正シ其ノ要領ヲ告示スヘシ

前項ニ依リ名簿ヲ修正シタルトキハ郡長ハ其ノ由ヲ本人住所地ノ町村長ニ通知シ副本ヲ修正セ

シムヘシ
天災事變其ノ他ノ事故ニ因リ必要アルトキハ更ニ選擧人名簿ヲ調製スヘシ
前項選擧人名簿ノ調製及其ノ期日、縱覽確定ニ關スル期日、期間等ハ命令ノ定ムル所ニ依ル

第四章　選擧、投票及投票所

第二十八條　總選擧ノ期日ハ勅令ヲ以テ之ヲ定メ少クトモ三十日前ニ之ヲ公布ス
第二十九條　選擧ハ投票ニ依リ之ヲ行フ
投票ハ一人一票ニ限ル
第三十條　投票所ハ市役所、町村役場又ハ地方長官ノ許可ヲ得テ投票管理者ノ指定シタル場所ニ之ヲ設ク
第三十一條　投票管理者ハ選擧ノ期日ヨリ少クトモ五日前ニ投票所ヲ其ノ投票區內ニ告示スヘシ
第三十二條　郡市長ハ各投票區內ニ於ケル選擧人中ヨリ三名以上五名以下ノ投票立會人ヲ選任シ選擧ノ期日ヨリ少クトモ三日前ニ之ヲ本人ニ通知シ選擧ノ當日投票所ニ參會セシムヘシ

投票立會人ハ正當ノ事故ナクシテ其ノ職ヲ辭スルコトヲ得ス

第三十三條　投票所ハ午前七時ニ開キ午後六時ニ閉ツ

第三十四條　選擧人ハ選擧ノ當日自ラ投票所ニ到リ選擧人名簿ノ對照ヲ經テ投票スヘシ（大正八年法律第六十號ヲ以テ本項中改正）

投票管理者ハ投票ヲ僞サムトスル選擧人ノ本人ナルヤ否ヲ確認スルコト能ハサルトキハ其ノ本人ナル旨ヲ宣言セシムヘシ其ノ宣言ヲ爲ササル者ハ投票ヲ爲スコトヲ得ス

第三十五條　投票用紙ハ選擧ノ當日投票所ニ於テ之ヲ選擧人ニ交付スヘシ

第三十六條　選擧人ハ投票所ニ於テ投票用紙ニ自ラ被選擧人一名ノ氏名ヲ記載シテ投函スヘシ

投票用紙ニハ選擧人ノ氏名ヲ記載スルコトヲ得ス

第三十七條　選擧人名簿ニ登錄セラレサル者ハ投票スルコトヲ得ス但シ選擧人名簿ニ登錄セラルヘキ確定判決書ヲ所持シ選擧ノ當日投票所ニ到ル者アルトキハ投票管理者ハ之ヲシテ投票セシムヘシ

第三十八條　選擧人名簿ニ登錄セラレタル者選擧權ヲ有セサルトキハ投票ヲ爲スコトヲ得ス

自ラ被選擧人ノ氏名ヲ書スルコト能ハサル者亦前項ニ同シ

第三十九條　投票ノ拒否ハ投票立會人ノ意見ヲ聽キ投票管理者之ヲ決定スヘシ

前項ノ決定ヲ受ケタル町村ノ選擧人不服アルトキハ投票管理者ハ假ニ投票ヲ爲サシムヘシ

前項ノ投票ハ選擧人ヲシテ之ヲ封筒ニ入レ封緘シ表面ニ自ラ其ノ氏名ヲ記載シ投函セシムヘシ

第一項ニ掲クル者ニ於テ異議アル町村ノ選擧人ニ對シテモ亦前二項ニ同シ

第四十條　投票所ヲ閉ツヘキ時刻ニ至リタルトキハ投票管理者ハ其ノ由ヲ告ケテ投票所ノ入口ヲ鎖シ投票所ニ在ル選擧人ノ投票結了スルヲ待テ投票函ヲ閉鎖スヘシ

投票函閉鎖後ハ投票スルコトヲ得ス

第四十一條　投票管理者ハ投票錄ヲ作リ投票ニ關スル顚末ヲ記載シ投票立會人ト共ニ之ニ署名スヘシ

第四十二條　投票管理者ハ一名又ハ數名ノ投票立會人ト共ニ町村ノ投票區又ハ郡ト合セテ選擧區ヲ爲ス市ノ投票區ニ於テハ投票ノ翌日迄ニ、其ノ他ノ投票區ニ於テハ投票ノ當日投票函、投票錄及選擧人名簿ヲ選擧長ニ送致スヘシ（大正八年法律第六十號ヲ以テ改正）

第四十三條　島嶼其ノ他交通不便ノ地ニシテ前條ノ期日ニ投票函ヲ送致スルコト能ハサル情況アルトキハ地方長官ハ適宜ニ其ノ投票ノ期日ヲ定メ選擧會ノ期日迄ニ其ノ投票函、投票錄及選擧人名簿ヲ送致セシムルコトヲ得(同上)

第四十四條　天災其ノ他避クヘカラサル事故ニ因リ投票ヲ行フコトヲ得サルトキ又ハ更ニ投票ヲ行フノ必要アルトキハ投票管理者ハ選擧長ヲ經テ地方長官ニ其ノ由ヲ屆出ツヘシ此ノ場合ニ於テハ地方長官ハ更ニ期日ヲ定メ投票ヲ行ハシムヘシ但シ其ノ期日ハ少クトモ五日前ニ投票區内ニ告示セシムヘシ(同上)

第四十五條　同一選擧區ニ於テ同時ニ二人以上ノ議員ヲ選擧スルトキハ選擧ノ種類如何ニ拘ラス第二十九條及第三十六條ノ例ニ依ル

第四十六條　何人ト雖選擧人ノ投票シタル被選擧人ノ氏名ヲ陳述スルノ義務ナシ

第五章　投票所取締

第四十七條　投票管理者ハ投票所ノ秩序ヲ保持シ必要ナル場合ニ於テハ警察官吏ノ處分ヲ請求ス

ルコトヲ得

第四十八條　選舉人、投票所ノ事務ニ從事スル者、投票所ヲ監視スル職權ヲ有スル者及警察官吏ノ外投票所ニ入ルコトヲ得ス

第四十九條　投票所ニ於テ演說討論ヲ爲シ若ハ喧騷ニ涉リ又ハ投票ニ關シ協議若ハ勸誘ヲ爲シ其ノ他投票所ノ秩序ヲ紊ル者アルトキハ投票管理者ハ之ヲ制止シ命ニ從ハサルトキハ之ヲ投票所外ニ退出セシムヘシ

第五十條　前條ニ依リ投票所外ニ退出セシメラレタル者ハ最後ニ票至リ投ヲ爲スコトヲ得但シ投票管理者ハ投票所ノ秩序ヲ紊ルノ虞ナシト認ムル場合ニ於テ投票ヲ爲サシムルヲ妨ケス（大正八年法律第六十號ヲ以テ但書改正）

第六章　選舉會（大正八年法律第六十號ヲ以テ改正）

第五十一條　選舉會ハ選舉長ノ屬スル郡市役所又ハ地方長官ノ許可ヲ得テ選舉長ノ指定シタル場所ニ之ヲ開ク（同上）

第五十二條　選擧長ハ豫メ選擧會ノ場所及日時ヲ告示スヘシ(同上)

第五十三條　地方長官ハ各選擧區内ニ於ケル選擧人中ヨリ三名以上七名以下ノ選擧立會人ヲ選任シ選擧會ノ期日ヨリ少クトモ三日前ニ之ヲ本人ニ通知シ選擧會ニ參會セシムヘシ(同上)

選擧立會人ハ正當ノ事故ナクシテ其ノ職ヲ辭スルコトヲ得ス

第五十四條　選擧長ハ總テノ投票函ノ送致ヲ受ケタル日ノ翌日選擧會ヲ開キ選擧立會人立會ノ上投票函ヲ開キ投票ノ總數ト投票人ノ總數トヲ計算スヘシ(同上)

第五十五條　前條ノ計算終リタルトキハ選擧長ハ先ツ第三十九條第二項及第四項ノ投票ヲ調査シ選擧立會人ノ意見ヲ聽キ其ノ受理如何ヲ決定スヘシ(同上ヲ以テ本項中改正)

選擧長ハ各投票所ノ投票ヲ混同シ選擧立會人ト共ニ投票ヲ點檢スヘシ(同上)

一選擧區數郡市ニ渉ルトキハ各郡市別ニ前項ノ手續ヲ爲スヘシ(同上ヲ以テ本項追加)

第五十六條　選擧人ハ其ノ選擧會ノ參觀ヲ求ムルコトヲ得(同上ヲ以テ改正)

第五十七條　投票ノ效力ハ選擧立會人ノ意見ヲ聽キ選擧長之ヲ決定スヘシ(同上)

第五十八條　左ノ投票ハ之ヲ無效トス

一　成規ノ用紙ヲ用ヰサルモノ
二　一投票中二人以上ノ被選擧人ヲ記載シタルモノ
三　被選擧人ノ何人タルヲ確認シ難キモノ
四　被選擧權ナキ者ノ氏名ヲ記載シタルモノ
五　被選擧人ノ氏名ノ外他事ヲ記載シタルモノ但シ官位、職業、身分、住所又ハ敬稱ノ類ヲ記入シタルモノハ此ノ限ニ在ラス
六　被選擧人ノ氏名ヲ自書セサルモノ（同上ヲ以テ本號追加）
七　衆議員議員ノ職ニ在ル者ノ氏名ヲ記載シタルモノ（同上）
前項第七號ノ規定ハ第七十四條又ハ第七十八條ノ規定ニ依ル選擧ノ場合ニ限リ之ヲ適用ス（同上ヲ以テ本項追加）
第五十九條　投票ハ有效無效ヲ區別シ議員ノ任期間選擧長ニ於テ之ヲ保存スヘシ（同上ヲ以テ中改正）
一選擧區數郡市ニ渉ルトキハ各郡市別ニ前項ノ手續ヲ爲スヘシ（同上ヲ以テ本項追加）

第六十條　選擧長ハ選擧錄ヲ作リ選擧會ニ關スル顚末ヲ記載シ選擧立會人ト共ニ署名シ投票錄ト併セテ議員ノ任期間之ヲ保存スヘシ（同上ヲ以テ改正）

第六十一條　選擧ノ一部無效トナリ更ニ選擧ヲ行ヒタル場合ニ於ケル選擧會ニ於テハ其ノ投票ノ效力ヲ決定スヘシ（同上）

第六十二條　第四十四條ノ規定ハ但書ヲ除キ選擧會ニ之ヲ準用ス（同上）

第六十三條　選擧會場ノ取締ニ付テハ第五章ノ規定ヲ準用ス（同上）

第七章　（大正八年法律第六十號ヲ以テ削除）

第六十四條　（同上）

第六十五條　（同上）

第六十六條　（同上）

第六十七條　（同上）

第六十八條　（同上）

第六十九條　（同上）

第八章　當選人

第七十條　有效投票ノ最多數ヲ得タル者ヲ以テ當選人トス但シ其ノ選擧區內ノ議員定數ヲ以テ選擧人名簿ニ記載セラレタル者ノ總數ヲ除シテ得タル數ノ五分ノ一以上ノ得票アルコトヲ要ス

當選人ヲ定ムルニ當リ得票數同シキトキハ年齡多キ者ヲ取リ年齡モ亦同シキトキハ選擧會ニ於テ選擧長抽籤シテ之ヲ定ム（大正八年法律第六十號ヲ以テ本項改正）

選擧訴訟若ハ當選訴訟ノ結果更ニ選擧ヲ行フコトナクシテ當選人ヲ定ムヘキ場合ニ於テハ選擧會ヲ開キ之ヲ定ムヘシ（同上）

當選人當選ヲ辭シタルトキ、死亡者ナルトキ又ハ選擧ニ關スル犯罪ニ依リ刑ニ處セラレ其ノ當選無效トナリタルトキ其ノ當選人第二項ノ規定ニ依リ當選人トナリタル者ナル場合ニ於テハ選擧會ヲ開キ其ノ規定ノ適用ヲ受ケタル他ノ得票者ニ就キ當選人ヲ定ムヘシ（同上）

前二項ノ場合ニ於テハ第五十四條第五十五條第五十七條乃至第五十九條第六十一條ノ規定ヲ適

用セス（同上）

本條ニ依リ當選人ヲ定ムルニ當リ得票ノ數相同キトキハ年長者ヲ取リ同年月ナルトキハ抽籤シテ其ノ順位ヲ定ム

第七十一條 當選人定マリタルトキハ選擧長ハ直ニ當選人ニ當選ノ旨ヲ告知シ同時ニ當選人ノ氏名得票數及選擧人名簿ニ記載セラレタル者ノ總數其ノ他選擧ノ顚末ヲ地方長官ニ報告スヘシ

（大正八年法律第六十號ヲ以テ全條改正）

當選人ナキトキ又ハ當選人議員ノ定數ニ達セサルトキハ選擧長ハ直ニ其ノ旨ヲ地方長官ニ報告スヘシ

第七十二條 當選人當選ノ告知ヲ受ケタルトキハ其ノ當選ヲ承諾スルヤ否ヲ選擧長ニ屆出ツヘシ

一人ニシテ數選擧區ノ當選ヲ承諾スルコトヲ得ス

選擧長第一項ノ規定ニ依ル屆出ヲ受ケタルトキハ直ニ其ノ旨ヲ地方長官ニ報告スヘシ（大正八年法律第六十號ヲ以テ本項追加）

第七十三條 當選人當選ノ告知ヲ受ケタル日ヨリ二十日以内ニ當選承諾ノ屆出ヲ爲ササルトキハ

其ノ當選ヲ辭シタルモノト看做ス

第七十四條 左ニ揭クル事由ノ一ニ該當スル場合ニ於テハ更ニ選擧ヲ行フコトナクシテ當選人ヲ定メ得ルトキ又ハ左ニ揭クル其ノ他ノ事由ニ依リ若ハ第七十八條第四項ノ規定ニ依リ選擧ノ期日ヲ告示シタルトキヲ除クノ外地方長官ハ選擧ノ期日ヲ定メ豫メ之ヲ告示シ更ニ選擧ヲ行ハシムヘシ（大正八年法律第六十號ヲ以テ全條改正）

一　當選人ナキトキ又ハ當選人議員ノ定數ニ達セサルトキ

二　當選人當選ヲ辭シタルトキ又ハ死亡者ナルトキ

三　選擧訴訟若ハ當選訴訟ノ結果ニ依リ當選人ナキニ至リ又ハ當選人議員ノ定數ニ達セサルニ至リタルトキ

四　當選人選擧ニ關スル犯罪ニ依リ刑ニ處セラレ其ノ當選無效トナリタルトキ

選擧訴訟若ハ當選訴訟ノ出訴期間ハ前項ノ規定ニ依ル選擧ヲ行フコトヲ得ス其ノ出訴アリタル場合ニ於テ訴訟繫屬中亦同シ

第七十五條 當選人當選ヲ承諾シタルトキハ地方長官ハ直ニ當選證書ヲ付與シ其ノ氏名ヲ管內ニ

告示シ且之ヲ内務大臣ニ報告スヘシ

第七十六條 選擧訴訟若クハ當選訴訟ノ判決ニ依リ選擧若ハ當選無效トナリタルトキ又ハ當選證書ヲ付與シタル後選擧ニ關スル罰則ニ依リ處罰セラレタル結果當選無效トナリタルトキハ地方長官ハ其ノ當選證書ヲ取消シ之ヲ管內ニ告示スヘシ

第九章　議員ノ任期及補闕選擧

第七十七條 議員ノ任期ハ總選擧ノ期日ヨリ四箇年トス但シ議會開會中ニ任期終ルモ閉會ニ至ル迄在任ス

第七十八條 議員ニ闕員ヲ生シタルトキハ內務大臣ハ地方長官ニ其ノ補闕ノ手續ヲ爲スヘキ旨ヲ命スヘシ(大正八年法律第六十號ヲ以テ全條改正)

地方長官ハ第七十四條ノ規定ニ依リ選擧ノ期日ヲ告示シタルトキヲ除クノ外前項ノ規定ニ依ル命ヲ受ケタル日ヨリ二十日以內ニ補闕選擧ヲ行ハシムヘシ但シ第七十條第二項ノ規定ニ依リ當選人トナリタル議員闕員トナリタルトキハ直ニ其ノ旨ヲ選擧長ニ通知スヘシ

選擧長ハ前項但書ノ規定ニ依ル通知ヲ受ケタル日ヨリ二十日以内ニ第七十條第四項及第五項ノ規定ヲ準用シ當選人ヲ定ムヘシ

補闕選擧ノ期日ハ地方長官豫メ之ヲ告示スヘシ

第七十四條第二項ノ規定ハ補闕選擧ニ之ヲ準用ス

第七十九條 補闕議員ハ其ノ前任者ノ殘任期間在任ス

第十章 選擧訴訟及當選訴訟

第八十條 選擧ノ效力ニ關シ異議アル選擧人ハ選擧長ヲ被告トシ選擧ノ日ヨリ三十日以内ニ控訴院ニ出訴スルコトヲ得

前項控訴院ノ判決ニ不服アル者ハ大審院ニ上告スルコトヲ得

第八十一條 選擧ノ規定ニ違背スルコトアルトキハ當選ノ結果ニ異動ヲ及ホスノ虞アル場合ニ限リ裁判所ハ其ノ選擧ノ全部若ハ一部ノ無效ヲ判決スヘシ

當選訴訟ニ於テモ其ノ選擧前項ノ場合ニ該當スルトキハ裁判所ハ其ノ全部若ハ一部ノ無效ヲ判

決スヘシ

第八十二條　當選ヲ失ヒタル者當選ノ效力ニ關シ異議アルトキハ當選人ヲ被告トシ第七十五條ノ氏名告示ノ日ヨリ三十日以内ニ控訴院ニ出訴スルコトヲ得但シ第七十條第一項但書ニ定メタル得票ニ達シタリトノ理由ニ由リ出訴スル場合ニ於テハ選擧長ヲ被告トシ第七十四條ノ告示ノ日ヨリ三十日以内ニ出訴スヘシ

前項控訴院ノ判決ニ不服アル者ハ大審院ニ上告スルコトヲ得

當選訴訟ノ裁判確定前當選人死亡シタルトキハ檢事ヲ被告トス（大正八年法律第六十號ヲ以テ本項追加）

第八十三條　裁判所ハ選擧訴訟若ハ當選訴訟ヲ裁判スルニ當リ檢事ヲシテ口頭辯論ニ立會ハシムヘシ

第八十四條　選擧訴訟若ハ當選訴訟ノ出訴アリタルトキハ裁判所ハ其ノ旨ヲ内務大臣ニ通知スヘシ訴訟ノ繋屬セサルニ至リタルトキ亦同シ（大正八年法律第六十號ヲ以テ本項追加）

裁判所ニ於テ選擧訴訟若ハ當選訴訟ヲ判決シタルトキハ其ノ判決書ノ謄本ヲ内務大臣ニ送付ス

ヘシ若帝國議會開會中ナルトキハ併セテ之ヲ衆議院議長ニ送付スヘシ

第八十五條 原告人ハ訴狀ヲ提出スルト同時ニ保證金トシテ三百圓又ハ之ニ相當スル額面ノ公債證書ヲ供託スヘシ

原告人敗訴ノ場合ニ於テ裁判確定ノ日ヨリ七日以內ニ裁判費用ヲ完納セサルトキハ保證金ヲ以テ之ニ充當シ仍足ラサルトキハ之ヲ追徵ス

第十一章 罰則

第八十六條 詐僞ノ方法ヲ以テ選擧人名簿ニ登錄セラレタル者又ハ第三十四條第二項ノ場合ニ於テ虛僞ノ宣言ヲ爲シタル者ハ五十圓以下ノ罰金ニ處ス（大正八年法律第六十號ヲ以テ中改正）

【要旨】 本條ニ付テハ何等實質上ノ改正ヲ加フルコトナク只刑罰ヲ整理シタルニ過キス卽チ舊法ニ於テハ「十圓以上五十圓以下ノ罰金ニ處ス」ト規定セルヲ「五十圓以下ノ罰金ニ處ス」ニ改メ現行法ノ罰金刑ト爲シタルニ止マル

第八十七條 左ノ各號ニ揭クル行爲ヲ爲シタル者ハ一年以下ノ禁錮又ハ二百圓以下ノ罰金ニ處ス

（同上ヲ以テ全條改正）

一　議員候補者カ投票ヲ得ル目的ヲ以テ選擧人又ハ選擧運動者ニ對シ金錢、物品、手形其ノ他ノ財産上ノ利益又ハ公私ノ職務ノ供與若ハ其ノ供與ノ約束ヲ爲シ又ハ其ノ供與ノ申込ヲ爲シタルトキ

二　議員候補者カ投票ヲ得ル目的ヲ以テ選擧人又ハ選擧運動者ニ對シ酒食、遊覽等其ノ方法及名義ノ何タルヲ問ハス饗應接待若ハ其ノ饗應接待ノ約束ヲ爲シ又ハ其ノ饗應接待ノ申込ヲ爲シタルトキ

三　議員候補者カ投票ヲ得ル目的ヲ以テ選擧人ニ對シ投票所ニ往復スル爲ノ船車馬ノ類ノ供給旅費休泊料ノ類ノ代辨若ハ其ノ供給代辨ノ約束ヲ爲シ又ハ其ノ供給代辨ノ申込ヲ爲シタルトキ

四　議員候補者カ投票ヲ得ル目的ヲ以テ選擧人又ハ選擧運動者ニ對シ選擧人若ハ選擧運動者又ハ其ノ關係アル社寺、學校、會社、組合、市町村等ニ對スル用水、小作、債權、寄附其ノ他利害ノ關係ヲ利用シテ誘導ヲ爲シタルトキ

五　議員候補者若ハ選擧運動者カ投票ヲ爲サシメサル目的ヲ以テ又ハ選擧運動者カ議員候補者ノ爲ニ投票ヲ爲サシムル目的ヲ以テ第一號乃至第三號ノ供與饗應接待供給代辨若ハ其ノ約束ヲ爲シ又ハ第一號乃至第三號ノ申込若ハ前號ノ誘導ヲ爲シタルトキ

六　議員候補者又ハ選擧運動者カ議員候補者ヲシテ議員候補者タルコトヲ止メシメ又ハ選擧運動者ヲシテ選擧運動ヲ止メシムル目的ヲ以テ其ノ者ニ對シ第一號ノ供與其ノ供與ノ約束若ハ其ノ供與ノ申込ヲ爲シタルトキ又ハ其ノ者若ハ其ノ者ニ關係アル社寺、學校、會社、組合、市町村等ニ對スル用水、小作、債權、寄附其ノ他利害ノ關係ヲ利用シテ誘導ヲ爲シタルトキ

七　投票ヲ爲シ若ハ爲サヽルコト議員候補者タルコトヲ止メタルコト選擧運動ヲ爲シ若ハ止メタルコト又ハ其ノ周旋勸誘ヲ爲シタルコトノ報酬ト爲スノ目的ヲ以テ議員候補者又ハ選擧運動者カ選擧人、議員候補者又ハ選擧運動者ニ對シ第一號ノ供與若ハ第二號ノ饗應接待、其ノ供與若ハ饗應接待ノ約束又ハ其ノ供與若ハ饗應接待ノ申込ヲ爲シタルトキ

八　第一號乃至第三號前三號ノ供與饗應接待供給代辨ヲ受ケ若ハ要求シ又ハ第一號乃至第三號前三號ノ申込ヲ承諾シ若ハ第四號乃至第六號ノ誘導ニ應シタルトキ

九　第一號乃至前號ニ掲クル行爲ニ關シ周旋又ハ勸誘ヲ爲シタルトキ

前項ノ場合ニ於テ收受シタル利益ハ之ヲ沒收ス其ノ全部又ハ一部ヲ沒收スルコト能ハサルトキハ其ノ價格ヲ追徵ス

【要旨】（一）　本條ノ罪ヲ目的罪トナシタルコト

舊法第八十七條ハ選擧ニ關シ云々ト所定シ選擧ニ關シテ同條所定ノ行爲ヲ爲ストキハ犯罪ヲ構成スト爲シタルモ「選擧ニ關シ」ナル文句ハ其ノ意義不明確ニシテ實際ノ運用上疑義ヲ惹起スルノ嫌アリタルヲ以テ改正法ハ之ヲ改メ本條ノ犯罪ハ總テ之ヲ目的罪ト爲シ「投票ヲ得ル目的ヲ以テ」「投票ヲ爲サシメサル目的ヲ以テ」「投票ヲ爲サシムル目的ヲ以テ」「報酬ト爲ス目的ヲ以テ」ト規定シ此ノ如キ一定ノ目的アルニアラサレハ犯罪ヲ構成スルコトナキヲ明ニシ犯罪成立ノ範圍ヲ明確ナラシメタリ從ツテ各個ノ具體的案件ニ付テハ犯人カ如何ナル目的ヲ有スルモノナリヤヲ確定セサルヘカラス

（二）　犯罪ノ主體ヲ明瞭ナラシメタルコト

舊法第八十七條ハ犯罪ノ主體ヲ制限セサルカ故ニ廣ク何人ト雖モ同條違犯ノ制裁ニ服

セサルヘカラス此ノ如キハ甚シク廣汎ニ失シ且取締ノ實情ニ副ハサルヲ以テ改正法ニ於テハ其各號ニ於テ犯罪ノ主體ヲ明ニシ第一號乃至第四號ノ罪ニ付テハ議員候補者、第五號乃至第七號ノ罪ニ於テハ議員候補者又ハ選擧運動者、第八號ノ罪ニ於テハ前各號ノ定ムル所ニ從ヒ選擧人又ハ選擧運動者又ハ議員候補者ヲ處罰スルコトト爲シタリ而シテ其他ノ者ニ付キ第九號ノ適用アル外刑法第六十五條ノ適用アルハ勿論ナリ

（三）　間接ニ本條違犯ノ罪ヲ犯シタル者ノ處分ヲ一般ノ原則ニ讓リタルコト

舊法第八十七條第一項第一號ハ直接又ハ間接ニ云々ト規定シ第二號第三號ニハ特ニ直接又ハ間接ノ文字ヲ存セスト雖モ第一號ト同樣其直接タルト間接タルトヲ區別セサルコト解釋ノ一定セルトコロニシテ（大正四年(れ)第一四六六號同年七月八日第一、第二、第三刑事聯合部判決）苟モ人ヲシテ利益供與等ノ罪ヲ犯サシメタル以上ハ其ノ行爲ノ實體カ敎唆ナルト實行ナルトヲ論セス常ニ間接ノ犯罪トシテ處罰スヘキモノト解セラルル餘地アリタリト雖モ改正法ニ於テハ直接間接ナル文字ヲ削除シ本條違犯ノ罪ニ付刑法共犯ノ規定ノ適用アルコトヲ明ニシタルヲ以テ舊法ニ於テハ間接ノ罪トシテ處斷セラルヘキ事案ト雖モ其實質カ實行行爲ニ該

當スル場合ニ於テハ本條違犯ノ罪ヲ構成スヘク若シ教唆行爲ニ過キサルトキハ刑法教唆罪ノ適用ヲ受クヘキモノナルコトヲ注意セサルヘカラス

（四）利益供與罪ノ目的物ヲ財産上ノ利益ニ限定シタルコト

舊法ハ單ニ利益ト規定シ財産上ノ利益ニ規定セサルカ故ニ有形無形一切ノ利益ヲ包含スルモノト解釋スルノ餘地アリタレトモ此ノ如キハ餘リニ廣キニ失スルノ嫌アルカ故ニ改正法ハ明文ヲ以テ財産上ノ利益ニ規定シタリ故ニ婚姻ノ媒介ヲ爲シ妾ノ周旋ヲ爲スカ如キハ犯罪ヲ構成セサルモノトス

（五）饗應接待ヲ受クル者ノ範圍ヲ選擧人又ハ選擧運動者ニ規定シタルコト

舊法ノ第八十七條第二號ニ於テ廣ク「人ヲ饗應接待云々」ト規定シ其ノ饗應接待ヲ受クル者ノ選擧人タルト然ラサルト選擧運動者タルト然ラサルトヲ區別セス此ノ如キハ徒ニ取締ノ範圍ヲ擴張スルノ譏ヲ受クルノミナラス他ノ規定トノ權衡ヲ失スルカ故ニ之ヲ選擧人及ヒ選擧運動者ニ限定シタリ

（六）選擧運動者ノ利害關係ヲ利用シ之ヲ誘導スル罪ヲ新ニ規定シタルコト

舊法第八十七條第三號ハ選擧ニ關シ選擧人又ハ其ノ關係アル市町村等ニ對スル利害關係ヲ利用シ選擧人ヲ誘導シタル者ト規定シ單ニ選擧人ニ對スル場合ノミヲ處罰シタルモ選擧運動者ニ對スル各種ノ利害關係ヲ利用シ選擧運動ヲ爲サシメ又ハ之ヲ止メシムルコトモ亦選擧ノ公正ヲ期スル所以ニアラサルコト敢テ選擧人ニ對スル場合ト何等擇フ所ナキカ故ニ改正法ニ於テハ新ニ選擧運動者ノ利害關係ヲ利用シテ之ヲ誘導スル行爲ヲ犯罪トシテ處罰スルノ規定ヲ設ケタリ

（七）　議員候補者ノ辭退ニ關スル規定ヲ設ケタルコト

利益ヲ供與シ又ハ利害關係ヲ利用シテ誘導スル等ノ行爲ニ依リ議員候補者ヲシテ候補ヲ辭退セシメ又ハ候補ノ辭退ニ對スル報酬トシテ利益ヲ供與シ又ハ饗應接待ヲ爲スカ如キハ選擧ノ實情ニ照シ嚴ニ之カ糺彈ヲ要スルニ拘ラス舊法ニ於テ何等之ヲ處罰スル規定存セサリシヲ以テ改正法ハ第六號乃至第八號ニ於テ此等ノ不正行爲ニ關スル處罰ヲ規定シタリ

（八）　選擧人、選擧運動者又ハ議員候補者ヨリ利益供與其他ノ不正行爲ヲ要

求スル場合ヲ處罰スル規定ヲ設ケタルコト

近時選擧界ノ腐敗漸ク甚シク選擧人ヨリ進ンテ投票ノ賣込ヲ申出テ其ノ買收費ノ多キモノヲ擇ンテ投票スルノ弊風アリ殊ニ惡辣ナル者ニ至リテハ巧ニ欺瞞シテ數多ノ候補者ヨリ金物其ノ他ノ利益ヲ收受スルカ如キハ其ノ例ニ乏シカラス然ルニ舊法ニ於テ何等之ヲ處罰スルノ規定ナカリシハ頗ル選擧ノ實情ニ副ハサルノ憾アリタルヲ以テ改正法ニ於テハ之ヲ處罰スルノ規定ヲ設ケタリ而シテ選擧運動者カ進ンテ利益ノ供與等ヲ要求スルカ如キ議員候補者カ候補辭退ノ對價又ハ報酬ヲ要求スルカ如キモ亦其ノ不正ナル點ニ於テ敢テ選擧人カ利益供與ノ要求ヲ爲スト何等擇フ所ナキカ故ニ此等ノ場合ニ關シテモ亦新ニ處罰規定ヲ設ケタリ

（九）　事後ノ供與饗應接待等ハ報酬ト爲ス目的ヲ以テスル場合ニ限リ處罰スルノ規定ヲ設ケタルコト

舊法ニ於テハ苟モ選擧ニ關スルモノト認メラルル以上ハ利益供與饗應接待等カ事前ノ行爲タルト事後ノ行爲タルトヲ論セス等シク之ヲ處罰シタレトモ事後ノ行爲ニ付テハ

果シテ如何ナル場合ニ於テ選擧ニ關スルモノト認ムヘキヤニ付キ疑ヲ生スルコト尠シトセサルカ故ニ改正法ハ事前ノ行爲ニ對スル報酬ト爲ス目的ヲ以テ爲シタル場合ニ於テ事後ノ行爲ヲ處罰スル趣旨ヲ明ニシタリ

（一〇） 本條違犯ノ罪ノ全部ニ亙リ其ノ周旋勸誘ヲ特別罪ト爲シタルコト

舊法第八十七條ハ利益若ハ職務ノ供與ニ關スル周旋勸誘ノミヲ特ニ處罰シタレトモ此場合ニ於ケル周旋勸誘ノミヲ特ニ處罰スルハ其ノ理由ニ乏シキカ故ニ改正法ハ第八十七條ノ總テノ犯罪ニ付キ其ノ周旋勸誘ヲ特別罪トシテ處罰シタリ

（一一） 刑罰ヲ改正シタルコト

舊法ハ第八十七條違犯ノ罪ニ對シ一月以上一年以下ノ輕禁錮又ハ十圓以上百圓以下ノ罰金ノ制裁ヲ科シタルモ改正法ハ一年以下ノ禁錮又ハ二百圓以下ノ罰金ニ處スルコトトセリ

【回答】（一） 大正四年十月二十三日甲第ヨ五九號福岡地方裁判所檢事正問合

候補者ニ於テ其運動者並ニ有權者ノ選擧法違犯事件ニ依リ言渡サレタル罰金ヲ代納シ

若クハ辯護料ヲ支拂タル場合ハ衆議院議員選擧法第八十七條第一號ノ犯罪ヲ構成スルヤ否差掛リタル事件有之候

大正四年十月二十六日刑乙第一一九二號法務局長電報回答

本月二十三日附問合ノ件ハ罰金ノ代納又ハ辯護料ノ代辨カ選擧運動又ハ投票ニ酬ユルノ趣旨ナルニ於テハ犯罪ヲ構成ス

（二）　有權者ニシテ或ル候補者ノ運動者カ運動ノ爲メ平素供サレ居ル車馬ニテ選擧當日自己ノ投票ノ爲メ投票ニ赴クカ如キハ選擧法ノ違犯ト認メスシテ可然ヤ

回　答

選擧法ノ違犯ト認メスシテ可ナリ車馬ノ供給ノ如キハ本來利益ノ供與トナルヘキモノナルモ選擧法第八十七條ニ於テハ之ヲ利益ノ供與中ヨリ除外シ特ニ第二號ニ規定シ而シテ車馬ノ供給ニ付テハ場所ニ關スル制限ヲ置キタルモノナルカ故ニ此等ノ所爲ニシテ既ニ第二號ニ該當セサル以上ハ之ヲ以テ第一號ニ問擬スルハ第二號特設ノ趣意ニ反

スルモノトス

（三）　明治四十五年五月三十日松江區裁判所監督判事照會

衆議院議員選擧ニ關シ第一次ノ選擧運動者カ金百圓ノ供與ヲ受ケ同人ハ第二次運動者ニ其全部ヲ供與シテ選擧運動ヲ爲サシメ第二次運動者ハ該金ノ内二十圓ヲ自家ノ費途ニ使用シ八十圓ヲ第三次運動者ニ供與シ第三次運動者ハ該金員ヲ選擧有權者數十名ニ供與シタル事案ニ付各運動者ノミヲ起訴シ選擧人ハ不起訴トナレリ此場合ニ於テ當該選擧法第八十七條第二項ノ適用ニ付左ノ數説アリ

第一説　第一次第二次運動者ヨリ各別ニ百圓宛第三次運動者ヨリ八十圓ヲ追徴ス

第二説　第二次運動者ヨリ二十圓第三次運動者ヨリ八十圓ヲ追徴シ第一次運動者ヨリハ追徴ヲ爲サス

第三説　第二次運動者ヨリ二十圓ヲ追徴スルノミニシテ他ノ運動者ヨリ追徴ヲ爲サス

明治四十五年六月四日刑事甲第七一號刑事局長囘答（電報）

照會ニ係ル追徵ノ件ハ第一說ヲ正當ナリト思考ス

（四）供與ノ周旋人カ依賴者ノ豫期スル選擧人又ハ選擧運動者以外ノ選擧人又ハ選擧運動者ニ供與シタル時ハ亦第八十七條第一號ノ違反ナリト信ス

同　答

第八十七條第一號ノ違犯ナリ

（五）候補者運動者等カ選擧ニ關シ相談等ヲ爲ス爲メ有權者ヲ選擧會場開票所若ハ投票所ニアラサル他ノ場所ニ招待シ其際有權者ニ往復スル爲メ車馬ヲ供給スルカ如キハ選擧法第八十七條第二號ノ違犯トナラサルヤ

同　答

選擧法第八十七條第一項第二號ハ場所ヲ制限スルヲ以テ本問ノ場合ハ同條ノ違犯トナラス

（六）社交團體（各區ニ散在シアル公民會トカ公有會トカ云フカ如キモノ）カ或ル候補者ヲ推薦シ其候補者ノ選擧ニ關シ團體ノ基本金ニテ團體員

中ノ有權者ヲ饗應接待シ又ハ投票ノ爲メ投票所ニ往復スル車馬ヲ供給スルカ如キ事ハ選擧法ノ違犯トナラサルヤ否ヤ

回答

自己ノ共有金ニテ飮食又ハ車馬ヲ雇入ルルモノナルヲ以テ饗應接待又ハ車馬ノ供給トナラス

（七）明治三十六年一月十五日神戸地方裁判所檢事正問合

別紙記載ノ事實ニ對シ衆議院議員選擧法第九十七條ニ該當スルモノト做シ過般起訴致候處豫審ニテ有罪ノ決定ヲ爲シタルニ反之第一二審共被告事件罪ト爲ラストノ理由ニテ無罪ノ判決ニ相成候得共候補者ニ關シトハ其意義廣ク苟クモ候補者ニ關スルモノハ悉ク之ヲ包含スルモノト解釋スルヲ相當ナリト思料致候本問ノ事實ハ候補者ト同氏名ノ關係ヲ利用シタルモノナレハ候補者ニ關セスト云フ可ラス（中略）且ツ此等ヲ不問ニ付スルトセハ將來選擧上非常ノ弊害アルノミナラス取締上ニ付テハ容易ナラサル煩雜ヲ來シ可申臨時總選擧モ切迫致居候事故豫メ御意見拜承致置度候ニ付御多端中恐入

候得共至急御内示被成下度奉願候

（別紙）

茲ニ衆議院議員候補者アリ反對派ニ於テ其ノ當選ヲ妨害スルノ目的ニテ候補者ト同氏名ノモノアルヲ奇貨トシ之ヲ以テ候補者ナリト虚僞ノ事項ヲ公ニシタリ

明治三十六年一月二十五日民刑局長回答

當選ヲ妨害スル目的ニテ候補者ト同氏名ノ者ヲ候補者ナリト虚僞ノ事項ヲ公ニスルモ選擧法第九十七條ニ云フ議員候補者ニ關シ云々ト云フヲ得ス

（八）明治四十四年二月一日發第七〇一號岡山地方裁判所檢事正問合

衆議院議員選擧ノ際該選擧ニ關シテ金錢其他ノ利益ヲ選擧人又ハ選擧運動者ニ供與セムコトヲ申込ミタルモ事發覺スルニ至ラスシテ六ケ月ノ時效期間ヲ經過シタル後右申込ニ基キテ金錢其他ノ利益ヲ供與シタル者及ヒ其相手方ハ該授受ニ關シテ最早處罰スルコト能ハサルヤ否ヤ

明治四十四年二月二十七日民刑甲第七號民刑局長回答

申込後六ヶ月ヲ經過シタルトキト雖モ該申込ニ基キ金錢其他ノ利益ヲ供與シタル者及之ヲ收受シタル者ハ同條第一號ニ依リ處斷スルコトヲ得

（九）　大正六年四月六日刑甲第一二三號司法省法務局長通牒

問　縣内ノ河川改修工事、鐵道敷設又ハ高等農林學校位地問題等ニ關スル意見ヲ宣言書又ハ演說ニ於テ發表スルハ選擧法第八十七條第一項第三號ニ該當スルヤ

答　該當ス

問　（同上）候補者又ハ運動者ニ於テ鐵道敷設ヲ速成セシムルコト、或ル港灣ヲ開港場ニ指定セシムルコト、區裁判所ヲ復活セシムルコトニ盡力スヘキコトヲ各利害關係ヲ有スル土地ノ有權者ニ申述シ投票ヲ勸誘シタルトキハ法第八十七條第一項第三號ニ所謂其他利害ノ關係ヲ利用シ選擧人ヲ誘導シタルモノニ該當スルヤ否ヤ

答　右ハ何レモ犯罪ヲ構成ス

問　(同上)候補者某ノ運動者甲ト其配下ノ運動者乙、客年九月有權者ヲ訪問シ候補者某ニ投票スルコトヲ依頼シタルモノナル處甲乙協議ノ上本年一月中右有權者ニ對シ茶四半斤代(七十二錢)ヲ供與シタリ右ハ假令補缺選擧ニ關スルモノナルモ供與ハ議會解散後ナルノミナラス今回ノ選擧ニ關係アル疑アリ起訴可然ヤ

答　相當處分然ルヘシ

問　(同上)貴重ナル一票云々ト題スル小冊子ヲ候補者ニ於テ自己ノ政見發表ノ代リニ有權者ニ配付スルトキハ利益ノ供與ト認ムヘキヤ否ヤ

答　利益ノ供與ト認ムヘキモノニアラス

問　(同上)　候補者某ノ人物ヲ賞揚シ市民ハ宜ク彼ヲ推薦セサルヘカラサル意味ノ記事ヲ掲クル定價十七錢ノ雜誌世界公論ヲ有權者ニ世界公論社ノ帶封ヲ施シ見本進呈ノ記號ヲ捺シ送付セル事實アリ右ハ利益ノ供與ト認ムヘキヤ

答　右ハ發行者ニ於テ雜誌賣弘メノ爲メニ配付シタルモノニシテ選擧ニ關係ナキト

キハ固ヨリ起訴スヘキモノニアラス若シ選擧ニ關係シタルモノナルトキハ假令直接ニ利益ヲ與ヘ投票ヲ依頼スル意思ニアラストスルモ定價十七錢ノ雜誌ヲ贈與シタル以上ハ利益ノ供與ト認ムヘキモノトス仍テ選擧ニ關スルヤ又何人ノ配付シタルモノナルヤ精査ヲ要ス

問（同上）投票ノ交換又ハ任期中更代ヲ約シテ投票ヲ得タル場合ハ法第八十七條一項一號ノ所謂公私ノ職務ヲ選擧人ニ供與シ又ハ供與センコトヲ申込ミタル者並供與ヲ受ケ若クハ申込ヲ承諾シタル者ニ該當スルヤ

設例

前者ノ場合

某町村ニ於テ町村會議員選擧ニ際シ右町村内ノ甲乙部落ハ有權者少數ニシテ各獨立シテ一級若クハ二級議員ヲ選出スルコト能ハス毎回甲乙以外ノ部落ノ爲メ壓迫ヲ受ケ居リタルニ付甲乙兩部落ノ重立チタル者協議ノ上甲部落ノ一級選擧權全部ヲ擧ケテ乙部落ノ一級選擧權者ト共同シテ同部落ノ一級候補者（二級有權者）ニ供與シ其

報酬トシテ乙部落ノ二級有權者全員ヲシテ甲部落ノ二級有權者ト共ニ同部落ノ二級候補者（一級有權者）ニ投票セシムルコトトシ各關係人ハ其協議ニ同意シタリ右ハ甲乙ノ兩候補者卽チ一二級ノ選擧ニ對シ町村會議員ナル職務ヲ供與ス可キニ付其有スル一二級ノ投票ヲ授與セラレ度シト申込ミ各候補者ハ其申込ヲ承諾シタル事實ニシテ選擧ニ關シ公私ノ職務ヲ選擧人ニ供與センコトヲ申込ミタル者並ニ其申込ヲ承諾シタル者トアルニ該當スルカ如シ

後者ノ場合

衆議院若クハ市町村會ノ議員選擧ニ際シ候補者甲、選擧人乙ニ對シ該議員ノ任期中相當ノ時期ニ到ラハ辭任シテ其補闕選擧ニハ乙ヲ選出スルコトニ周旋ス可キニ付自己ヲ投票シ吳レ度シト申込ミ乙之ヲ承諾シタリ右ハ選擧ニ關シ甲ハ他日乙ニ衆議院議員若クハ市町村會議員ナル職務ヲ供與セムコトヲ申込ミ乙ハ其申込ヲ承諾シタル者ト謂フヲ得ルヤ

答 然リ

問　(同上)　辯護士タル候補者有權者ニ對シ自己ヲ投票シ呉ルレハ後日事件アリタルトキ有利ニ取扱ヒ遣ルヘシト申込ミ其意味(イ)財産上或利益トナルヘキ取扱ヲ爲シ遣ルヘシト云フ場合ト(ロ)單ニ事件ヲ有利ニ取扱ヒ遣ルヘシト云フ場合ハ如何

答　(イ)　法第八十七條一號ニ所謂利益供與ノ申込ニ該リ(ロ)例ヘハ人事事件ニ付實費報酬ヲ得テ勝訴ノ判決ヲ得セシムルコトニ盡力スルカ如キトキハ法第八十七條第三號ニ利害關係ヲ利用シテ人ヲ誘導シタルモノト謂フヲ得ヘシ

問　(同上)　運動者甲同派運動者乙ニ對シ使用スヘキ運動者及買收スヘキ有權者ヲ指名セス又金額ノ分配方法ヲ限定セス一切ノ實行ヲ乙ニ委任シ乙ヲシテ適當ノ運動者ヲ選定セシメ且之ヲシテ適宜投票ヲ買收セシムル目的ヲ以テ運動報酬及買收費ニ相當ノ金額(實費ヲ含ム)ヲ乙ニ交付シ乙ハ其意ヲ體シ更ニ丙ヲ配下ノ運動者ト爲シ其運動方法ヲ指示シ買收費及運動報酬ニ相當ノ金額ヲ丙ニ交付シ丙ハ更ニ同樣丁ニ交付シ丁ハ其意ヲ受ケ有權者ヲ買收ス金圓ノ所有權ハ夫々

移轉ス

此場合ニ於テ丙ハ間接供與者乙ハ間接ノ間接供與者甲ハ間接ノ複間接供與者ナリト云フヲ得ヘキヤ、甲乙丙共謀ノ間接供與者ナリヤ乙丙ヲ共謀間接供與者ト認メ甲ハ乙ニ對スル敎唆ナリヤ、相互間ノ行爲ヲ供與及收受ト認ムヘキヤ、若シ所有權ノ移リタルニアラスシテ買收費ノ委託ナリト認ムル場合ニ於テ間接供與ハ其幾階段ヲ重ヌルヲ問ハス複間接供與者ニ論スヘキヤ又實行方法ヲ指定セスシテ買收犯行ヲ使嗾シタル場合ハ敎唆ヲ以テ論スヘキヤ

甲ハ乙ニ運動ヲ依賴スルニ當リ單ニ運動費トシテ百圓ヲ交付シタリト雖モ報酬トシテ供與スル意思ナカリシニ不拘乙ハ其金ハ全部運動報酬トシテ貰ヒタルモノナリト信シ之ヲ自己ノ利益ニ費消シタルトキハ甲ノ犯意ヲ認ムル能ハスト雖モ乙ハ利益收受者トシテ罰スヘキヤ、供與ト收受トハ必要的共犯關係ト解スヘキヤ、收受者ハ單獨行爲ニシテ收受者ノ犯意ノミニヨリ成立スルモノナレハ供與者ノ存否ニ不拘收受者ヲ罰スヘキヤ

運動者カ投票買收ノ目的ヲ以テ有權者ニ對シ某ニ投票スルニ於テハ金若干ヲ供與スヘシト申込ムモ有權者ハ其金ヲ實見セシメヨト迫リ運動者ハ買收費ヲ出シ之ヲ有權者ニ示シ後日供與スヘク約束ス此場合ニ右金ハ犯罪供用物トシテ沒收スルヲ得ルヤ

答

運動實費、買收費、報酬ヲ包括シテ順次運動者ニ交付シタルモノナルカ故各階段ニ於テ運動者ニ金錢ノ供與ヲ爲シタルモノト認ムルヲ相當トス

之ト異リ買收費ノミヲ委託シタルモノナルトキハ運動者ニ供與ノ罪ヲ構成スヘキモノニアラサルヲ以テ之ニ依リ選擧人ヲ買收シタル事實アル場合ハ間接供與ト認ムルヲ得ヘク其間幾階段ヲ重ヌルモ均シク間接供與ノ罪ヲ認ムルヲ得ヘキモノトス而シテ買收ノ爲メ金圓ヲ交付シ以テ買收行爲アリタルトキハ具體的ニ實行方法ヲ指定セストモ間接供與ト認ムヘキモノニシテ敎唆ヲ以テ論スヘキモノニアラス

供與ト收受トハ必要的共犯ナルヲ以テ供與行爲カ少クトモ客觀的關係ニ於テ不

法タル場合ニアラサレハ收受罪ヲ構成セサルモノトス而シテ本問ハ其運動費ナルモノナルカ純然タル實費ノミナルトキハ固ヨリ罪トナラサルヘキモ單ニ包括的ニ交付シ必スシモ實費ト特定セサルモノナルニ於テハ罪ヲ構成ス

法第八十七條ノ適用ニ付第二項ノ沒收規定ハ全然刑法總則ノ沒收例ヲ排除シタルモノト謂フヲ得サルモ本問ノ場合ニハ其金ヲ犯罪供用物トシテ沒收スヘキモノニアラス

問　（同上）投票所ニ於テ選擧人カ被選擧人ノ氏名ヲ遺忘シ躊躇シ又ハ氏名ヲ自書スル能ハサルヲ見テ何人ヲ投票スルヤト問ヒ何某ナリトノ答ヲ得テ投票ヲ代表シタルトキハ如何又投票所ニ於テ被選擧人ノ氏名ヲ自書スル能ハサル選擧人ニ氏名ヲ切拔キタル紙型ヲ與ヘ之ヲ用ヒテ投票ニ氏名ヲ表記セシメタルモノハ如何

答　法第九十條ノ投票干渉ハ選擧人ノ投票ニ關スル意思決定ニ影響ヲ與フル行爲タルヲ要ス問合ノ場合ハ何レモ何人ヲ投票スルカハ已ニ定レリ罪トナラス

問（同上）本年二月十九日刑乙第一〇七六號通牒第一ハ辨當代ヲ受ケタル運動者カ運動ノ途中偶々自宅ノ前ヲ通行スルニ際シ便宜上自宅ニ立寄リ食事ヲ爲シ又ハ偶々適當ノ辨當屋ナキ方面ヲ運動セサルヲ得サル場合ニ會シ自宅ヨリ辨當ヲ携帶スル等當事者カ辨當料授受ノトキ豫期セサル偶然ノ事情ニ因シ從テ當事者間何等報酬意義ノ毫モ推定スヘキモノナキ場合ノ謂ニシテ汎ク運動者ハ地方普通ノ辨當代ヲ受入乍ラ之ヲ費用セスシテ隨意ニ自宅ヨリ辨當ヲ持參シ又ハ自宅ニ於テ食事ヲ爲スモ常ニ罪トナラストノ意味ニハ非ス隨テ運動者カ運動期間偶然ニアラスシテ日々支給額ヨリ少額ナル食事又ハ辨當ヲ用キテ差額ヲ利得シ支給者亦此事情ヲ知リ又ハ豫期シテ支給ヲナス場合ノ如キハ實費以外ノ金圓供與又ハ運動費ノ請負トシテ犯罪ノ成立ヲ非認スルノ意ニハ非スト解シ差支ナキヤ

答　右通牒第一ハ運動者ニ於テ運動期間内日々支給額ヨリ少額ナル食事又ハ辨當ヲ用キテ其差額ヲ利得セントスル意思ヲ以テ支給ヲ受ケ支給者亦其情ヲ知リナカラ之ヲ支給スル場合ニ於テモ運動者ニシテ日々實際運動ヲ爲シ辨當代ニシテ地方

普通ノ價格ナルニ止マルトキハ運動ノ實費ヲ支給シタルモノト看做スノ趣旨ナリトス從テ普通勞務ノ報酬五六十錢ノ收入アル者選擧運動者トナリ地方普通ノ辨當料トシテ一日二食分五十錢又ハ六十錢ヲ支給セラルル場合ニ於テ辨當料ヲ運動ノ報酬ト觀念シ支給額ヨリ少額ナル食事又ハ辨當ニ甘シ選擧運動ニ從事スルニ於テモ地方普通ノ價格ヲ支給セラレタル運動者カ實際運動ヲ爲シタル場合ナルカ故ニ節約シテ差額ヲ利得スル事實且其情ヲ知リタル事實アリトスルモ犯罪ヲ構成セサルモノトス尤モ辨當代ヲ前渡シ又ハ一定ノ期日分ニ對スル辨當代ヲ一時ニ支給スル場合ニ於テハ往々支給ヲ受ケタル者ニ於テ辨當代ノ支給ヲ受ケタル其期日中或ル時ハ運動ヲ爲シ得サルコトアルヘシト觀念シ又實際運動ヲ爲ササルカ若クハ辨當ヲ必要トスル程度ノ運動ヲ爲ササルコトアルニ拘ラス之ニ對スル額ノ支給ヲ受ケ若ハ其額ノ返還ヲ爲ササルコトアルヘク支給ヲ爲ス者ニ於テモ亦豫メ右ノ事情ヲ知リテ支給スルコトアルヘシ然ルトキハ運動ノ實費ト看做スヘキモノ以外ノ利益ノ授受ヲ爲シタルモノナルカ故ニ利益授受ノ犯

罪ヲ構成スルコト勿論ナリ

（一〇） 大正六年二月十九日刑乙第一〇七六號司法省刑事局長通牒

問 選擧運動者カ自宅ヨリ辨當ヲ携帶シ又ハ自宅ニ於テ食事ヲ爲シタル場合ニ於テ辨當代名義ノ下ニ其ノ實費トシテ地方普通ノ辨當代ノ支給ヲ受クルハ實費ノ供給ト認メス

答 本問ノ場合ニ於テハ地方普通ノ辨當代ノ支給ヲ受ケタルモノナルヲ以テ選擧運動者カ自宅ヨリ辨當ヲ携帶シ又ハ自宅ニ於テ食事ヲ爲シタル場合ニ於テ縱令辨當又ハ食事ノ代金カ支給ヲ受ケタル價格ヨリ少額ナルトキニ於テモ其支給ヲ受ケタル價格ハ實費ト看做スヘキモノトス

（同上） 道路河川ノ改修、停車場設置等ニ關シ奔走盡力シ呉レタル者偶々議員候補者トナリ選擧運動ヲ爲ス場合ニ於テ當該地方ノ選擧民ニ對シ何某ハ曾テ道

問 路河川ノ開通又ハ停車場ノ設置ニ付キ功勞アル人物ニシテ斯ル人物ヲ選出シ置クトキハ今後ニ於テモ亦斯ル問題ニ對シテ盡力シ呉ルル趣ニ付投票セラレタシ

ト選擧人ヲ誘導シタル者アリタルトキ又ハ候補者自身カ前段ノ事項ヲ以テ之カ勸誘ヲ爲シタル場合ハ選擧法第八十七條第三號ノ利害關係ヲ利用シ選擧人ヲ誘導シタル者ニ該當スルヤ

答　本問ノ場合ニ於テハ當該地方ノ選擧民ニ對シ確實ニ發生ヲ豫見シ得ヘキ將來ノ利害關係ヲ利用シ選擧人ヲ誘導シタルモノト認メ得ヘキニ於テハ貴問ノ通犯罪ヲ構成ス

（二）大正九年四月六日刑甲第七〇六號司法省刑事局長通牒

團体饗應ノ場合特定人ノ寄附金ニ係ル時

問　社交團体カ其推薦スル候補者ニ對シ投票セシメン爲メニ自己ノ團員ニ車馬ヲ供給シ又ハ之ヲ饗應スル行爲ト雖モ其ノ團体ノ費用カ團体相互ノ出資ニアラスシテ或ル特定人ノ寄附金ニ係ルモノナルトキハ犯罪ヲ構成スルニ似タリ果シテ如何

答　具体的事實ノ如何ニヨリテ結論ヲ異ニスルモノアルヲ以テ抽象的ニ斷定スルコト能ハスト雖其ノ車馬ノ供與又ハ饗應カ當該團体ニ於ケル慣行ノ場合例ヘハ春季大會ノ宴會ノ如キ場合ニ其ノ席上ニ於テ候補者ニ關スル推薦演說ヲ爲スカ如キ行爲ハ犯罪ヲ構成セサルモノト解スヘキモ其ノ他ノ場合ニ關シテハ疑アルヲ以テ各個ノ場合ニ付愼重之ヲ決スルヲ要ス（第八十七條第二號）

問　選擧人ノ子弟ト無權者ノ團体ハ「關係アル團体」ト云フヘキヤ

選擧人ノ子弟ノミ又ハ子定ト無權者トヲ以テ組織スル團体ノ如キハ「關係アル團体」ト云フヲ得スト信ス如何

答　法文ニ所謂關係アル會社、組合トハ其ノ組織者ノ身分如何ニ拘ラス直接タルト間接タルトヲ問ハス選擧人ニ利益關係ヲ有スル會社、組合ヲ指稱スルモノニシテ組織者ノ身分如何ニ依リ關係ノ有無ヲ斷スヘキニアラス（第八十七條第四號）

問　「利害關係」ハ特殊ノ關係ヲ有スル具体的ノモノナルヤ

法第八十七條第六號ノ所謂利害關係ノ利用トハ一般的ノモノニアラスシテ特殊

ノ關係ヲ有スル具体的ノモノナルコトヲ要スルヤ

答　其ノ利害關係カ縱令一般的ノ事項ニ亘ルモノト雖苟モ法第八十七條第一項第六號ニ揭クルカ如キ特殊ノ關係ニ關聯スルトキハ同號ニ所謂利害關係ニ該當スヘク其ノ具体的ナリヤ抽象的ナリヤニ關スル處ナシ（第八十七條第六號）

（一二）　大正九年四月廿六日刑甲第七〇六號刑事局長通牒

問　議員候補者又ハ選擧運動者カ議員候補者ヲシテ議員候補者タルコトヲ止メシメ又ハ選擧運動者ヲシテ選擧運動ヲ止メシムル目的ヲ以テ此等ノ者ニ對シ法第八十七條第二號ノ饗應接待同第三號ノ供給代辨若ハ此等ノ約束又ハ申込ヲナシタルトキハ罪ヲ構成セサルヤ

答　接待ノ場合ハ勿論饗應ニテモ單ニ其場ニ於テ酒食セシムルカ如キ程度ノ場合ハ法第八十七條第六號ニ所謂第一號ノ供與ニ該當セスト雖例ヘハ價格數圓ノ鰹節ヲ引出物トシテ自宅ニ持歸ラシムルカ如キ程度ノモノハ右ニ該當ス供給代辨ニ付テモ右ト同趣旨ニ解スヘシ（第八十七條第六號）

問　（一三）　大正九年四月廿六日刑甲第七〇六號刑事局長通牒
自己ノ爲メ金員ヲ收受シテ投票ヲ爲シ選擧法違反ニヨリ罰金ニ處セラレタル選擧人ニ對シ其納入セシ罰金ヲ辨償スル意思ヲ以テ金員ヲ供與シタルモノハ法第八十七條第七號ニ該當セサルヤ

答　報酬ト爲ス目的ヲ以テ供與シタリト認メ得ヘキ場合ハ法第八十七條第七號ニ該當ス

問　（一四）　大正九年四月廿六日刑甲第七〇六號刑事局長通牒
選擧人タル戶主カ老衰病弱ノ爲メ家事一切ヲ長男又ハ其他ノ者ニ委ネ居ル場合ニ候補者又ハ選擧運動者カ家事擔當者ニ金錢其他ノ利益ヲ供與シ家事擔當者之ヲ受ケ其利益ハ自ラ領得シ單ニ其事ヲ戶主ニ告ケ其依賴サレタル候補者ニ投票スヘキコトヲ勸メタル場合ニ選擧人タル戶主ヲ收受者トシテ處罰シ得ルヤ又家事擔當者ヲ運動者トシテ處罰シ得ルヤ

答　本問ノ場合ニ於テハ候補者又ハ選擧運動者ハ家事擔當者ヲ介シ金錢其他ノ利益

ヲ選擧人タル戸主ニ供與シタルモノト認ムルヲ普通ト爲スヘキモ反之候補者又ハ選擧運動者ハ家事擔當者ニ利益ヲ供與シ其者ヲシテ選擧人タル戸主ニ對シ運動行爲ヲ爲サシメタルコト明カナル場合ニ於テハ家事擔當者ヲ運動者トシテ處罰スヘキモノトス（第八十七條第八號）

（一五）　大正九年四月九日甲刑第六一五號司法省刑事局長通牒

問　議員候補者タラントスル野心アル者未タ自己紹介又ハ他人推薦等ニ依リ候補者タルコトヲ發表セサル以前ニ於テ後日贊助ヲ得ル目的ヲ以テ有權者ニ對シ利益供與若クハ饗應接待ヲ爲シタルトキハ假令其意思ヲ明示セサル場合ト雖其行爲自体ヲ以テ默示ノ自己紹介ト認メ議員候補者トシテ處罰スルヲ得ヘキヤ

答　本問ノ場合ニ於テ後日贊助ヲ得ル目的カ後日投票ヲ得ル目的ヲ意味スルモノナルニ於テハ議員候補者トシテ利益供與又ハ饗應接待ヲ爲シタルモノト認ムヘキモノトス

問　（同上）　未タ特定ノ議員候補者ナキ以前ニ於テ豫選會ヲ開キ有權者ヲ集合シ饗

應接待又ハ利益供與ヲ爲シ以テ其歡心ヲ買ヒタル後豫選會ニ於テ意中ノ候補選定ヲ爲シタル者ノ行爲ハ選擧運動者トシテ處罰スルヲ得ヘキヤ

答　有權者ヲ集合シ豫選會ヲ開キ意中ノ候補者ヲ選定セシムルコトカ投票ヲ得ル目的ナルコトヲ認メ得ル以上ハ該行爲ハ卽チ運動行爲タルコト明ナレハ本問ノ場合ニ於テハ運動者トシテ處罰スルコトヲ得ルハ勿論ナリ

問　（同上）　政黨員カ自黨所屬候補者タルヘキ者ノ當選ヲ希望スル目的ヲ以テ應援演說ヲ爲シタルモノト認ムル以上ハ未タ一定ノ候補者ナク又自黨ノ主義政策ヲ宣傳スル場合ト雖之ヲ選擧運動者ト稱スルヲ得ヘキヤ

答　本問ノ場合ニ於テ自黨所屬候補者タルヘキ者ノ當選ヲ希望スル目的ヲ以テ應援演說ヲ爲シタルモノト認ムル以上ハ其候補者特定セサルノ故ヲ以テ運動者ニ非ストストハ云フコトヲ得ス假令自黨ノ主義政策ヲ宣傳スル場合ト雖投票ヲ得ル目的ヲ以テ自黨所屬候補者タルヘキ者ノ應援演說ヲ爲シタルトキハ是亦選擧運動タルコトヲ失ハス

問　（同上）　推薦又ハ決議ノ權能ナキ者カ助役若クハ村議ニ推薦若クハ選擧セシムヘク斡旋盡力スヘキニ依リ投票ヲ爲スヘシト勸誘スルカ如キ行爲ハ第八十七條第四號ノ利害關係ノ利用誘導トシテ罰スヘキモノナルヤ

答　本問ノ場合ニ於テ推薦又ハ決議ノ可能性アル場合ハ公私ノ職務ノ供與トナリ否ラサル場合ニハ利害關係ノ利用誘導タルヘシ

問　（同上）　新法第八十七條ニハ直接又ハ間接ノ文字ナキヲ以テ從來間接供與ヲ以テ論シタル事項中間接正犯ヲ以テ論スル場合ノ外ハ刑法敎唆例ヲ適用シテ處罰スヘキモノナルヤ

答　新法第八十七條ニハ直接又ハ間接ノ文字ナキヲ以テ從來間接供與（判例ニ所謂他人ヲ介シテ供與ヲ爲シタル場合）トシテ處罰セラレタル事案ト雖其行爲ノ實體ニシテ實行行爲ト認メ得ルニ於テハ本條ノ罪ヲ構成ス供與ノ實行行爲ニ干與スルコトナク單ニ供與者ニ決意ヲ爲サシメタルモノハ敎唆ヲ以テ論スヘシ

問　（同上）　甲候補者又ハ其ノ選擧運動者カ乙候補者ノ選擧運動者タルヘキ虞アル

者ヲ豫メ買收シ乙候補者ノ爲運動セシメサルトキハ第八十七條第六號ニ該當スヘキヤ此場合ニ於テ乙候補者ノ運動者タルヘキ虞アル者カ偶有權者ナルトキハ如何ニ問擬スヘキヤ

答　甲候補者又ハ其ノ選擧運動者カ乙候補者ノ選擧運動者タルヘキ虞アル者ヲ買收シテ乙候補者ノ爲ニ選擧運動ヲ爲スヘカラサル旨ヲ請託シタル場合ニ於テ右ノ者カ該請託ニ應シテ金錢等ノ供與ヲ受ケタル以上ハ有權者タルト否トヲ問ハス法ニ所謂選擧運動者タルコトヲ失ハス從テ本問ノ場合ニ於テハ第八十七條第六號ニ該當ス

問　(同上)　立候補ノ眞意ナク且候補者タル事ヲ發表セスシテ單ニ立候補ヲ暗示シ他ノ候補者ニ地盤ヲ讓渡シ其報酬トシテ利益ノ供與ヲ受ケ又ハ其約束ヲ爲シ若クハ申込ヲ爲シタル場合モ第八十七條第七號ノ違犯ト解スヘキヤ

答　候補者タルヘキコトヲ暗示シタル以上ハ候補者タルコトヲ發表セストモ謂フ能ハス從テ斯ル者カ自己ノ地盤ヲ他ノ候補者ニ讓渡シテ報酬ヲ得タル以上ハ第八十七條

問　第一項第八號ニ該當ス
（同上）同一選擧區內ニ於テハ公然立候補ヲ發表又ハ宣言シタル甲乙二候補者アリ甲ハ乙ニ對シ競爭ヲ避ケンカ爲メ他ノ選擧區內ニ聲望ヲ有スル自己ノ知己ヲシテ應援セシムヘキニ依リ選擧區ヲ轉セラレ度旨申込ミ乙ハ之ニ應シテ他區ヘ轉シタル場合（甲候補者ノ知己ハ事實該選擧區內ニ於テ聲望ヲ有シ且甲ノ依賴アルトキハ乙ノ應援ヲ承諾スヘキ狀況ニアルモノ）ハ第八十七條第一項第六號ニ所謂議員候補者タルコトヲ止メシムル目的ヲ以テ利害關係ヲ利用シ誘導シタルモノト解スヘキヤ

答　然リ

問　（同上）右ノ場合ニ於テ乙候補者ハ未タ其區ニ於テ立候補ヲ發表セサルモ一部推薦者ニ對シ承諾ノ旨ヲ答ヘ立候補準備中ノ場合ハ如何

答　本問ノ場合ニ於テハ乙ハ議員候補者ナリ

問　（同上）右ノ場合ニ於テ乙候補者ハ未タ立候補ヲ發表又ハ宣言セス所謂瀨踏ミ

中ニ在ルトキハ如何

答 本問ノ場合ニ於テモ乙候補者ハ甲ノ申込ヲ受クルニ至リタルモノナルヲ以テ議員候補者ナリ

【判例】 （一） 候補者カ被選資格ヲ有セサル場合ニ於ケル犯罪ノ成立

衆議院議員選擧法違犯事件（明治三七（れ）第一三八二號明治三七、七、一五、判決）

衆議院議員選擧法第八十七條ハ選擧人ノ選擧權ノ行使ヲ安全公平ナラシムル爲メニ設ケタルモノニシテ假令ヒ議員候補者ニ於テ被選擧權ナシトスルモ同條ノ犯罪行爲アルトキハ選擧權ノ行使ハ安全ヲ缺キ若クハ公平ヲ失スル筋合ナルヲ以テ候補者ニ被選擧權ノ有無ハ同條ノ犯罪構成ニ影響アルコトナシ故ニ原判決ニ候補者タル松本大吉カ被選擧權ヲ有スルモノナルコトヲ判示セスシテ前記法條ヲ適用シタルハ違法ニアラス

（二） 選擧運動者ノ意義

衆議院議員選擧法違犯事件（明治四一（れ）第三七號明治四一、二、二五、判決）

衆議院議員選擧法第八十七條第一項第一號ニ所謂選擧運動者ナル文詞ハ金品手形其他

ノ利益若クハ公私ノ職務ノ供與又ハ其供與ノ申込當時既ニ運動行爲ヲ爲シツヽアル有ノミニ限ラス未タ其實行前ト雖モ既ニ他人ノ依頼ニ應シ運動ニ從事センコトヲ承諾シタル者ヲモ指稱スルモノナルヲ以テ原院認定ノ如ク被告權作、綱市、彦松、猶吉ニ於テ被告榮吉、蔦次郎ノ依頼ニ應シ長谷川竹次郎ノ爲メニ選擧運動者タルコトヲ承諾シタル後報酬トシテ金員ノ授受ヲ爲シタル以上ハ共ニ衆議院議員選擧法第八十七條第一項第一號ニ規定ノ處罰ヲ免カレ得サルヤ勿論ナリ

衆議院議員選擧法違犯事件(明治四五(れ)第一四五三號大正三、一〇、七、判決)

選擧法ニ所謂選擧運動者トハ議員候補者ノ爲メニ投票ヲ得セシムル目的ヲ以テ選擧有權者ヲ勸誘スル諸般ノ行爲ヲ爲ス者ヲ指稱シ其勸誘スル諸般ノ方法ハ法律上制限存セサルヲ以テ祕密ナルト公然ナルト又文書ヲ以テスルト言論ヲ以テスルト將タ各別ニ選擧有權者ヲ訪問遊説スルト公衆ニ對シテ汎ク賞揚推薦スルトヲ區別スルコトナシ故ニ選擧法上選擧運動者ト稱スルハ惟リ戸々ニ就キ人々ニ對シ選擧有權者ノ間ヲ奔走周旋シテ祕密ニ投票ノ勸誘ヲ爲ス者ニ限ラス一定ノ集團ニ對シテ公然議員候補者ノ人格閲

歷ヲ賞讚シ之ヲ推薦スル者モ有力ナル選擧運動者タルコトヲ失ハス原判決ノ判示事實ニ據レハ被告市次郎カ選擧運動者タルノ行爲ヲ爲シタルコトハ明白ナレハ固ヨリ選擧運動者ヲ以テ論セサルヘカラス

衆議院議員選擧法違犯事件（大正四（れ）（第一七四四號大正、四、九、一七、判決）

衆議院議員選擧法第八十七條ニ所謂選擧運動者トハ一定ノ議員候補者ノ爲メニ投票ヲ得セシムル目的ヲ以テ諸般ノ周旋勸誘ノ行爲ヲ爲ス者ヲ汎稱スルモノト解スヘキヲ以テ一定ノ議員候補者ノ爲メニ推薦狀ヲ選擧人ニ配付シ又ハ各選擧人若クハ選擧人ノ集會ニ對シテ候補者ヲ推賞シ其投票ヲ請求スルカ如キ行爲ヲ爲ス者ノミナラス公衆ニ對シテ言論文章ヲ以テ一定ノ議員候補者ヲ賞揚推薦シ之ニ投票スヘキ旨ヲ力說スル如キ行爲ヲ爲ス者ヲモ包含スルモノトス蓋シ上叙ノ行爲ハ縱令直接ニ選擧人ニ對シテ投票ヲ勸誘スルモノニアラサルモ一定ノ議員候補者ノ人物材能ヲ賞讚シ公衆ノ聲援ヲ籍リテ自然ニ選擧人ノ意思ヲ動カスニ足ルモノアレハ公衆ニ對スル推薦行爲ト雖モ選擧運動タルコトヲ失ハサレハナリ而シテ所謂應援演說ナルモノハ或ハ一定ノ候補者ヲ目的

トセス一定ノ政黨政派ノ爲メニ其政見ヲ發表シ同志ノ選擧人ヲ鼓舞奬勵シ多數ノ政友ヲ當選セシメントスルモノアルヲ以テ必スシモ之ヲ選擧運動ト謂フヲ得サルヘシト雖モ應援演說ニシテ一定ノ議員候補者ヲ目的トシテ其人ヲ推薦スルモノナル以上ハ之ヲ選擧運動ト稱スルヲ妨ケス故ニ原判決ニ於テ被告菊松カ議員候補者タル被告利助ノ爲メニ應援演說ヲ爲シ以テ選擧運動ニ從事シタル行爲ヲ認メ被告菊松ヲ以テ選擧運動者ト認定セルハ違法ニ非ス

衆議院議員選擧法違犯事件（大正六、（れ）第一二四六號大正六、六、一五、判決）

判示馬﨑芳三郎ハ之ヲ土屋淸三郎ノ選擧運動者ト解シ得ヘキコトハト部辯護人第一點ノ論旨ニ對スル說明ニ依リテ諒解スヘシ而シテ衆議院議員選擧法第八十七條第一項第一號ニ所謂選擧運動者タルニハ必スシモ所論ノ如ク選擧運動ニ從事センコトノ請託ヲ承諾シタル者ナルコトヲ要セス又報酬給與當時現ニ選擧運動ニ從事シ居タル者ナルコトヲ要セサルハ明白ニシテ將來ニ於テ選擧運動ニ從事センコトノ請託ヲ受ケ其請託ヲ拒絕シタル者ト雖モ之ヲ請託者ノ方面ヨリ觀察スレハ仍ホ選擧運動者ト認メサルヲ得

サルハ勿論ナリ本論旨亦其理由ナシ

衆議院議員選擧法違犯事件（大正六（れ）第一九三二號大正六、一二、一九、判決）

然レトモ衆議院議員選擧運動者タランコトノ承諾ヲ求メラレタル者ハ縱令之ヲ拒絶シタリトスルモ尙ホ其承諾ヲ求ル者ノ方面ヨリ觀察スレハ衆議院議員選擧法第八十七條第一項第一號ニ所謂選擧運動者ト謂ハサルヘカラサルコトハ既ニ屢々當院ノ判示（大正四年（れ）第一一九八號及大正六年（れ）第一二四六號判例參照）スル所ニシテ苟モ選擧ニ關シ運動ヲ爲スコトヲ依賴シテ他人ニ金錢其他ノ利益ヲ提供シ若クハ其供與ヲ申込ム以上其提供若クハ申込カ選擧ノ公正ヲ害スル虞アルコトハ其提供若クハ申込ミヲ受ケタル者カ現ニ選擧運動者タリ或ハ其提供若クハ申込ヲ承諾シタル場合ト未タ其提供若クハ申込ヲ承諾セサルカ或ハ之ヲ拒絶シタル場合トニ因リテ異ルコトナキカ故ニ右判例ハ之ヲ維持スルヲ相當トス然レハ原判示事實ニ依リ被告ハ選擧運動者ニ對シ利益供與ノ申込ヲ爲シタルコトヲ會得スルニ足ルヲ以テ論旨ハ共ニ理由ナシ

衆議院議員選擧法違犯事件（大正六（れ）第二七七八號大正六、一二、一二、判決）

原判示ノ如ク選擧運動ニ關シ援助ヲ求メラレ之ヲ承諾シタル者ハ衆議院議員選擧法ニ所謂選擧運動者ト認ムヘキモノナルヲ以テ原審カ判示事實ニ付判示ノ如ク處斷シタルハ正當ナリ論旨理由ナシ

（參照）原判示事實

被告市十郎ハ選擧運動ニ關シ新聞記者ノ援助ヲ得ンカ爲メ福島新聞記者タル半谷眞雄中央新聞支局員タル大和久治大正新聞社主大内倉吉ニ援助方ヲ請託シ饗應接待シタルモノナリ

衆議院議員選擧法違犯事件（大正七（れ）第四六八號大正七、六、七　判決）

衆議院議員選擧法ニ所謂選擧運動者トハ特定ノ議員候補者ノ爲メニ各選擧有權者ニ對シ戶々ニ付キ名刺ヲ配布シ右候補者ニ投票センコトヲ勸誘スル如キ者ノミナラス公衆ニ對シテ汎ク特定ノ候補者ノ政見ヲ發表シ其識見技倆ヲ賞揚シ以テ議員タルノ適格者トシ推薦スル者ヲモ包含スト解スヘキモノトス蓋シ選擧有權者ニ限ラス一般公衆ニ對シテ上叙ノ言論ヲ爲スハ群衆心理ノ作用ニ依リ選擧有權者ノ意思ヲ動カスニ足リ其效

果ハ戶戶ニ付キ選擧有權者ヲ勸誘スルニ劣レルモノニ非サレハナリ故ニ所謂應援演說又ハ推薦演說ハ一種ノ選擧運動ニ外ナラス其勞務ニ對シテ金錢其他ノ報酬ヲ供與スルコトハ選擧法第八十七條第一項第一號ニ該當スル行爲ナルヲ以テ同條ニ依リ之レヲ處罰スルハ當然ニシテ本論旨ハ理由ナシ

衆議院議員選擧法違犯事件(大正六(れ)第一二四六號大正六、六、一五、第一刑事部判決)

衆議院議員選擧法第八十七條第一項第一號ニ所謂選擧運動者トハ總テ或衆議院議員候補者ノ爲メ其選擧運動ニ從事スル者ヲ汎稱スルモノナルヲ以テ原判決判示ノ如ク被告八ニ於テ衆議院議員候補者土屋淸三郞ノ爲メ其選擧ニ不利ナル新聞記事ノ掲載ヲ避ケ利益ノ記事ヲ以テ同候補者ヲ援助スルコトヲ馬崎芳三郞ニ請託シタリトスレハ右芳三郞ハ之ヲ土屋淸三郞ノ選擧運動者ナリト解シ得ヘキ論ヲ俟タス

衆議院議員選擧法違犯事件(大正六(れ)第一二四六號大正六、六、十五、第一刑事部判決)

衆議院議員選擧法第八十七條第一項第一號ニ所謂選擧運動者タルニハ必スシモ所論ノ如ク選擧運動ニ從事センコトノ請託ヲ承諾シタル者ナルコトヲ要セス又報酬供與當時

現ニ選擧運動ニ從事シ居リタル者ナル事ヲ要セサルハ明白ニシテ將來ニ於テ選擧運動ニ從事セントノ請託ヲ受ケ其請託ヲ拒絕シタル者ト雖モ之ヲ請託者ノ方面ヨリ觀察スレハ仍ホ選擧運動者ト認メサルヲ得サルハ勿論ナリ

衆議院議員選擧法違犯事件(大正六(れ)第一七八一號大正六、十一、五、第二刑事部判決)

衆議院議員選擧法第八十七條第一項第一號ニ於テ選擧ニ關シ選擧運動者ニ利益ヲ供與シ又ハ供與セントヲ申込ム行爲ヲ處罰スルハ素ト選擧運動ヲ爲スニ對シ報酬謝禮ヲ供與スル行爲又ハ供與セントシテ一定ノ程度ニ進ミタル行爲ヲ以テ選擧ノ公正ニ危害ヲ加フルモノト爲シ之ヲ禁止スル趣旨ニ出ツルモノナルヲ以テ選擧運動者タリシ者ニ對スルト選擧運動ニ從事中ノ者ニ對スルト選擧運動ヲ承諾シタル者又ハ其承諾ヲ求メラル者ニ對スルトノ區別ナク苟モ選擧運動ニ對スル報酬謝禮ヲ供與シ又ハ供與セントヲ申込ム行爲ハ同法同條號ニ該當ス蓋シ選擧運動者(又ハ同上運動員)ナル語辭ノ本義ハ論旨ニ引用スル本院判例(四五(れ)一四五三號判決)ノ說示スル所ノ如シ然レトモ選擧運動者ナル語辭カ他ノ語辭ト連續スルトキハ之ト相俟テ特殊ノ意義ヲ成ス場合ア

リ即チ運動者募集ト云ヘハ運動者タルヘキ者ノ募集ナルカ如シ故ニ選擧ニ關シ運動者募集ノ目的ヲ以テ特定人ニ對シ利益ヲ供與シ又ハ供與センコトヲ申込ミテ之ニ選擧運動ヲ依賴スル場合ニ其者カ依賴ニ應シテ承諾シタルトキノ如キハ承諾以前ノ申込行爲ヲ前掲法條ニ所謂選擧運動者ニ申込ヲ爲シタルモノト解スヘキハ勿論ナルノミナラス承諾セサルトキト雖亦同シク選擧運動者ニ申込ヲ爲シタルモノト解スルヲ相當トス(大正四年(れ)第一一九八號事件判決參照)故ニ原判決カ所論判示事實ヲ所論處罰法規ニ問擬シタルハ正當ナリ

衆議院議員選擧法違犯事件(大正六(れ)第二七七八號大正六、一二、一二、第三刑事部判決)

上告趣意書第二點原判決ハ第三事實トシテ「被告市十郎ハ選擧運動ニ關シ新聞記者ノ援助ヲ得ンカ爲メ福島新聞記者タル半谷眞雄中央新聞支局員タル大和久治大正新聞社主大內倉吉ニ援助方ヲ請託シ饗應接待シタリ」トシ之レヲ以テ選擧法第八十七條第一項第二號ニ問擬セラレタリ然レトモ單ニ新聞記者ニ選擧ノ應援ヲ請託シ新聞記者カ之ニ應諾スルモ未タ以テ選擧運動員ト云フヘカラス從テ之ニ對シ饗應接待スルモ選擧法

違反ヲ構成セス然ルニ原院カ之ヲ有罪トシタルハ不法ナリト謂フニ在レトモ原判示ノ如ク選擧運動ニ關シ援助ヲ求メラレ之ヲ承諾シタル者ハ衆議院議員選擧法ニ所謂選擧運動者ト認ムヘキモノナルヲ以テ原審カ判示事實ニ付判示ノ如ク處斷シタルハ正當ナリ

市會議員選擧罰則違犯ノ件(大正一一(れ)第二八八號大正一一、三、三一、宣告)

自發ノ意思ヲ以テ進ンテ選擧ニ關スル運動ヲ爲シタル者モ亦選擧運動者タルコトヲ妨ケサルヲ以テ原審ハ右被告ノ所爲ニ對シテ市制第四十條及衆議院議員選擧法第八十七條第一項第五號第四號ヲ適用處斷シタルハ相當ナリトス

(三)　選擧運動者ノ意義並選擧運動ノ承諾ヲ條件トスル報酬供與ノ申込

衆議院議員選擧法違犯事件(大正四(れ)第一一九八號大正四、六、四、判決)

衆議院議員選擧法第八十七條第一項第一號ニ所謂選擧運動者トハ選擧運動者トシテ現ニ運動ニ從事スル者若クハ選擧運動者タルコトヲ承諾セル者ノミナラス選擧運動者タルコトノ承諾ヲ求メラレタル者ヲモ包含スト解スヘキモノトス蓋シ所謂選擧運動者ハ

選擧人ト異リ法定ノ資格ヲ必要トセス法令上特別ノ制限ナキ以上何人ト雖モ選擧運動ヲ爲シ得ヘキヲ以テ利益ノ供與若クハ其申込ニ因リテ他人ニ選擧運動者タルコトヲ承諾セシメ又ハ利益ノ供與若クハ其申込ニ因リ選擧運動者タルコトヲ承諾スル場合ト既ニ選擧運動者ト爲レル者ニ對シ選擧ニ關シテ利益ヲ供與シ若クハ其申込ヲ爲シ又ハ選擧運動者ト爲レル者カ他人ヨリ選擧ニ關シテ利益ノ供與若クハ其申込ヲ受ケタル場合トハ處罰ヲ必要トスル理由ニ於テ軒輕スルコトナケレハ上叙ノ如ク衆議院議員選擧法第八十七條ニ所謂選擧運動者ハ廣汎ナル意義ヲ包含スト解スルヲ妥當トス故ニ原判決ニ於テ被告カ他人ニ對シテ一定ノ衆議院議員候補者ノ爲メニ選擧運動ヲ爲スコトヲ承諾スルニ於テハ相當ノ金錢的報酬ヲ爲スヘク申込ミタル事實ヲ認定シ選擧運動者ニ對シテ選擧ニ關シ金錢ノ供與ヲ申込ミタル者ニ該當スト爲シ衆議院議員選擧法第八十七條第一項ヲ適用處罰シタルハ相當ニシテ本論旨ハ理由ナシ

（四）選擧運動ノ意義、投票依頼狀ノ配付ニ際シ爲シタル一片ノ言詞若クハ單純ナル附言

衆議院議員選擧法違犯事件（大正四（れ）第一四九二號大正四、七、二判決）

選擧選擧運動ノ方法順序等ニ付キ協議スル行爲モ亦選擧運動ノ實行行爲ノ端緒ナルヲ以テ之ヲ選擧運動ト謂フニ妨ナケレハ原判決ニ於テ所掲判示事實ヲ認メ又ハ選擧運動著手後其運動ニ必要ナル程度ノ範圍ニ於テ飮食物ヲ供與シ及ヒ之ヲ收受シタル事實ニ對シ其所爲罪ト爲ラスト判斷シ（中略）タルハ相當トス

衆議院議員選擧法違犯事件（大正四（れ）第一四一七號大正四、七、二三、判決）

運動トハ當選ヲ斡旋スル一切ノ行動ヲ指稱スルモノナルコト文字自體ニヨリテ明白ナレハ特ニ其具體的事實ヲ判示セサレハトテ罪ト爲ルヘキ事實ノ明示ニ於テ缺クル所アリト謂フヲ得ス本論旨ハ其理由ナシ

衆議院議員選擧法違犯事件（大正四（れ）第一二七〇號大正四、六、一五、判決）

上告趣旨第一點第一審裁判所ニ於テ被告卒三郎カ大正四年三月二十五日施行ノ衆議院議員選擧ニ關シ候補者政尾藤吉ノ爲メ運動中同月五日愛媛縣浮穴郡久萬町ナル自宅ニ於テ被告長藏ニ對シ同候補者ノ爲メ運動方ヲ依賴シ其方法トシテ同郡父二峰村選擧有

権者高岡秀吉外五十三名ニ依頼状ヲ配付シ同時ニ同候補者ニ投票方懇請セシムルコトト爲シ其報酬トシテ金一圓八錢ヲ供給スヘキ旨申込ミ被告長藏ハ該申込ニ應シ翌六日前記有權者宅ニ依頼狀ヲ配付シ同時ニ候補者政尾藤吉ニ投票方懇請シ同月九日同候補者選擧事務所タル久萬町山田ヒサ方ニ於テ被告平三郎ハ報酬金一圓八錢ヲ被告長藏ニ供與シ長藏ハ之ヲ收受シタリトノ事實ヲ認定シ衆議院議員選擧法ヲ適用シ處斷シタルニ第二審タル當裁判所ハ之ヲ擬律ノ錯誤ナリトシ第一審判決ヲ取消シ無罪ヲ言渡シタリ云々法律解釋ヲ誤リタル失當アルモノト信スト云フニ在リ○按スルニ（中略）原判決ニハ「其配付ニ際シテ依頼狀記載ノ候補者ニ賛成投票シ呉レタキ旨依頼スヘキコトヲ命シタルカ如キ一片ノ言詞ハ未タ以テ候補者ニ投票スヘキコトヲ勸誘セシムルモノト視ルコトヲ得ス又書中ノ人ニ投票センコトヲ乞フ等ノ如キ單純ナル附言ハ亦以テ投票ヲ勸誘シタルモノト謂フコトヲ得ス」ト判示セルモ右判文上所謂一片ノ言詞及單純ナル附言モ亦他人ニ對シ口頭ヲ以テ選擧運動ヲ依頼勸誘シタルモノニ外ナラスシテ其言語カ簡單ナルノ故ヲ以テ之ヲ否定スルコトヲ容スヘキモノニアラス

（五）選擧運動ノ意義ト不利益ナル新聞記事中止ノ交渉

衆議院議員選擧法違犯事件（大正四（れ）第二二八六號大正四、一一、六、判決）

凡ソ選擧運動ト稱スヘキ行動ハ議員候補者ノ爲メニ當選ヲ斡旋スル一切ノ行動ヲ云ヒ選擧運動者トハ此行動ヲ執ル者ハ勿論斯ル行動ヲ執ルコトノ承諾ヲ求メラレタル者ヲモ包含スト解スルヲ相當トナスニ依リ右ノ行動ヲ執ルコトノ承諾ヲ求メ之ニ付キ金員ヲ供與シタル者及ヒ之ヲ受ケタル者ハ共ニ前掲第八十七第一項第一號ニ依リ處罰セラルヘキモノトス然リ而シテ新聞記事カ議員候補者ノ爲メ自ラ選擧運動ニ不利ナル新聞記事ノ掲載ヲ中止スルハ當選ヲ斡旋スル行爲卽チ選擧運動ナリト云フヲ得スト雖モ議員候補者ノ爲メ他人ニ對シ叙上ノ中止ヲ求ムル行爲ハ之ヲ選擧運動ナリト稱セサルヘカラス何トナレハ其中止ニ依リ議員候補者ニ對スル投票ノ減少ヲ防キ得ヘク他人ニ對シ叙上ノ中止ヲ求メテ以テ斯ル效果ノ發生ヲ斡旋スルハ卽チ當選ヲ斡旋スル行爲ニ外ナラサレハナリ翻テ前示金圓供與ノ點ニ關スル公訴事實ヲ査スルニ豫審終結決定第四ニ「被告藤吉及其養嗣子ナル被告忠雄ハ藤吉ニ於テ立候補ノ意ヲ決シ運動ニ著手セン

トスルニ際シ各新聞紙ニ頻リニ不利ナル記事ノ掲出ヲ見ルニ至リショリ之カ防止ノ必要アリト爲シ共謀ノ上被告庄藏梅次郎秀夫好良ニ對シ主トシテ新聞記者方面ニ於ケル選擧運動ヲ依頼シ被告庄藏梅次郎秀夫好良ハ各其依頼ニ應シ云々」ト説示シ之ニ接續シテ被告藤吉忠雄兩名カ上記被告四名ニ金圓ヲ供與シタル事實ヲ擧示セルヲ以テ該公訴事實ハ被告藤吉忠雄兩名カ選擧ニ關シ選擧運動者タル被告庄藏以下ノ各被告ニ金圓ヲ供與シ同上被告等ハ之ヲ受ケタリト云フニ在ルコト明カナリ仍テ原判決カ此點ニ關シ爲シタル說明ヲ見ルニ其第七ニ於テ「被告藤吉忠雄庄藏ハ共謀ノ上云々被告蘭藏ニ云々金三百圓ヲ供與シ蘭藏ハ之ヲ受ケ被告秀夫ニ云々金五十圓ヲ供與シ秀夫ハ云々供與ヲ受ケ被告秀夫好良ニ云々金千圓ヲ供與シ兩名ハ其供與ヲ受ケタリトノ公訴ヲ審案スルニ云々」ト説示シ之ヲ無罪ト爲ス理由トシテ「被告藤吉忠雄庄藏カ新聞記者ノ歡心ヲ買ヒ以テ選擧運動上不利ナル新聞記事ノ掲載ヲ中止セシメンカ爲メニ前記蘭藏以下ノ被告ニ金錢ヲ供與シ同上被告等カ之ヲ受ケタル事實ハ之ヲ認ムヘキモ右供與ヲ受ケタル被告等カ選擧運動人ナルコトヲ認メ得ヘキ證憑十分ナラサルノミナラス右饗

應又ハ金圓供與カ選擧權ノ行使ヲ左右スルコトヲ目的トスル運動等ノ事項ニ關スルモノト認ムヘキ證憑十分ナラサル旨ヲ說示シタル其理由ノ趣旨ハ被告藤吉忠雄庄藏秀夫好良ニ對シ選擧運動ニ不利益ナル記事ノ揭載中止方ニ付キ他ノ新聞記者ニ斡旋スルコトヲ依賴シタル事實ヲ認メ得ヘシト爲シタルニ在ルカ將又然ラスシテ單ニ右被告等ニ對シ自ラ其揭載ヲ中止センコトヲ依賴シタル事實ヲ認メ得ヘキモノト爲シタルニ在ルカ判明セス若シ夫レ前者ノ如キ趣旨ナリトセンカ被告蘭藏秀夫好良ハ選擧運動者タルコトノ承諾ヲ求メラレタルモノニシテ前段說示ノ理由ニ依リテ其事實自體ニ於テ右被告三名カ選擧運動者タルコトヲ知ルヲ得ヘク隨テ原判決カ同人等ノ選擧運動者タルコトノ證憑十分ナラストシタルハ前揭第八十七條第一項第一號ノ解釋ヲ誤リタル失當ナルモノト謂ハサルヘカラス若シ又後者ノ如キ趣旨ナリトセンカ同上被告等ハ選擧運動者ニ非サルヲ以テ選擧運動者タルノ證據十分ナラスト說示シタルハ趣旨ニ於テ矛盾スル所ナキヲ以テ失當ナリト云フヲ得ス要スルニ判文上右孰レノ趣旨ニ解釋スヘキカ明瞭ナラサルヲ以テ被告等ニ關スル金圓授受ノ點ハ理由不備ノ違法アルモノト謂ハサル

ヘカラス

（六）　供與ノ意義

衆議院議員選擧法違犯事件（大正六、（れ）第三四〇六號大正七、二、二二、第一刑事部判決）

衆議院議員選擧法第八十七條第一項第一號ニ依リ選擧運動者ニ對シ金品ヲ供與シタリトシテ處罰スルニハ選擧運動者ニ對スル報酬ノ趣旨ヲ以テ金品ヲ運動者ニ給付シ其所得ニ歸セシメタル事實ナカルヘカラスト雖モ該金品ノ收受者カ之ヲ費消スル場合ニ於テ必スシモ自己ノ用途ノミニ充當スルコトヲ要セス運動ノ實費若クハ他ノ選擧運動者又ハ選擧人ニ對スル報酬トシテ費消スルモ之レカ爲メニ金品供與ノ性質ニ變更ヲ來スコトナク從テ犯罪ノ成立ヲ妨クルコトナシ

衆議院議員選擧法違犯事件（大正七（れ）第三四二四號大正七、三、五、第一刑事部判決）

衆議院議員選擧法第八十七條第一項第一號ニ依リ選擧ニ關シ選擧人又ハ選擧運動者ニ對スル金錢物品ノ供與アリトスルニハ直接又ハ間接ニ金錢物品ヲ選擧人又ハ選擧運動者ニ交付シ其取得ニ歸セシメタル事實ナカルヘカラス單ニ選擧人又ハ選擧運動者ニ交

付セシムルカ爲メニ第三者ニ委託シタル事實ノミヲ以テハ未タ供與アリタリト謂フヘカラス原判決第一ノ(イ)ニハ被告兩名ハ他ノ選擧運動ノ幹部員ト共謀シ名ヲ通信費ニ籍リ其實運動ノ報酬トシテ近藤宗吉、宮原佐次右衞門、坂本祐安等運動者九名分金四圓五十錢ヲ佐次右衞門ニ供與シタル旨判示シアリ然レトモ右判示ニ依レハ各運動者ニ對スル報酬ハ金五十錢ニシテ直接ニ佐次右衞門ニ交付シ其取得ニ歸セシメタル五十錢ヲ除キ其以外ノ金四圓ニ付テハ止タ他ノ運動者八名ニ交付セシムルカ爲メニ佐次右衞門ニ委託シタルノミニシテ之ヲ各運動者ニ交付シ其取得ニ歸セシメタル事實ノ判示ヲ缺クヲ以テ未タ選擧法ニ所謂間接ニ金錢ヲ供與シタル事實アリタリト謂フヘカラス然ルニ原判決ニ於テハ右判示(イ)ノ事實ヲ以テ選擧ニ關シテ金錢ヲ選擧運動者ニ供與シタル場合ニ該當スト判定シ之ヲ他ノ(ロ)(ハ)(ニ)ノ判示事實ト共ニ一個ノ連續犯ヲ構成スルモノトシテ衆議院議員選擧法第八十七條第一項第一號ニ問擬シタルハ理由不備ノ違法アルモノニシテ本論旨ハ理由アリ

(七) 供與、供與ノ申込及承諾、周旋勸誘ノ意義

衆議院議員選擧法違犯事件（明治三六（れ）第一六七四號明治三六、九、二九、判決）

按スルニ供與センコトヲ申込ミ申込ヲ承諾センコトヲ周旋勸誘シ申込ヲ承諾シタル等ノ語辭ハ衆議院議員選擧法第八十七條第一號ニ使用シタル語辭ナリト雖モ右供與トハ金錢物品等ヲ提供贈與スルコトヲ意味シ其申込トハ他人ニ對シ供與ノ意思ヲ表示シタルコトヲ云ヒ其申込ヲ承諾シトハ供與ヲ受クヘキコトノ意思ヲ表示シタルコトヲ云ヒ又其週旋勸誘トハ其當事者ノ間ニ介シテ供與ヲ受ケンコトヲ斡旋盡力シテ之ヲ承諾スルニ至ラシムヘ行爲ヲ指稱キスルモノニシテ此等ノ趣旨ヲ顯ハス爲メ右語辭ヲ使用スルコトハ一般ニ行ハルル所ナレハ原院モ亦此等ノ趣旨ヲ顯ハス爲メ右語辭ヲ使用シタルモノナリトス而シテ原判文ニ前記ノ如ク其事實ヲ明示シタル以上ハ其他ニ被告等カ爲シタル手續方法等ヲ詳記セサルモ衆議院議員選擧法第八十七條第一號ノ犯罪ヲ構成スヘキ事實ノ明示ニ缺クル所ナキヲ以テ本論旨ハ上告ノ理由ナシ

（八）　供與申込ノ方法

衆議院議員選擧法違犯事件（大正六（れ）第一七八五號大正六、九、一九、第三刑事部判決）

衆議院議員選擧法第八十七條第一項第一號ニ所謂金錢物品其他ノ利益供與ノ意思ハ必スシモ明示ノ方法ニ依ラサレハ之ヲ表示スルヲ得サルモノニアラスシテ相手方ヲシテ其意思ヲ了解セシメ得ヘキ事情ノ下ニ於テ之ニ關連スル言語擧動ニ依リ其意思ヲ相手方ニ通スルハ則所謂供與ノ申込ニ外ナラス而シテ原判示ニ依レハ被告ハ議員候補者柴四郎派ニ對シ同町内ノ他ノ有權者ヲ左右シ得ヘキ有力者タル選擧人奥田半十郎ヲ金錢供與ノ申込ニ依リテ動カサント決意シ半十郎ニ對シ候補者白井新太郎ニ投票センコトヲ求メ且近時都鄙共ニ多大ノ運動費ヲ投スル趨勢ト爲リ勝敗ハ一ニ其多寡ニ依リ決セラルル有樣ニシテ柴四郎ノ後援者ハ僅ニ參千圓ノ運動費ヲ支出シ得ルニ過キサルニ白井ハ貳萬乃至參萬圓ノ運動費ヲ支辨シ得ヘキ旨ヲ告ケタリト云フニ在ルヲ以テ斯ル事情ノ下ニ此ノ如キ意思ヲ表示スルハ卽チ原判示ノ如ク白井候補ニ投票セハ多額ノ金員ヲ供與スヘキコトヲ暗示スルニ外ナラサルヤ論ヲ俟タス

（九）　供與ノ目的タル利益

市會議員選擧違犯事件（大正三（れ）第一六四〇號大正三、一二、五、判決）

商取引ハ營利ヲ目的トスルヲ其通性ト爲ス間々其目的カ現實ニセラレサルコトナキニ非スト雖モ之カ爲メ商取引ノ營利的行爲ナル觀念ヲ妨クヘキモノニ非サルノミナラス商人カ其營業ノ範圍內ニ於テ取引ノ申入ヲ受クルハ其欲求ヲ滿足セシムル所以ニシテ顧客ハ商人ヨリ觀テ一種ノ利源タルヲ失ハス之ヲ目シテ財產的利益ト稱スル毫モ不可ナルコトナシ然レハ之ヲ香餌トシテ投票ヲ左右セントスル如キハ正ニ衆議院議員選擧法禁止ノ趣旨ニ適合シ所罰ヲ免レ得ヘキモノニ非ス卽チ原因カ彼告等ニ於テ吳服商タル被告重平半造等ニ對シ吳服類取引ヲ爲スヘキ旨申入レ之ヲ誘ヒ龍間ノ利益ノ爲メ投票セシメタル行爲ヲ同第第八十七條第一項第一號ノ所謂利益ヲ供與シタルモノトアルニ該當スルモノトシ刑ノ言渡ヲ爲シタルハ相當ナリ

（參照判例）

瀆職事件（大正元（れ）第二〇五七號大正元、一二、五、判決）

賄賂ノ目的物ハ有形タルト無形タルトヲ問ハス汎ク人ノ需要若クハ慾望ヲ滿足セシムヘキ生活利益ヲ指稱スルモノナルヲ以テ金錢ノ贈與ヲ受ケサルモ其消費貸借ニ因リテ

需要ヲ滿足セシムル以上ハ財產上利益ヲ受タルモノト謂フヘク從テ如上ノ利益ハ賄賂ノ目的タルコトヲ得ヘシ故ニ本件ノ事實カ所論ノ如ク贈與ニ非スシテ貸借ナリトナスモ賄賂ノ收受アリト謂フニ妨ナケレハ原判決ノ擬律ハ違法ニアラス

衆議院議員選擧法違犯事件(大正四(れ)第一六三九號大正四、八、二七、判決)

（一〇）供與ノ目的タル利益ノ種類竝體樣

衆議院議員選擧法ノ精神ハ選擧運動者ニ對シテ選擧ニ關シ各般ノ利益又ハ公私ノ職務ヲ供與スルコトヲ嚴禁セントスルニ在ルコト明白ナルヲ以テ苟モ選擧運動者ニ對シ社交上ノ儀禮ト認ムルコトヲ得サル程度ノ物又ハ既ニ支出ヲ了シ若クハ將來支出スルコトヲ要スヘキ實費以外ノ金錢其他ノ物ヲ供與シタル場合ニ於テハ同法第八十七條第一項第一號ニ所謂利益ノ供與ト認ム可ク被供與者ノ身分地位ニ因リ日常所得スル金額ノ如何ニ依リ何等ノ影響ヲ受ク可キモノニ非ス

衆議院議員選擧法違犯事件(大正四(れ)第一六三九號大正四、八、二七、判決)

原判決ハ其理由第二ノ（イ）ニ於テ認定シタル事實ハ單ニ被告カ信一ニ對シ貴下ノ身

上ハ拙者之ヲ引受ケ相當ノ處置ヲ爲シ遣ハスヘキ旨又ハ何分ノ取計ヲ爲シ遣スヘキ旨告ケタリト云フニアリテ毫モ具體的ニ如何ナル利益ヲ供與スヘキカヲ告知シタルモノニアラサルカ故ニ衆議院議員選擧法第八十七條第一項第一號ニ該當セス然ルニ原判決カ輙ク同條ヲ適用處斷シタルハ擬律ニ錯誤又ハ理由不備ノ不法アルモノト信スト云フニアリ○因テ案スルニ所掲ノ通告ハ之ヲ要スルニ少クトモ日常ノ生計ニ支障ナキ程度ノ地位又ハ收入ヲ供與ス可シトノ趣意ニ解シ得ヘキヲ以テ衆議院議員選擧法第八十七條第一項第一號ニ所謂利益ノ供與ヲ申込ミタルモノト認ムルニ難カラス

衆議院議員選擧法違犯事件（大正四（れ）第二一一六號大正四、九、二八、判決）

衆議院議員選擧法第八十七條第一項第一號ニ所謂利益供與ノ申込ヲ爲スニ付テハ必スシモ申込ニ係ル利益カ被申込人ニ於テ確實ニ之ヲ享受シ得ヘキモノナルコトヲ要セス不實ナル利益ト雖モ因リテ選擧有權者等ヲ誘惑シテ選擧ノ公正ヲ害シ得ヘキモノナル限リハ之ヲ所謂利益ト解シ得ヘキヲ以テ原判決カ證據ニ依リ所論事實ヲ認メタル理由ヲ説明セサルモ何等違法ノ廉アリト云フコトヲ得ス

衆議院議員選擧法違犯事件（大正四（れ）第二六五一號大正四、一一、四、判決）

衆議院議員選擧法第八十七條第一項第一號ニ所謂利益ノ供與トハ選擧ニ關シ選擧人又ハ選擧運動者ニ事實上不法ノ利益ヲ取得セシムルコトヲ謂フモノニシテ法律上有效ニ之ヲ取得セシムルコトヲ必要トスルモノニアラス故ニ本件債權ノ免除ハ法律上ヨリ之ヲ見レハ所論ノ如ク無效ナリトスルモ選擧運動者タル被告松雄ニ於テ原判示ノ如ク債權ノ免除ヲ受ケ不法ノ利益ヲ享受シタルモノナレハ衆議院議員選擧法第八十七條第一項ノ制　ヲ免ルルヲ得サルモノトス

（一一）　選擧運動者ニ投票買收費ノ寄託

衆議院議員選擧法違犯事件（明治四五（れ）第一六三六號大正元、一〇、二二、判決）

衆議院議員選擧法第八十七條ノ規定タルヤ金錢其他ノ利益ヲ香餌トシテ不正ノ投票ヲ獲得スルヲ禁スル趣旨ニ出ツルヲ以テ同條第一號ニ所謂選擧運動者ニ對スル金錢ノ供與トハ選擧　動ノ報酬トシテ選擧運動者ニ金錢ヲ供與スルヲ云フモノナルコト明ナリ左レハ選擧運動者ニ投票買收費ヲ寄託スルカ如キハ寄託ヲ受ケタル運動者自身ニ於テ

何等利益ヲ得ル所ナケレハ選擧運動ノ報酬トシテ選擧運動者ニ金錢ヲ供與シタルモノト云フヘカラス

（二二）　選擧運動ニ必要ナル實費ノ供與

衆議院議員選擧法違犯事件（明治三七（れ）第二號明治三七、三、一〇、判決）

原判決ハ被告重一、義信ハ柴田市三郎ト共ニ淸水松三郎ヲ衆議院議員ニ當選セシムルノ運動ニ從事シ其費用卽チ支度料宿泊料車馬賃ニ充ツル目的ヲ以テ淸水ノ運動者タル淺井祥雲ヨリ明治三十五年七月十三日愛知縣香久山村ニ設置セル猪子石運動事務所ニ於テ金五十圓ヲ收受シタル事實及被告重一義信ハ柴田市三郎ト共謀シテ同年七月十三日以後收受シタル五十圓ノ內金九圓ヲ戶田小三郎ニ金貳圓ヲ戶田鎌太郎ニ金三圓宛ヲ淺井銀松、與語九藏、山田彌助、松原平太郎金五圓宛ヲ長谷川芳三郎、淺井理三郎ニ金一圓五十錢ヲ靑山米十ニ同前運動費トシテ供與シ被告小三郎、鎌太郎、銀松、九藏彌助、平太郎、芳三郎、理三郎、米十ハ同一ノ目的ニテ各前示ノ金額ヲ收受シタル事實ヲ認定シ衆議院議員選擧法第八十七條第一項第一號ヲ適用シ各被告ヲ罰金ノ刑ニ處シタルモノナリ衆議院議員選擧法第八十七條第一項第一號ニ所謂選擧運動者ニ對スル金錢ノ供與トハ報酬ノ意味ヲ以テスル供與ヲ云フモノニシテ車馬賃飮食宿泊料ノ如キ運動ニ從事スルニ當リ必要ナル實費ノ供給ヲ云フモノニアラス本條ノ規定タル金錢其他ノ利益ヲ好餌トシテ被選擧人ノ爲メニ直接間接ニ不正ノ投票ヲ獲得セシムルコトヲ禁スルノ精神ニ出テタルモノニシテ選擧運動ノ爲メ必要ナル費用ノ供與ハ右ノ如キ結果ヲ生スヘキモノニアレサレハ從テ刑罰ノ制裁ヲ以テ之レカ取締ヲナスヘキ理由存セサレハナリ故ニ本件各被告ノ行爲タル衆議院議員選擧法第八十七條第一項第一號ニ該當セス又他ニ之ヲ罰スルノ法令ナキヲ以テ罪トナラサルモノトス

衆議院選擧違犯事件(大正元(れ)第二二二四號大正元、一二、二〇、判決)

選擧運動者ニ對シ必要ナル辨當代若クハ車馬賃ヲ給與スルハ法ノ禁スル所ニ非サルコトハ洵ニ所論ノ如クナルモ原判示ニ據レハ被告虎吉ハ選擧人タル相被告勝三ニ對シ選擧後相當ノ辨當代又ハ車代ヲ給與ス可キニ付キ安村竹松ニ投票ス可キ旨ヲ勸誘シ尚ホ他ノ選擧人ニ對シテモ右同樣ノ條件ノ下ニ投票ノ勸誘アリタキ旨ヲ依賴シ被告勝三ハ

其依賴ニ應シ判示ノ各選擧人ニ對シ右同樣ノ勸誘ヲ爲シタリト云フニアルコト明瞭ナレハ本論旨ハ理由ナシ

（一三）　選擧運動又ハ投票ニ對スル報酬ノ供與

縣會議員選擧違犯事件（明治四四（れ）第二八一五號明治四五、二、一五、判決）

按スルニ衆議院議員選擧法第八十七條第一項第一號ニ所謂金錢ノ供與トハ選擧人又ハ選擧運動者ニ對シ選擧ニ關スル報酬トシテ金錢ヲ給付スルノ謂ニシテ選擧運動者ニ馬賃辨當料又他實費ノ支拂トシテ金錢ヲ給與スルコトヲ包含セスト雖モ苟モ選擧人ヲシテ一定ノ議員候補者ニ投票ヲ爲サシムル對價トシテ若クハ選擧運動者ヲシテ選擧人ヲ勸誘シテ該候補者ニ投セシムル對價トシテ之ニ金錢ヲ給與スルニ於テハ其名義ノ如何ヲ問ハス前掲罰條ノ選擧ニ關シ金錢ヲ供與シタル行爲ニ該當スルモノトス原判決ハ被告等ハ選擧人タル第一審ノ相被告等ニ對シ縣會議員候補者堀權平ニ投票スルコト並ニ各自ノ部落ニ於ケル他ノ選擧人ヲ勸誘シテ右權平ニ投票セシムルコトヲ請託シ其報酬トシテ辨當料ノ名義ヲ以テ金錢ヲ供與シタル事實ヲ判示シタルモノニシテ他人ヲシ

テ投票ヲ爲サシメ又ハ他人ニ投票ヲ爲スコトヲ勸誘セシムル對價トシテ金錢ヲ給與シタルモノナルコト明確ナレハ其金錢ノ供與中ニハ選擧運動者ニ對スル實費支拂ヲ包含セサル趣旨ナルハ勿論ナリ

衆議院議員選擧違犯事件（大正元（れ）第一七五二號大正元、一〇、二五、判決）

衆議院議員選擧法第八十七條第一號ノ供與ヲ受ケトアルハ其意義選擧運動員カ其運動ノ報酬トシテ若クハ選擧人カ投票ノ買收ニ應シ金圓物件其他ノ利益ノ授與ヲ受ケタル場合ニ限ラルルモノナルコトハ金錢其他ノ利益ヲ與ヘ因テ不正ノ投票ヲ獲得スルヲ禁止セントスル同條立法趣旨ニ照シ明白ナリ

（一四）　選擧權停止中ノ者ニ對シ其解除ヲ條件トシテ自己ニ投票セシメンタメ金錢貸與ノ申込

村會議員選擧罰則違犯事件（大正六（れ）第二七四二號大正六、一二、八、判決）

原判決ニ依レハ所論市川市之助ハ本件村會議員選擧人ナルモ村税滯納處分中ナルモノナレハ其公民權ハ停止ニ係ルモノナリ從テ全然選擧權ヲ喪失シタルモノニアラスシテ

滯納處分ヲ解除セラルル迄ハ選擧權ノ行使ヲ停止セラレ居ルニ過キサルヲ以テ被告カ之ニ對シ滯納處分ノ解除ニ依リテ自己ニ投票セシメンカ爲メ金錢供與ノ申込ヲ爲シタルハ卽チ選擧ニ關シ選擧人ニ對シ利益供與ノ申込ヲ爲シタルモノト謂ハサルヘカラサルモノニシテ原判決ハ相當ナリ

（一五）　不確定ノ金額ヲ供與スヘキコトノ申込

衆議院議員選擧法違犯事件（大正六（れ）第二六四二號大正六、一一、一九、判決）

衆議院議員選擧法第八十七條第一項第一號ニ依リ選擧ニ關シ選擧人ニ對シ報酬又ハ謝禮トシテ金錢其他ノ利益ヲ供與スルコトノ申込ヲナス行爲又ハ選擧人ニシテ其申込ヲ承諾スル行爲ヲ處罰スル所以ハ選擧ノ公正ヲ害スルニ因ルモノニシテ其申込ヲ爲スニ當リ特ニ金額ヲ確定スヘキヲ申込ミタル以上ハ同法第八十七條第一項第一號ノ規定ニ所謂金錢ノ供與ヲ申込ミタルモノト謂ハサルヘカラス故ニ原判決カ所論判示事實ヲ右處罰規定ニ問擬シタルハ正當ニシテ右犯罪ノ成立ニ金額ノ確定ヲ必要トスル本論旨ハ理由ナシ

（一六）　供與者責任ノ範圍

衆議院議員選擧法違犯事件（大正七（れ）第二四八號大正七、一二、一一、判決）

按スルニ選擧運動ヲ請負ハシタル者ハ右利益供與ニ關シテノミ罪責ヲ負フモノニシテ請負者カ因テ得タル金錢其他ノ利益ヲ他ノ運動者又ハ選擧人ニ供與スルモ之ニ付別ニ責任ヲ負フモノニアラス原判決第一事實ヲ査スルニ被告ハ與右衛門ニ對シ選擧運動ヲ請負ハシメ其報酬ヲ供與シ與右衛門ハ自己ノ受取リタル金員ヲ更ニ他ノ運動者ニ供與シタル事實ヲ認メナカラ被告ヲ以テ前段ノ利益供與罪ニ對シ責任アルモノト爲スノ外後段ノ利益供與罪ニモ亦責任アルモノノ如ク判示シタルハ失當ナリト雖被告ニシテ右二個ノ犯罪ニ付キ共ニ責任アルモノトスレハ連續犯ノ關係ニアルモノナレハ該不法ハ連續犯罪ノ一部ニ關スルモノニ外ナラサルヲ以テ原判決破毀ノ理由ト爲スニ足ラス

（一七）　供與ヲ受ケタル者カ更ニ之ヲ他人ニ供與シタル場合ノ處分

衆議院議員選擧法違犯事件（大正七（れ）第五八五號大正七、四、一二、判決）

第八點原判決ハ上告人嘉雄ハ坂本權三郎ヨリ衆議院議員候補者坂本金彌ノ爲メ英田郡

ノ選擧運動ヲ請負ヒ其報酬トシテ二度ニ金二千圓ノ供與ヲ受ケタル事實ヲ認定シタリ而シテ上告人嘉雄ハ宙治郎又ハ彥一ト共謀シ運動者ニ報酬トシテ金員ノ供與ヲ爲シタル事實ヲ認定シタリ而シテ衆議院議員選擧法第八十七條刑法第五十五條ヲ適用處斷シタリ然レトモ運動報酬トシテ金員ノ供與ヲ受ケタル點ニ付處罰セラレタル以上ハ更ニ運動者ニ金員ノ供與ヲ爲スノ行爲ハ前者ノ結果ニシテ別箇ノ行爲トシテ犯罪ヲ構成スルモノニアラス果シテ然ラハ原判決ハ前示後段ノ事實ヲ認定シ前示法條ヲ適用處斷シタルハ違法ナリト云フニ在レトモ〇被告嘉雄カ受取リタル所論ノ金錢ハ同人カ判示選擧運動ヲ請負ヒタルニ對スル報酬ニシテ之ヲ受取リタル行爲ハ　人カ選擧運動者ニ對シ報酬トシテ金錢ヲ供與シタル行爲ト相關涉スル所ナキヲ以テ後者ハ前者ノ結果トシテ不問ニ付スヘキモノニアラス

衆議院議員選擧法違犯事件（大正七（れ）第四六八號大正七、六、七、判決）

原判決ニハ所論各被告カ一定ノ地域ニ於ケル選　運動ヲ請負ヒ其報酬トシテ判示各金員ノ供與ヲ自己ノ所得トシテ收受シタル事實ヲ判示シアルヲ以テ其金員ノ使用ニ付テ

ハ毫モ供與者ノ制限ヲ受クルコトナク自由處分ニ委ネラレタルモノニシテ其一部又ハ全部ヲ擧ケテ他ノ選擧運動者ニ對スル報酬ニ供與シタリトスルモ自己ノ用途ニ費消シタルト等シク自己ノ處分權ノ行使ニ外ナラス之ヲ以テ選擧ノ實費ニ充當シタルモノト謂フヘカス然ラハ原判決ニ於テ所謂各被告ニ對シ判示費用シタルヲ收受金ニ付キ追徵ヲ命シタルハ相當ニシテ本論旨ハ理由ナシ

衆議院議員選擧法違犯事件（大正七（れ）第一二三六號大正七、六、二一、判決）

原判示第二ノ事實ハ選擧ニ關シ選擧運動者トシテ金員ノ供與ヲ受ケル行爲ニシテ原判示第二十四ノ事實ハ選擧ニ關シ選擧運動者ニ金員ヲ供與シタル行爲ナレハ犯罪ノ態樣ニ受動的動的トノ差異アルコト勿論ナリト雖モ其行爲カ等シク第八十七條第一項第一號ニ依リテ處分スヘキモノニ屬スルヲ以テ之ヲ同一罪名ニ該當スル行爲ナリト謂フヲ妨ケス然ラハ同一ノ意思發動ニ依リ右二個ノ行爲ヲ連續實行スレハ自ラ連續犯トシテ一罪ヲ以テ論スヘキモノトス原判決ノ所論擬律ハ相當ニシテ本論旨ハ理由ナシ

（一八）　選擧運動者ニ對スル利益ノ供與

衆議院議員選擧法違犯事件(大正四(れ)第一六六〇號大正四、七、二三、判決)

按スルニ衆議院議員選擧法ニ於テ處罰スル選擧運動者カ選擧ニ關シテ金圓ノ供與ヲ收受シタル事實アリトスルニハ投票買收費トシテ金圓ノ交付ヲ受ケタルノミヲ以テ足レリトセス必スヤ選擧運動ニ對スル報酬トシテ金圓ノ給與ヲ受ケタル事實ナカル可ラス

(一九) 實行ニ伴ハサル利益供與ノ申込、適法ニ收得シ得ヘキ利益ノ供與

衆議院議員選擧法違犯事件(大正四(れ)第一一七五號大正四、五、三一、判決)

上告趣意書第三點原判決ハ其理由中「被告鹿三貞一ハ……共謀ノ上云々相被告ナル蒲團商直次郎ニ對シ久保候補者ハ帝國軍人敎育會理事長被告鹿三ハ其實兄ニシテ且同會關西支局主任ナルニ付本年御卽位式ノ節ハ同會員約二十萬人京都ニ集合シテ多數ノ蒲團ヲ借入ルヘキ必要アルニ依リ直次郎ヨリ之ヲ借上ル事ニ盡力シ多大ノ利潤ヲ得セシムヘキヲ以テ云々ト判示セルモ(一)久保候補者カ果シテ帝國軍人敎育會理事長トシテ本年ノ御卽位式ニ集合スル同會員ノ蒲團借入ヲ爲スモノナリヤ否ヤニ付一トシテ證據ノ見ルヘキモノナシ若シ久保三友ニシテ右蒲團借入レニ付之レカ權限ナク又事實同

會員ヲ京都ニ集合セシムル事實ナキモノトセハ被告鹿三等ハ虚僞ノ言動ヲ以テ被告直次郎ヲ使嗾シタルニ過キスシテ衆議院議員選擧法第八七條第一項第一號ニ所謂利益ヲ供與スヘキ旨ノ申込ト謂フコトヲ得ス即チ同條ニ所謂供與ノ目的タル利益タルニハ現實ニ給付シ得ヘキ利益ノ存在ヲ必要トス從テ虚言以テ運動者ニ利益ヲ與フルカ如ク裝フモ本犯トシテ處罰スルヲ得スサレハ右犯罪事實ニ關スル重要點ニ付キ證據ニ基カスシテ理由ヲ付シタル原判決ハ違法ニシテ破毀ヲ免レス（二）衆議院議員選擧法第八十七條第一項第一號ニ所謂利益トハ受與者カ權利行爲トシテ正當ニ受ケ得ヘキ利益ヲ包含セサルヤ明白ナリ即チ同條ニ所謂利益トハ受與者カ權利ナキニ拘ハラス不當ニ利得スル利益ヲ謂フニ外ナラス果シテ然ラハ原判決認定事實ノ如ク假令被告直次郎ニ蒲團ノ賃貸料ヲ與フル契約ヲ爲シタルモ之レ被告直次郎カ蒲團商トシテ蒲團ヲ貸付ケ之レカ對價ヲ得ルニ外ナラスシテ畢竟自己營業上當然所得シ得ヘキ利益ニ外ナラス從テ斯ノ如キ正當ノ利益授受ノ契約アリトスルモ右法條所定ノ犯罪ヲ構成スルコトナシ然ルニ原判決ハ右事實ニ對シ處罪法條ヲ適用處斷シタルハ結局擬律ノ錯誤アル違法ノ判決

ニシテ破毀ヲ免レサルモノトスト云フニ在レトモ〇苟モ選擧ニ關シ所論原判決示ノ如キ行爲アリタル以上ハ衆議院議員選擧法第八十七條第一項第一號ノ罪ハ直ニ成立スヘク後日被告ニ於テ其約旨ニ基キ利益ヲ供與スルト否トハ本罪ノ成立ニ何等消長ヲ來スヘキモノニ非ス從テ久保三友ニ右所論ノ資格アリタルヤ否又會員ヲ京都ニ集合セシムヘキ事實アリ否ヤ等ノ事實ニ關シテハ證據上之レカ說明ヲ爲スノ要ナキコトハ論ヲ俟タサルノミナラス右被告ノ約束行爲カ虛僞ノ言動ニ出テタル者ナルコトハ原判決ノ認メサル處ナルヲ以テ本論旨（一）ハ理由ナク又前揭條文ニ所謂利益ナル文字ハ不適法ニ收得スル場合ハ勿論所論ノ如ク享有者カ適法ニ收得シ得ヘキ利益ヲモ包含シ居ルヲ以テ苟モ選擧ニ關シ原判決ノ如キ約旨ノ下ニ之ヲ享有セシムルニ於テハ尙ホ本罪ヲ構成スヘキモノトス左レハ論旨（二）亦理由ナシ

（二〇）　金借ノ周旋ヲ爲スヘシトノ申出

衆議院議員選擧法違犯事件（大正四（れ）第一八一二號大正四、八、一四、判決）

金借ノ周旋ヲ爲スヘシトノ申出ハ卽チ金借周旋シ勞務ニ服スルヘキ旨換言スレハ相手

方ヲシテ右ニ關スル自己ノ勞務ヲ利用セシムヘキ旨ノ申出ニシテ他人ノ勞務ヲ利用スルコトハ一ノ財産權ノ行使ニ外ナラサルヲ以テ原裁判所カ被告ニ於テ選擧有權者ニ對シ斯ル申入ヲ爲シタル事實ヲ以テ衆議院議員選擧法第八十七條第一項第一號ノ所謂利益供與ニ該當スルモノトシテ處斷シタルハ相當ニシテ論旨ハ理由ナシ

（二一）　選擧運動者ニ對スル月手當ノ給與

衆議院議員選擧法違犯事件（大正四(れ)第一四二三號大正四、七、二七、判決）

原判決ハ事實理由第六中「被告喜平ハ被告喜一及ヒ原審相被告關本信一ヲ雇入レ……被告史泰ノ爲メ各選擧有權者ヲ歷訪シテ選擧運動ヲ爲サシメタル上……右兩名ニ對シ各別ニ手當金二十圓宛ヲ供與シ」ト判示シタリ然レトモ手當金トハ其意義明瞭ヲ缺キ之ヲ以テ直ニ辨當代車馬賃其他ノ實費ヲ除キタル以外ノ金圓ノ意味ナリト解スヘカラス果シテ然ラハ原判決ハ理由不備ノ違法アルモノナリト云フニ在リ○因テ案スルニ選擧運動者ニ對スル月手當トハ別段ノ事由ナキ限リハ選擧運動者ノ一ケ月間ニ於ケル役務ニ對シ概括的ニ給與スル報酬ト認ムヘキモノナルヲ以テ或ハ運動者ニ於テ右報酬ノ

一部ヲ選擧運動ニ必要ナル飲食料車馬賃又ハ止宿料等ノ費額ニ充當スル場合ナキニ非サルヘシト雖モ之レカ爲メ其全部ヲ選擧運動ニ對スル報酬ト認ムルノ妨トナルヘキモノニアラサルヲ以テ本論旨亦何レモ其理由ナシ

（三三）　選擧運動者ニ對シ三十錢乃至五十錢ニ過キサル日當ノ給與

衆議院議員選擧法違犯事件（大正四（れ）第一二〇八號大正四、六、七、判決）

記錄ヲ査スルニ原判決ニハ被告米吉ハ大正四年三月二十五日施行ノ衆議院議員總選擧ニ關シ千葉縣ニ於ケル候補者加瀨禧逸ノ爲メ運動ヲ爲スニ當リ同月初旬被告太郎兵衞勝司善平泰助伊助惣治右衞門喜兵衞福太郎ヲ各其居宅ニ歷訪シ一日ニ付金三十錢乃至五十錢ノ報酬ヲ供與スルニヨリ同候補者ノ爲運動ヲ爲シ吳レ度旨申込ミ被告太郎兵衞勝司善平泰助伊助惣治右衞門喜兵衞福太郎ハ各其申込ヲ承諾シタリトアリテ右判示ニ據レハ被告米吉ハ判示ノ選擧ニ關シ被告太郎兵衞外八名ニ對シ利益ノ供與ヲ申込ミ被告太郎兵衞外八名ハ之ヲ承諾シタル如ク認メアルモ之レカ證據說明ヲ査スルニ被告等カ供與ヲ申込ミ若クハ之レカ申込ヲ受ケタル金員ハ日當又ハ辨當料トアリテ其金額

又一日金三十錢乃至五十錢ニ過キサレハ他ニ反證ナキ以上右金圓ハ運動者ニ對スル實價ノ供與ト認メサルヘカラス而シテ選擧ノ際運動者ニ對シテ之レカ實費ヲ供與スルカ如キハ法ノ禁スル所ニアラサルコトハ本院ノ判例トシテ夙ニ認ムル所ナリ左レハ原判決ノ認メタル事實ト其證據トノ間ニ矛盾アリテ其趣旨相吻合セサルヲ以テ本論旨ハ理由アリ

（一二三）　選擧運動者ニ對スル既存債務ノ辨濟

衆議院議員選擧法違犯事件（大正六（れ）第三五七六號大正七、五、四、第三刑事部判決）

債務者カ債權者ニ對シテ債務ノ本旨ニ從テ其辨濟ヲ爲シ債權者カ之ヲ受領スルハ何レモ適法行爲ニシテ毫モ違法性ヲ有スルモノニ非サレハ之ヲ以テ不法ナル利益ノ供與又ハ受領ト爲シ衆議院議員選擧法違犯罪ニ問擬スヘキモノニアラス原判決第四事實ノ判旨ニ依レハ被告了信ハ酒井悅ニ對シ金二百五十圓ノ立替金辨濟ノ義務ヲ負擔セル者ニシテ判示選擧ノ際該債務ノ本旨ニ從ヒ之カ辨濟ヲ爲シ由テ右悅及其妻ミワノ歡心ヲ得テ選擧運動ニ從事セシメント欲シ右辨濟ヲ爲シタルモノニ外ナラスシテ其義務ニ屬セ

サル辨濟ヲ爲シ利益ヲ供與シタルモノニ非ラサルヲ以テ縱令判示ノ目的アリタリトスルモ右辨濟行爲ハ不法トナルヘキモノニアラス從テ之ヲ以テ右選擧法違犯罪ニ問擬スヘキモノニ非ス然ルニ原判決ニ於テ之ヲ以テ同罪ヲ構成スルモノト爲シタルハ不法ニシテ原判決ハ此點ニ於テ破毀ヲ免レス論旨理由アリ（所論判例ハ債務履行ニ關スル利害關係ヲ利用シ以テ選擧人ヲ誘導スル所爲ヲ處罰スヘキモノトシ本件ト趣旨ヲ異ニスル場合ニ關スルモノナルヲ以テ此判決ト矛盾スルモノニアラス）

（二四）選擧運動者ニ對シ選擧運動ニ必要ナル金錢又ハ物ノ對價ノ給與現實支拂ハサル食料ノ給與

衆議院議員選擧法違犯事件（大正四（れ）第一〇一二號大正四、六、一、判決）

按スルニ衆議院議員選擧法第八十七條第一項第一號ニ所謂選擧ニ關シ金錢ヲ選擧運動者ニ供與セムコトヲ申込ミタル者又ハ其申込ヲ承諾シタル者トハ選擧ニ關シ選擧運動者ニ對シ該運動ノ爲メ直接ニ必要ナル金錢又ハ物ノ對價以外ノ金錢ヲ供與センコトヲ申込ミ又ハ其申込ヲ承諾シタル者ヲ指稱スル法意ナルコト明白ニシテ選擧運動者カ其

運動ヲ爲ス日ニ於ケル適度ノ食事ノ如キハ固ヨリ運動ノ爲メ必要ナル事項ナリト認ム可キヲ以テソノ自宅ニ於テ爲シタル場合ニ於テモ之ヲ選擧運動ノ爲メ直接ニ必要ナル物ナリト云ハサルヲ得ス而シテ上叙聽取書ノ供述ハ之ヲ要スルニ運動ヲ爲シタル日ニハ現實ニ辨當料卽チ食事料ヲ支拂ヒタルト否トヲ問ハス自宅其他ノ場所ニ於テ爲ス可キ該一日ノ食事料實費トシテ金三十五錢ヲ給與ス可シトノ趣旨ニ過キサルヲ以テ之ニ依テ直ニ判示ニ係ル報酬トシテ一日金三十五錢ニ相當スル金錢ノ供與ヲ申込ミタル罪又ハ其申込ヲ承諾シタル罪ヲ構成スル事實ヲ認ムルニ足ラサルニ關ラス原判決カ此證據ノミニ依リ前示事實ヲ認定シタルハ洵ニ事實及ヒ證據ノ各理由間ニ齟齬アリテ本論旨ハ此點ニ於テ理由アリ

(一二五) 選擧運動者カ立替支拂ヒタル選擧人饗應費ノ辨償

衆議院議員選擧法違犯事件(大正四(れ)一八一八號大正四、八、一四、判決)

上告趣意書第三點原院判決事實理由ハ「被告典常ハ自己ノ運動員タル江崎幸大郎カ同人及ヒ江崎重貞ニ於テ右選擧ニ關シ典常ノ爲下川憲造外數名ヲ饗應シタル費用金貳拾

圓八十二錢ヲ支拂ヒタルコトヲ聞キ大正四年二月下旬頃福岡縣八女郡福島町高橋旅館ニ於テ右辨償ノ爲メ金貳拾壹圓ヲ幸太郎ニ供與シタリ」ト云フニ在リテ之ニ對シ衆議院議員選擧法第八十七條第一項第一號ヲ適用處斷シタリ（中略）違法ノ裁判ナリト思料ストスフニ在リ○原判決ハ被告典常ニ對スル第二ノ事實トシテ所論ノ如ク判示シ之ニ對シ衆議院議員選擧法第八十七條第一項第一號ヲ適用シ處斷シタルコト洵ニ論旨ニ敍述スルカ如シ而シテ同法條ニ所謂選擧運動者ニ對スル金錢ノ供與トハ選擧運動ニ對スル報酬ノ意味ヲ以テ金錢ヲ供與シタルヲ云ヒ運動者カ選擧運動ノ爲メ必要ナル實費ノ供與ヲ包含セサルコトハ既ニ本院判例ニ於テ說示シタル所ナルモ被告典常カ選擧運動者江崎幸太郎ニ供與シタル金員ハ江崎カ選擧ニ關シ被告典常ノ爲メ他人ヲ饗應シタル費用ニシテ斯ル饗應ハ選擧ノ公正ヲ害スル違法行爲ナルヲ以テ此行爲ニ基ク前示費用ハ固ヨリ選擧運動ノ爲メ必要ナル費用ニアラスシテ被告典常ニ對シ之カ辨償ヲ求ムルヲ得サルモノナレハ之カ辨償ノ爲メ金錢ヲ供與セルハ即チ同被告カ選擧運動者ニ報酬

トシテ供與シタルモノニ該リ前示法條ノ適用ヲ免ルルコトヲ得サルモノトス論旨ハ理由ナシ

（二六）　投票買收請負資金ノ授受

衆議院議員選擧法違犯事件（大正四（れ）一五〇一號大正四、七、二、判決）

原判旨ハ該金圓ハ被告彌三郎及豐吉ト被告岩次郎六一健二及ヒ金之助トノ間ニ於テ投票買收請負ノ資金トシテ授受セラレタリトノ事實ヲ確定シタルモノナリトセハ斯カル請負ハ其行爲自體ニ當然利益ヲ包含スルヲ以テ被告六名ノ行爲ハ共ニ前示法條ニ該當スヘシト雖モ原判決ハ右投票請負ノ事實ヲ確定シタルモノトモ認メ難シ要スルニ原判決ハ衆議院議員選擧法第八十七條第一項第一號ヲ適用スヘキ事實ノ確定不十分ナル不法アリ

（二七）　選擧人ニ對スル金錢ノ供與

衆議院議員選擧法違犯事件（大正四（れ）一二〇七號大正四、六、四、判決）

上告趣意書第二點原判決ハ他ノ候補者又ハ運動者ノ支出スル金額丈ケハ出金スルニ付

キ云々ト判示セリト雖モ其所謂他ノ候補者又ハ運動者ノ支出スル金額トハ如何ナル性質ノ金額ナルヤ明カナラス若シ夫レ該金額ニシテ普通ニ公認セラルル實費ノ金額ノ意味ナリトセハ其犯罪ヲ構成セサルコト勿論ニシテ只其所謂金額ヲ衆議院議員選擧法第八十七條ニ所謂利益ト解スレハ或ハ違反行爲タルヤノ疑アルカ如シト雖モ判示ノ如ク漫然他ノ候補者又ハ運動者ノ支出スル金額ト云フノミニテハ其文字ノ意義ニ於テ全ク如何ナル性質ノ金額ナルヤ明カナラス要スルニ原判決ハ此點ニ於テ理由不備アルヲ免レサルモノトスト云フニ在レトモ○原判決ノ認定ニ依レハ被告ハ選擧有權者タル衣鳩庄藏方ニ至リ金錢ヲ供與センコトヲ申込ミタルモノニシテ選擧運動者ニ必要ナル實費ヲ供與スル場合トハ全然異ナルコト明白ナレハ特ニ彼告カ供與セント申込ミタル金錢ノ性質又ハ目的如何ヲ說示セサルモ犯罪構成事實ノ明示ニ於テ缺クル所アリト謂フヘカラス本論旨亦理由ナシ

（一二八）　金錢ノ供與ト其出金者又ハ所有者

衆議院議員選擧法違犯事件（大正四（れ）第一二七四號大正四、六、七、判決）

選擧法ニ所謂金錢ノ供與トハ出金者ノ何人タルヲ問ハス事實上金錢ヲ交付スル行爲ヲ指稱スルモノニシテ他ヨリ金錢ヲ受領シタル上之ヲ交付スルモ卽チ金錢ヲ供與スルモノニ外ナラサレハ被告傳藏熊次郎カ被告岩吉ニ對シ辨當代トシテ一日四十五錢位ニ貰テ遣ルト言ヒタル旨ノ關係人ノ陳述ヲ右兩名カ岩吉ニ對シ一日金四十五錢位ニ供與スヘキコトヲ約束シタル旨ノ事實ヲ認定スルノ證據ニ供スルハ所論ノ如キ不法ノ點アルモノニアラス本論旨ハ理由ナシ

衆議院議員選擧法違犯事件(大正四(れ)第一七三七號大正四、七、二八、判決)

金錢ノ供與トハ其金錢ノ所有者ナルト否トヲ問ハス事實上金錢ヲ交付スル行爲ヲ指稱スルモノナレハ他ヨリ金錢ヲ受領シ之レヲ交付スルハ卽チ金錢ヲ供與シタルモノニ外ナラス而シテ原判決ノ認定シタル事實ハ衆議院議員候補者尾見濱五郎ノ爲メニ選擧ニ關シ被告佐市ハ被告賀四郎勝二郎吉岡謙吉ヲ介シテ選擧人數名ニ金員ヲ附與シ被告勝二郎ハ直接ニ選擧人鯨井謙吉外二名ニ又吉岡謙吉ヲ介シテ廣瀨隆太郎外一名ニ金錢ヲ供與シタルモノニシテ被告佐市被告賀四郎ノ行爲ハ選擧ニ關シ選擧人ニ間接ニ金員ノ

供與ヲ爲シタルモノ被告勝二郎ノ行爲ハ選擧ニ關シ直接又ハ間接ニ選擧人ニ金員ヲ供與シタルニ該當スルヲ以テ之ニ對シ衆議院議員選擧法第八十七條第一項第一號ヲ適用シタルハ相當ニシテ論旨ハ何レモ理由ナシ

（二九）　不確定若クハ未必然的ナル利益供與ノ申込

衆議院議員選擧法違犯事件（大正四（れ）第一二〇七號大正四、六、四、判決）

衆議院議員選擧法第八十七條第一項第一號ニ所謂金錢其他ノ利益ヲ供與センコトノ申込ハ必スシモ其數額ヲ定メテ之ヲ爲スコトヲ要セサルハ法文ノ解釋上毫モ疑ヲ容レサルヲ以テ本論旨ハ理由ナシ

衆議院議員選擧法違犯事件（大正四（れ）第一二七四號大正四、六、七、判決）

上告趣意書第五點（上略）原審ハ其判決事由ニ於テ「第二事實ニ付テハ前顯證憑ト外ニ山本幸次郎ニ對スル檢事聽取書中ニ後ニ幾ラカ持テ來ルト云ヒシ故自分カ金錢ヲ其報酬トシテ持參スル意味ナリト思ヒタリ」トノ供述及「川井竹次郎ノ檢事聽取書中後ニ幾ラカ出ル筈テアルト云ヒタル故トノ供述」ヲ以テ直ニ斷罪ノ資料ト爲シタルハ證據

法ヲ不當ニ適用シタルノミナラス少クトモ事由不備且擬律錯誤ニ基ク不法アリ蓋シ供與若クハ申込ト云フ行爲ハ其レ自體ヨリ其實質ヲ判定スルモノニシテ第三者ノ想像即チ思ヒタリトノ供述ヲ以テ之ヲ判定スルヲ得サルノミナラス幾ラカ持ッテ來ル筈テアルト云ヒタルカ如キハ確定且必然的ニ利益ノ供與ヲ申込ミタル意思アリト認ムルヲ得ス唯單ニ自己ノ想像ノミヲ以テ表示シタルニ過キサルモノニシテ假リニ其意思アリト認ムルコトヲ得ルモノナリトセハ其據テ認メサルヘカラサル事實ヲ明ニセサルヘカラス故ニ此ノ點ニ以テ破毀ヲ免レサル違法ノ裁判ナリト謂フニ在レトモ○原判決ハ所謂幸次郎ノ檢事聽取書ノ記載ノミニ依ルコトナク之ヲ第一事實ニ付テ掲示シタル證憑ト綜合シテ第二事實ヲ認定シタルノミナラス利益供與ノ申込ハ必スシモ確定且必然的ノモノナルヲ要スルニアラサルカ故ニ本論旨モ事由ナシ

衆議院議員選擧法違犯事件（大正四（れ）第一四一八號大正四、六、二一、判決）

選擧ニ關シ選擧運動者ニ相當ノ報酬ヲ供與スヘキ旨ヲ申込ム行爲ハ衆議院議員選擧法第八十七條第一項第一號ニ規定スル利益ノ供與ヲ申込ムモノニ該當ス其犯罪ノ成立ス

ルニハ申込ノ際供與スヘキ利益ノ種類性質等ヲ具體的ニ確定シテ表示スルコトヲ必要トセス

（三〇）　共同運動者ニ對スル金錢ノ供與

衆議院議員選擧法違犯事件（大正四(れ)第二二五九號大正四、一〇、三〇、判決）

衆議院議員選擧法第八十七條第一項第一號ハ選擧ニ關シ選擧運動者ニ報酬トシテ金錢ヲ供與シ又ハ供與ノ申込ヲ爲スニ依リ犯罪ヲ構成スルモノト爲シタルモノニシテ其供與又ハ供與ノ申込ニ依リ運動者ノ意思ヲ左右シタルコトヲ構成要素ト爲サルヲ以テ苟モ供與者ニ對シ報酬トシテ金錢ヲ供與センコトヲ申込ミタル以上ハ運動者ノ意思ヲ動カシタルト否トニ論ナク該條ノ犯罪ヲ構成スヘク又右法條ハ金錢ノ供與者又ハ供與申込者ノ資格ニ關シ何等ノ制限ヲ定メサルヲ以テ共同運動者ノ一人カ選擧ニ關シ他ノ運動者ニ報酬トシテ金錢ヲ供與シ又ハ供與ノ申込ヲ爲シタル場合ニ於テモ同條ノ制裁ヲ受ケサル可カラス

（三一）　間接供與ノ場合ニ於ケル故意ノ内容

衆議院議員選擧法違犯事件（大正六（れ）第一六二三號大正六、八、八、第三刑事部判決）

他人ニ金圓ヲ委託シ之ヲシテ投票ノ買收ヲ爲サシムル場合ニ於テハ委託者カ受託者ニ於テ有權者ヨリノ投票ヲ買收スルコトアルヘキ事實ヲ豫見スルヲ以テ足ルモノニシテ特ニ其有權者ノ何某ナルカヲ知ルコトヲ必要トスルモノニアラス

（三二）　間接供與罪ノ成立

衆議院議員選擧法違犯事件（大正七（れ）第四六八號大正七、六、七、判決）

原判決ニ依レハ被告辰之進ハ幹部運動者タル北林屹郎ニ運動員ノ選定及ヒ之ニ對スル報酬ノ供與ヲ委託シ右報酬金及ヒ運動實費ヲ一括シテ一千圓ヲ屹郎ニ交付シ因テ屹郎及同人ヨリ更ニ委託ヲ受ケタル佐々木榮藏ノ手ヲ經テ間接ニ運動者數名ニ運動報酬ヲ供與シタルモノナレハ縱令運動者ノ誰ナルヤ又供與シタル運動報酬ノ幾何ナルヤヲ具體的ニ認識セサルモ既ニ運動者ノ選定ト運動報酬ノ供與トヲ概括的ニ委託セル以上ハ其範圍内ニ於テ行ハレタル運動者ノ選定ト之ニ對スル運動報酬ノ供與トハ當然其豫想内ニ存スヘク全然認識ヲ缺クモノト謂フヘカラサルヲ以テ被告ニ對スル判示行爲ヲ選

擧法ニ所謂間接供與ニ該當スルモノトシテ罰シタルハ相當ナリ本論旨ハ理由ナシ

衆議院議員選擧法違犯事件（大正八（れ）第二一七二號大正八、一一、二七、判決）

因テ按スルニ選擧ニ關シ選擧人又ハ選擧運動者ニ金錢物品等ヲ供與スルコトハ選擧ノ公正ヲ害スヘキ行爲ナルヲ以テ法律上對絶ニ之ヲ禁止シ該行爲カ選擧前ニ在ルト選擧後ニ在ルトヲ問ハサルコトハ衆議院議員選擧法第八十七條第一項ノ規定ニ徴シ毫モ疑ナク又同條第一號ニ所謂金錢ノ供與トハ選擧人又ハ選擧運動者ニ對シ選擧ニ關スル報酬トシテ金錢ヲ給付スルノ謂ニシテ此等ノ者カ同法違犯ノ罪ニ問ハレ判決確定ノ後罰金ヲ納付スルニ際シ又ハ之ヲ納付シタル後選擧ニ些ノ關係ナク親戚故舊等ヨリ金錢ヲ給付シ又ハ不幸災難ニ遭遇シタル場合ニ於テ慰籍料ヲ與フルカ如キコトヲ包含スルモノニアラスト雖モ苟クモ選擧人ヲシテ一定ノ議員候補者ニ投票ヲ爲サシメタル對價トシテ若クハ選擧運動者ヲシテ選擧人ニ對シ該候補者ニ投票セシコトヲ勸誘シタル對價トシテ之ニ金錢ヲ給付スルニ於テハ其名義ノ如何ヲ問ハス所謂選擧ニ關シ金錢ヲ供與シタルモノトシテ前記法條ニ照シテ之ヲ處罰セサルヘカラサルモノトス

（三三） 間接供與罪ノ成立ト受託者及供與金額ノ不特定

衆議院議員選擧法違犯事件（大正四（れ）第一七四四號大正四、九、一七、判決）

案スルニ選擧ニ關シ選擧運動者ニ報酬トシテ供與セシムル目的ヲ以テ金圓ヲ他人ニ寄託シタル以上ハ自ラ其供與スヘキ運動者ト其金額トヲ指定セスト雖モ此等ハ一切受託者ニ委任シタルモノト解スヘク受託者カ適當ト認メタル運動者ニ對シテ相當ト認メタル金額ヲ供與セル行爲ハ委託者本人ノ意思ヲ實行セルモノニ外ナラサレハ之ヲ委託者カ受託者ヲ介シテ爲ス間接ノ供與行爲ト謂フニ妨ケナシ

（三四） 就職斡旋ノ申込

衆議院議員選擧法違犯事件（大正四（れ）第一六三九號大正四、八、二七、判決）

儀一郎カ被告人久市郎ニ對シ相當ノ就職先ヲ周旋シ遣ハス可キ旨ノ通告ヲ爲シ毫モ供與ス可キ職務ヲ特定セスト雖モ苟モ選擧ニ關シ選擧運動者ニ公私ノ職務ヲ供與センコトヲ申込ミタル以上ハ其職務ノ特定スルト否トヲ區別セスシテ衆議院議員選擧法第八十七條第一項第一號ノ違犯罪ヲ構成ス可キハ論ヲ俟タサルヲ以テ本論旨亦其理由ナシ

（三五）供與ノ目的タル利益ノ種類、公私ノ職務ニ就カシムル爲メ推薦又ハ盡力ヲ爲スヘキ旨ノ申込

衆議院議員選擧法違犯事件（大正六（れ）第一九三二號大正六、一二、一九、第三刑事部判決）

衆議院議員選擧法第八十七條第一項第一號ニ所謂「其ノ他ノ利益」トハ同條項中特ニ明示セル者ヲ除ク外一般ニ人ノ需要又ハ欲望ヲ充タスニ足ルヘキ一切ノ事物ヲ謂フモノニシテ財産上ノ價値アル事物ノミニ限局シタル趣旨ニアラス（當院大正五年（れ）第二〇一九號判決參照）而シテ公私ノ職務ニ就カシムル爲メ推薦又ハ盡力ヲ爲スカ如キハ一般ノ場合ニ人ノ欲望ヲ充タスニ足ルモノナルヲ以テ該條ニ所謂利益ニ外ナラス（當院大正五年（れ）第一二三二號判例參照）從テ公私ノ職務ニ就カシムル爲メ推薦又ハ盡力ヲ爲スヘキコトヲ申込ミ選擧運動ヲ依頼スル以上ハ其申込ヲ受ケタル者ニ於テ其職務ニ就クコトヲ希望スルト否トニ論ナク該法條ノ犯罪ヲ構成スヘキモノトス

町村會議員選擧罰則違犯事件（大正六（れ）第二三五一號大正七、五、二、第二刑事部判決）

衆議院議員選擧法第八十七條第一項第一號ニ所謂利益トハ必スシモ所論ノ如キ有形的

利益ノミヲ指稱スルモノニアラス人ノ需用又ハ欲望ヲ滿足セシムヘキ無形的利益ヲモ包含スト解スヘキモノトス故ニ原判示ノ如ク被告良助運次郎カ村會議員ノ選擧ニ關シ反對ノ三上派ニ屬スル被告捨次郎ニ對シ自己ノ屬スル今派ニ投票スルニ於テハ其報酬トシテ被告捨次郎ヲ一級ヨリ村會議員ニ選出セシムヘク斡旋盡力スヘシト申込ミ被告捨次郎カ之ヲ應諾シタル場合ニ於テハ被告良助運次郎ノ行爲ハ選擧ニ關シテ斡旋ノ勞ヲ執リ以テ他人ノ議員ニ當選セントスル慾望ヲ滿足セシムヘキ無形的利益ノ供與ヲ申込タルモノニシテ其申込ヲ承諾シタル被告捨次郎ノ行爲ト共ニ各衆議院議員選擧法第八十七條第一項第一號ノ所謂利益供與ノ申込又ハ申込ノ承諾ヲ以テ論スヘキモノトス

村會議員選擧罰則違犯事件（大正六（れ）第二七一八號大正七、四、二〇、判決）

按スルニ衆議院議員選擧法第八十七條第一項一號ニ所謂「其他ノ利益」トハ同條ニ於テ特ニ明示スルモノヲ除ク外一般ニ人ノ需要又ハ慾望ヲ充スニ足ルヘキ一切ノ事物ヲ謂フモノニシテ公ノ職務ニ就カシムル爲メ推薦又ハ盡力ヲ爲スコトモ又一般ニ人ノ慾望ヲ充スニ足ルモノナルヲ以テ選擧人ニ對シ如上ノ盡力ヲ爲スヘキコトヲ申込ミ投票

ヲ勸誘スルニ於テハ第八十七條第一項ノ犯罪ヲ構成スヘキモノトス本件ニ於テ原判決ノ認定シタル事實ニ依レハ被告和右衞門外四名ハ村會議員選擧ニ際シ二級選擧人ナル被告義作ニ對シ二級候補者ナル被告和右衞門ニ投票ヲ爲シ吳レナハ義作ヲ一級議員トシテ選出スル樣盡力スヘキ旨申込ミ以テ投票ヲ勸誘シ義作ハ之ヲ承諾シテ和右衞門ニ投票シタルモノナルヲ以テ右被告和右衞門等ノ爲シタル申込ハ町村制第三十七條ニ依リ準用セラレタル衆議院議員選擧法第八十七條第一項第一號ニ所謂「其他ノ利益」供與ノ申込ニ該當シ各被告ノ所爲ハ何レモ同條ニ依リ處罰スヘキモノナルコト疑ヲ容レス

（三六） 金員貸與ノ申込

村會議員選擧罰則違犯事件（大正六（れ）第二七四二號大正六、一二、八、第三刑事部判決）

原判決ニ依レハ被告ハ自己ニ投票スヘキ條件ノ下ニ市川市之助ニ未納村稅納付ノ爲メ金員ヲ貸與スヘキ旨申込ミタルモノニシテ金員ノ貸與ハ消費貸借ナルヲ以テ選擧ニ關シ金錢供與ノ申込ヲ爲シタルモノニ外ナラス從テ論旨ハ理由ナシ

（三七）　町税負擔ノ等級ヲ引下クル樣盡力スヘキ者ノ申込

町村會議員選擧罰則違犯事件（大正六（れ）第一七一五號大正六、八、二七、第二刑事部判決）

町村會議員ノ選擧ニ際シ選擧有權者ノ一人ニ對シ自分ニ投票シ呉ルルニ於テハ町税負擔等級ヲ引下ル樣盡力ス可キニ依リ投票シ呉レト申入ルルハ單ニ事實上町税負擔等級ヲ引下ルコトニ盡力スルノ謂ニシテ法令ノ定ムル所ニ從ヒ正當ニ引下クルノ謂ニアラス故ニ法令ノ規定ニ從ヘハ不可能ナル事項ト雖モ不正ノ手段ヲ以テ之ヲ遂行スルニ於テハ必スシモ不可能ナリトセス叙上ノ申入ハ利益供與ノ申入ニ外ナラス又町税負擔等級ノ引下ハ其結果トシテ町税ノ負擔ヲ輕減スルニ歸スルヲ以テ結局經濟上ノ利益ニ關スルノミナラス衆議院議員選擧法第八十七條第一號ハ固ヨリ直接ニ授受セラルル財物ニ限リ之ヲ利益ト認ムル趣旨ニアラス原判決ノ判示スル被告ノ選擧有權者ニ對スル申入ハ單ニ事實上ニ於テ町税負擔ノ等級ヲ引下クルコトヲ意味スルモノトス故ニ其申入ハ衆議院議員選擧法第八十七條第一號ニ該當ス

（三八）　夜警ニ對スル報酬ノ供與

衆議院議員選擧法第八十七條第一項第一號ニ所謂選擧ニ關シ金錢ヲ選擧運動者ニ供與シタルモノトハ選擧ニ關シ選擧運動ニ必要ナル實費以外ノ金錢ヲ供與シタルモノハ總テ之ヲ指稱スルモノナルコトハ當院從來ノ判例ノ示ス所ニシテ選擧運動者カ選擧ノ爲メニ執ルヘキ所ノ勞務ニ對スル報酬ノ如キハ之ヲ授受スルヲ得サルモノナルヲ以テ右報酬ノ供與ハ同條項ニ所謂金錢ノ供與ナルコト論ヲ俟タス原判決ノ認定シタル事實ハ被告ハ衆議院議員候補者藏内次郎作ノ運動者ニ於テ他ノ候補者ノ運動者カ夜ニ乘シ大任村ニ入込ミ選擧有權者ニ對シ投票ノ勸誘ヲ爲スコトヲ防止センカ爲メ夜警ヲ爲シタルニ對シ報酬トシテ一夜金六十錢宛ヲ供與シタリト云フニアリテ右供與シタル金錢ハ選擧運動ニ關シ必要ナル實費ニアラスシテ選擧ノ爲メニ執リタル勤勞ニ對スル報酬ナルコト明カナルヲ以テ原判決カ同法條ヲ適用シ有罪ノ判決ヲ爲シタルハ相當ニシテ論旨ハ理由ナシ

（三九） 選擧運動又ハ投票ノ買收ノ請負金ノ供與

衆議院議員選擧法違犯事件（大正四（れ）第二三二三號大正四、一〇、一五、判決）

選擧運動ヲ他人ニ依頼シ之カ爲メ其運動費及ヒ報酬ヲ特ニ分別セスシテ或ル金額ヲ被依頼者ニ供與シ而シテ被依頼者カ之ヲ受諾シテ運動ヲ請負ヒタル場合ニ於テハ被依頼者カ現實ニ得獲シタル利益ノ有無及ヒ多寡ニ拘ハラス最初授受シタル金錢ノ全額ヲ以テ衆議院議員選擧法第八十七條ニ所謂選擧ニ關シ授受シタル金錢ニ該當スルモノト爲ササルヘカラサルコトハ既ニ本院判決ノ説示シタル所ニシテ本件ニ於ケル右金額ノ四百二十五圓ナルコトハ原判決ニ擧示セレ證據ニ依リテ確認スルコトヲ得ヘキヲ以テ本論旨ハ理由ナシ

衆議院議員選擧法違犯事件（大正四（れ）第三一四二號大正五、三、一〇、判決）

所論金四十圓及ヒ金六百有餘圓カ投票買收ノ請負資金トシテ供與セラレタルコトハ原判文ヲ通讀シテ之ヲ知ルヲ得ヘシ而シテ斯ル請負ハ其行爲自體利益ヲ包含シ其受ケタル金額全部報酬トナルヘキヲ以テ叔上ノ金額ヲ受ケタルモノハ其所爲衆議院議員選擧法第八十七條第一項第一號ニ該當スヘク随テ同金額ニ付キ論旨（一）ノ如ク費目ニ從ヒ

之ヲ區別スルノ要ナシ次ニ本件ノ犯罪ハ選擧ニ關シ選擧運動者ニ金錢ヲ供與スルニ依リ成立スルヲ以テ判文上其供與ヲ受ケタル人々ノ特定セルコトヲ要スルモ必スシモ其氏名ヲ擧示スルノ要ナシ又數人ノ運動者ニ供與シタル金錢ニ付キ其合算額ヲ明示スル以上ハ被告ノ如キ供與者ノ犯罪事實説示トシテ、クル所ナキヲ以テ更ニ供與ヲ受ケタル人々ニ付キ其金額ヲ區分スルノ要ナシ

衆議院議員選擧法違犯事件(大正四(れ)第三二五九號大正五、三、一四、判決)

原判決ニ於テ被告人等カ選擧運動者ニ對シ「所掲選擧運動ノ請負ニ對スル報酬トシテ金圓ヲ供與シタリ」ト判示シタルハ畢竟被告人等ハ選擧運動者ニ對シ定額ノ金圓ヲ報酬トシテ供與センコトヲ約シ又該運動者ハ其獨立ノ責任ヲ以テ卽チ運動實費投票買收費其他支辨ニ係ル金額カ前示定額内ナルト又ハ定額ヲ超過スルトヲ論セス運動ニ從事スルコトヲ約シタル結果トシテ被告人等ヨリ選擧運動者ニ金圓ヲ供與シタルモノト認メタルコト明白ニシテ上叙選擧運動請負金供與ノ行爲ハ投票買收請負金供與ノ行爲(大正四年(れ)第一五〇一號本院判例參照)ト同シク其性質上當然請負者ニ對シ利益ヲ

供與スルモノト解シ得ヘキヲ以テ請負者カ其束與ヲ受ケタル金額ノ全部又ハ一部ヲ利得シタル場合ニ於テハ勿論運動ノ爲メ其全部ヲ支辨シ結局何等自己ニ利スルトコロナカリシ場合ニ於テモ該金圓ノ全部ヲ以テ其報酬金額ト認ムルコトヲ妨ケス原判決ノ事實理由ニハ毫モ不備又ハ齟齬違法アリト云フコトヲ得サルノミナラス假ニ前叙選擧運動者ノ行爲カ所論ノ如ク商法第二百六十四條第五號ニ所謂勞務ノ請負ニ該當スルモノトスルモ毫モ之ヲ選擧運動者ニ非スト論斷ス可キ理由ナキハ辯ヲ俟タス

（四〇）　選擧運動ノ請負

衆議院議員選擧法違犯事件（大正六（れ）第一五一三號大正六、九、一四、第一刑事部判決）

上告趣意書第三點原判決ハ第二犯罪事實トシテ「被告玉一、敏正ハ共謀ノ上……被告直三郎ニ對シ有馬郡ニテ五十票ヲ獲得センコトヲ依頼シ其報酬及有權者ノ買收費ヲ含メテ五十票ニ對シ金百圓ヲ供與センコトヲ申込ミ其場ニ於テ被告玉一ヨリ内金トシテ二十圓ヲ供與シ被告直三郎ハ右供與ノ申込ヲ承諾シ内金二十圓ヲ收受シ自家用ニ費消シタル旨」判示シ此ノ事實ニ對シテ衆議院議員選擧法第八十七條第一項第一號ヲ適用處斷セリ然レトモ同法條第一號ニ所謂選擧運動者ニ對スル金錢ノ供與トハ選擧運動ノ報酬トシテ選擧運動者ニ金錢ヲ供與スルヲ云フモノニシテ投票買收費ノ如キハ其性質上運動者ニ對スル報酬トシテノ供與ニアラス費用ノ寄託ノ性質ヲ有スルニ過キサルコトハ疑ヲ容レス（本院大正元年十月二十二日第一刑事部判決）然ラハ本件ニ付報酬及有權者買收費ヲ含メテ金百圓ヲ供與スルコトトナシ其内金トシテ二十圓渡シタルモノニ付從テ該二十圓ハ報酬及買收費ノ寄託ヲ包藏スルモノトス故ニ本件ヲ犯罪トシテ處罰セントスルニハ二十圓ノ金員中報酬ト投票買收費トシテ區別シ其中報酬供與及其收受ノミヲ處罰スヘキモノトス然ラハ原判決ハ事實理由中ニ於テ二十圓ハ金員中幾何ヲ報酬トシテ幾何ヲ投票買收費トシテ寄託シタルカノ區別ヲ明ニセサルヘカラサリシニ此ノ點ヲ明ニセサリシハ理由不備ノ判決トスト云フニ在レトモ○原判示ノ如キ場合ニ於テハ其間ニ報酬金ト買收金トヲ明確ニ區別スルコトハ到底不可能ニ屬スルヲ以テ其全部ニ付キ之ヲ報酬金ト認ムルモ不當トセス然レハ論旨ハ理由ナシ

選擧運動ヲ依賴シ因テ運動者ニ供與シタル金員ニシテ其實費ト謝禮金トヲ包含シ之ヲ分別スルコト能ハサルトキハ其全部ヲ選擧運動請負ノ對價卽チ報酬トシテ授受シタルモノト論スヘキコトハ本院判例ノ屢々說示シタル所ナルヲ以テ本論旨ハ理由ナシ

衆議院議員選擧法違犯事件（大正六(れ)第三一八五號大正六、一〇、一六、第一刑事部判決）

選擧ニ關シ投票ノ買收ヲ請負ヒ其對價トシテ或金額ノ供與ヲ受ケタル場合ニ於テ該金額中ニ運動實費ヲ包含シタリトスルモ初ヨリ之ヲ分別セサリシトキハ其金額ヲ以テ投票買收ノ報酬ト看做スヲ相當トスルハ當院ノ判示スル所ナレハ原判決ニ所論ノ如キ違法アルコトナク論旨ハ理由ナシ

衆議院議員選擧法違犯事件（大正六(れ)第三六〇五號大正七、二、二五、第二刑事部判決）

選擧ニ關シ選擧運動者ニ供與シタル金員ニ運動實費ト報酬トヲ包含シ之ヲ分割スルコト能ハサルトキハ該供與ヲ受ケタル運動者ハ之ヲ對價トシテ選擧運動ヲ請負ヒタルモノト謂フヲ得ヘク從テ之ヲ包括的ニ觀察シテ供與金全部ヲ報酬ト認ムルヲ相當トスルコトハ當院ノ判例タリ又斯ノ場合ニ於テハ其供與金中運動ニ必要ナル實費ヲ控除シ尙

報酬トナルヘキ部分ノ存在スルト否トハ犯罪ノ成立ニ何等消長ナケレハ之ヲ具體的ニ明示スルノ要アルナシ

衆議院議員選擧法違犯事件（大正七（れ）第三二三號大正七、一〇、第三刑事部判決）

上告趣意書第一點原判決ハ事實理由第一ニ於テ「一票二圓ノ割合ニ依ル金額ヲ交付シテ費途ヲ幹部ニ一任シ其豫定票數ヲ得ルカ爲メ交付ヲ爲シタル金額ニ過不足アルモ更ニ支給シ若クハ返還ヲ受ケサル事トナシ」云々「之ニ基キ幸一ニ金千三百四十二圓利藤太鶴吉ニ金六百五十圓重次郎ニ金千圓佐膳ニ金三百二十五圓ヲ供與シ」云々ト判示シ第二事實以下ニ於テモ此趣旨ニ基ク金錢ノ授受ヲ以テ衆議院議員選擧法第八十七條第一項第一號ニ問擬セラレタリ然レトモ該條ニ所謂「利益ノ供與」トハ法文自體ノ明示スル如ク運動員又ハ有權者ニ確的ノ利益ヲ與ヘタル場合ヲ指スヲ以テ利益ノ結果ヲ與フルヤ否ヤ不分明ナル場合ニアリテハ所謂「利益ノ供與」ヲ爲シタルモノト云フヘカラス然ルニ原判決ハ前示ノ如ク運動員ニ或一定金額ヲ交付シ之ニ由リテ或運動區域ヲ請負ヒセシメ其金額カ運動實費ニ不足スル場合ト雖モ其運動員ノ負擔トシ剩餘アル

場合ハ其返還ヲ受ケサル約旨ナリトセルヲ以テ過剩アル場合ハ格別若シ交付ノ金額カ運動實費ニ不足シタル場合ニアリテハ運動員ハ利益ノ供與ヲ受ケサルハ勿論却テ不利益ヲ受ケタルモノト云ハサルヘカラス而シテ其何レニ歸スルヤハ須ラク選擧終了後實費ノ精算ニ待タサルヘカラス判決ニ於テ之ヲ有罪トナスニ少クトモ過供アリタル事實ヲ明示セサルヘカラス然ルニ原院カ何等此事實ヲ判示セス漫然有罪トナシタルハ理由不備ノ不法アルニアラサレハ利益供與ノ意義ヲ誤解シタル不法ヲ免レスト謂フニ在レトモ○所論判示ノ如キ約束ノ下ニ選擧ニ關シ金圓ヲ供與スルトキハ其所爲ハ利益供與トシテノ要件ヲ具備スルモノニシテ供與ヲ受ケタル者カ其後其利益ヲ保持スルコトヲ得ルヤ否ヤハ問フヘキ所ニ非サルヲ以テ論旨理由ナシ

衆議院議員選擧法違犯事件（大正七（れ）第一六二四號大正七、一一、一一、第二刑事部判決）

衆議院議員選擧運動者ニ對シ運動ノ報酬若クハ選擧有權者ノ買收費ト共ニ實費ヲ授受シ其額ヲ區分セサル場合ニ於テハ其供與額全部ニ依ル運動若クハ買收ノ請負アリタルモノニシテ其金額ニ付キ衆議院議員選擧法第八十七條第一項第一號ノ犯罪成立スヘク

而シテ原判示ノ各證據ヲ綜合スルトキハ所論原判示事實ヲ認ムルヲ得ヘキカ故ニ論旨ハ理由ナシ

衆議院議員選擧法違犯事件(大正七年(れ)第一二三七號大正七、五、一六、第二刑事部判決)

選擧運動者ニ對スル報酬謝禮以外ニ下運動者ノ運動及選擧人ノ投票ニ對スル報酬並ニ正當ナル選擧事務費等ヲ包含セシ選擧運動請負ノ報酬トシテ一定ノ金錢ヲ給付シ選擧運動者之ヲ受領シタル場合ニ於テハ右金錢ノ全額ハ選擧運動者ノ所得ニ屬シ其自由ノ處分ニ委ネタルモノナレハ右全額ニ付選擧法ニ所謂供與及收受アリタリト謂フヲ得ヘク從テ此場合ニ於テ選擧運動者ノ受領シタル選擧運動請負ノ報酬金全額ニ付選擧ニ關シ選擧運動者ノ收受シタル物件トシテ沒收又ハ追徵ノ處分ヲ爲サヽル可ラス之ニ反シテ運動者ニ對シテ選擧費用トシテ一定ノ金錢ヲ給付シ其目的ノ範圍內ニ於テ用途ヲ限定スルコトナク自由ニ選擧人又ハ下運動者ニ對スル報酬其他運動實費ニ充當セシメ殘額アリタルトキハ之ヲ以テ當該選擧運動者ノ報酬ニ供ス可キ旨ヲ約シ選擧運動者之ヲ諾シタル場合ニ於テハ前示一定ノ給付全額ニ付テハ單純ナル寄託關係ヲ生スルニ止マ

リ選擧運動者ニ對シテハ單ニ金錢供與ノ申込アリ選擧運動者ハ之ヲ承諾シタル事實アルニ過キス而シテ諸般ノ用途ニ付支辨ヲ了リ金錢殘存セル場合ニ於テ始メテ選擧運動者ノ所得ニ歸スヘキ金錢確定スルヲ以テ茲ニ選擧運動者ニ對スル金錢ノ供與及選擧運動者ノ右金錢ニ付收受アリト謂ヒ得ヘキモノトス從テ此場合ニ於テハ選擧運動者ノ受領シタル金錢中現實ニ其所得ニ歸シタル金錢ニ付テノミ選擧ニ關シテ收受シタル物件トシテ沒收又ハ追徵シ得ヘキモノナルコト當院ノ數々判示スル所ナリ

（四一） 運動實費ノ剩餘金ヲ報酬ニ充當スヘキ條件ノ下ニ金員ノ授受

衆議院議員選擧法違犯事件（大正七（れ）第一三六三號大正七、六、一七、第二刑事部判決）

原判決事實理由ニハ大正四年三月二十五日施行セラレタル石川縣ニ於ケル衆議院議員ノ選擧ハ訴訟ノ結果無效ト爲リ同五年十二月十八日其再選擧ヲ施行セラルルニ當リ被告辰村米吉ハ憲政會石川縣支部ノ理事トシテ專ラ同派所屬候補者ノ當選ヲ畫策シ居タル處（中略）田中喜太郎ヲ能美郡ノ公認候補者ニ推薦シ（中略）被告伊藤六松及前記石室（次三郎）米澤（與三松）並ニ原審相被告タリシ宮川淸吉ニ對シ田中ノ爲メ約二千票

ノ投票取纏方ニ盡力センコトヲ依賴シ運動ノ實費投票買收料ニ支出シタル殘餘ヲ其運動ニ對スル同人等ノ報酬トスル趣旨ニテ金三千圓（前記秋山ノ手ヨリ交付シタル金三百圓ヲ通シテ）交付スヘク申込ミ伊藤ハ右三名ト共ニ之ヲ承諾シタルニヨリ辰村ハ（中略）金千七百圓（中略）金千圓ヲ何レモ田中ヨリ秋山ノ手ヲ經テ右伊藤等ノ代表者タル石堂ニ對シ各之ヲ交付セシメ尚辰村ハ（中略）石堂ヨリ前記三千圓ニテハ不足ナルヲ以テ更ニ金千圓ヲ前同樣ノ趣旨ニテ追加セン事ヲ申出テタルニ當リ卽時之ヲ承諾シ（中略）田中及秋山ノ手ヲ經テ金千圓ヲ石堂ニ交付シ伊藤ハ前示ノ如ク石堂ノ手ニヨリ右金三千圓及金千圓ノ交付ヲ受ケタルモノナリトノ事實ヲ認定シアリテ　法律理由ニ於テ及告辰村米吉伊藤六松ノ行爲ハ孰レモ衆議院議員選擧法第八十七條第一項ニ該當シ辰村米吉カ石堂次三郎伊藤六松米澤與三松宮川淸吉ノ四名ニ報酬ヲ供與シタル行爲ハ一個ノ行爲ニシテ數個ノ罪名ニ觸ルルコトヲ判示セルニ徴スレハ原審ハ被告六松カ一定ノ報酬ノ供與ヲ受ケタル點ヲ前掲第八十七條第一項第一號ニ問擬シタルモノト解スヘキカ如シ然レトモ事實理由ニ揭クル所ノ如シトセハ被告六松等ハ運動ノ實費投票買

收料ニ支出シタル殘餘ヲ報酬ト爲ス趣旨ニテ前後ヲ通シ金四千圓ノ交付ヲ受ケタルモノナルヲ以テ上記實費及買收料ニ支出シタル後殘餘金額ノ存スル場合ニ於テ始メテ其金額ハ被告六松等ノ收得ニ歸スルモノナルカ故ニ單ニ前記四千圓ノ交付ヲ受タルノミニテハ其四千圓ハ之ヲ報酬ト目スヘカラサルハ論ナク收得ニ歸スヘキ金額ノ有無未定ニシテ從テ其數量ノ如キハ固ヨリ算定シ得ヘキ限ニ在ラス故ニ此場合ニ被告六松等ハ報酬供與ノ申込ヲ承諾シタルニ止マリ未タ供與ヲ受タルモノニアラス斯ノ如ク單ニ報酬供與ノ申込ヲ承諾シタル犯罪事實ニハ報酬ノ收受ナルモノナキヲ以テ之ヲ處罰スルニ當リ衆議院議員選擧法第八十七條第二項ノ沒收追徵ノ處分ヲ爲スヘキモノニアラス然ルニ原判決ハ追徵處分ノ部分ニ於テ被告六松カ他ノ三名ト共謀シテ收受シタル報酬金額ヲ五百四十圓ト認メ之ヲ四分シテ其一分ヲ六松ヨリ追徵スル旨ヲ判示セリ故ニ叙上ノ原判決ノ判旨ヲ以テ金四千圓交付ヲ報酬供與ノ收受ト認メテ處罰シタルモノト解センカ擬律ノ錯誤アルモノト謂フヘク又報酬供與ノ申込ヲ承諾シタルモノト認メテ處罰シタルモノト解センカ追徵ヲ爲スヘカラサル犯罪事件ニ付キ追徵ヲ爲シタル不法ア

ルモノト謂フヘク究竟原判決ハ本件犯罪事實トシテ報酬供與ヲ受ケタル金額ヲ四千圓ト認メタルモノナルヤ五百四十圓ト認メタルモノナルヤ又ハ報酬供與ノ申込ヲ承諾シタルニ止マルモノト認メタルモノナルヤ意義明瞭ヲ缺キ理由不備ノ違法アルモノトス

縣會議員選擧違犯事件（大正七（れ）第三五七一號大正八、二、二四、第二刑事部判決）

原判示ノ趣旨ハ被告誠三郎馬之助等ハ各運動者ニ對シ先ツ運動ノ實費若クハ投票買收費等ヲ支出シタル後尙ホ剩餘アルトキ之レヲ運動ノ報酬ニ充當スヘキ條件ノ下ニ判示金員ヲ交付シ各運動者亦其意ヲ諒シテ之レカ交付ヲ受ケタリト云フニ在リ換言スレハ報酬ニ充ツヘキ金額ノ確定ハ之レヲ後日ニ期シ其確定ト同時ニ其額ヲ運動者ノ所得ニ歸スヘキコトヲ約束シタル上判示金員ヲ授受シタルモノニシテ從テ金員授受ノ當時ニ在リテハ被告等ノ行爲ハ單ニ後日ヲ期シ運動ノ報酬ヲ供與センコトヲ申込ミ又ハ之レヲ承諾シタルニ過キサル狀態ニ在リタルモノト解スルヲ相當トス但實費又ハ投票買收費ヲ支出シタル結果或ハ報酬ニ充ツヘキ剩餘ヲ存セサルニ至ルコトアルヘキモ之レカ爲メ當初爲シタル利益供與ノ申込其者カ其性質ヲ失フニ至ルヘキ理由ナキヲ以テ結局

被告等ノ所爲ハ衆議院議員選擧法第八十七條第一項第一號ニ所揭利益供與ノ申込ミヲ爲シ又ハ之レヲ承諾シタルモノニ該當スルモノト云ハサルヘカラス原審ハ此申込ヲ爲シ又ハ之レヲ承諾シタル點ニ於テ犯罪ヲ構成スルモノト認メタルモノナレハ判示金員中現實ニ報酬ニ充テタル金額ノ有無又ハ多寡ニ付キ判示スル所ナキハ當然ナリ

（四二）　投票ヲ條件トシテ爲シタル印刷物ノ注文

衆議院議員選擧法違犯事件（大正六（れ）第二二三七號大正六、一〇、一八、第二刑事部判決）

案スルニ利益ヲ以テ選擧人ヲ勸誘シ選擧投票ヲ爲サシムルカ如キハ選擧ノ公正ヲ害スルモノナルニ依リ法律ハ汎ク選擧ニ關シ選擧人ニ利益ヲ供與シ若クハ供與センコトヲ申込ムコトヲ禁シタルモノナレハ苟モ選擧ニ關シ選擧人ニ利益ヲ供與センコトヲ申込ミタル事實アル以上ハ其利益ノ不法ナルト否トヲ問ハス犯人ハ衆議院議員選擧法第八十七條第一項第一號ノ罪責ヲ免ルルヲ得サルモノトス原判示ニ依レハ原審相被告齋藤太郎等九名共謀ノ上太郎ハ其代表者トナリ選擧運動者タル被告檮朔孝治ニ對シ自分等印刷業者ハ團結シテ衆議院議員候補者若尾幾造ニ投票スヘク且知人ヲ勸誘シテ同人ニ投票セシムヘキニ付同人ノ爲メ有權者ニ配布スヘキ推薦狀ニ要スル印刷物ヲ請負ハシ

メラレ度キ旨ヲ交渉シタルニ被告檮湖孝治ハ其交渉ニ應シ幾造ノ爲メ投票センコトヲ依頼シ太郎等ニ推薦狀ノ印刷物ヲ請負ハシメ相當ノ對價ヲ若尾ノ選擧運動員幹部ヨリ貰受ケ遣ハスヘキ旨申込ミ業務經營ヲ利スルコトヲ以テ内容トセル利益供與ノ申込ヲ爲シタルモノナレハ被告等ト太郎等トノ間ニ利益ニ關スル認識ノ連絡アリシ事實ナルコトハ自ラ明ナルノミナラス被告等ニ於テ前示前條ノ罪責ヲ免ルルノ理由ナキヲ以テ右論旨ハ何レモ上告ノ理由ナシ

（四三）　選擧ノ爲缺勤セル日給傭員ニ對スル日給ノ給與

衆議院議員選擧法違犯事件（大正七(れ)第一三二一號大正七、五、三〇、第二刑事部判決）

原判決ニハ論旨所掲ノ如ク判示シアリテ其趣旨タルヤ藏内鑛業株式會社ノ事實上ノ主宰者タル藏内次郎作カ議員候補者トナリタルニ付日給雇員ニシテ其選擧運動ニ從事シタル爲メ會社ヲ缺勤シタルモノアリ會社ニ於テハ日給雇員ニハ缺勤中日給ヲ給與スヘカラサル規定ナルニ拘ハラス同會社ノ役員タル被告善夫啓治袈裟市久右衛門ノ四名協議ノ上選擧運動ニ從事シタルノ故ヲ以テ之ヲ出勤ト看做シ其日給ヲ給與スルコトヲ決

定シ原判示手續ヲ經テ日給雇員タル被告乙彦等ニ各欠勤中ノ日給ヲ支拂ハシメ以テ各運動ノ報酬ヲ供與シタリト云フニ歸着シ被告善夫等カ選擧運動ニ從事シ缺勤シタル者ニ對シ會社ノ規定ニ背キ日給ヲ給與シタル事實ニ外ナラサレハ之ヲ以テ會社カ日給雇員タル被告乙彦等ノ爲シタル選擧運動ヲ以テ會社ノ事務ト爲シ日給ヲ給與シタルモノト云フヘカラス且本件運動行爲カ會社ノ事務ニアラサルコトハ原判文上明白ナルヲ以テ本論旨ハ上告ノ理由ナシ

（四四）　候補者ノ政見ヲ登載發行セル新聞業者ニ對スル報酬ノ供與

衆議院議員選擧法違犯事件（大正七（れ）第一五七三號大正七、九、二三、第二刑事部判決）

衆議院議員候補者ノ主義政見ヲ掲ケタル新聞紙ヲ發行者ヨリ買取リテ其代金ヲ支拂フカ若クハ其配布實費ヲモ合セテ支拂フカ如キ關係アルニ止マル場合ニ於テハ其發行配布行爲ヲ目シテ當然選擧運動ナリト謂フヘカラスト雖モ新聞紙ノ發行配布カ選擧運動ノ手段トシテ强キ効力ヲ有スルハ洵ニ顯著ナル事實ニシテ衆議院議員選擧運動者ノ運動ノ方法形式ノ如何ニ拘ラス苟モ選擧ニ關シ選擧運動者ニ對シテ金錢ヲ供與セハ其金

錢ノ全體カ選擧ノ公正ヲ害スルノ虞アル者ニシテ衆議院議員選擧法第八十七條第一號ニ依ル違法性ヲ帯フヘキハ同法ノ規定上一點ノ疑ヲ容レサル所ナリトス然ルニ原判示第二事實ノ要旨ハ第二論旨ノ冒頭ニ掲クルカ如クニシテ之ヲ換言スレハ被告晋太郎及三平治ハ共謀ノ上新聞紙ニ依リ選擧人ニ對シ判示候補者ノ主義政見ヲ周知セシムヘキ運動方法ヲモ行フニ決シ判示新聞紙ノ發行人タル被告石三郎ノ申込ヲ入レ同人ヲ選擧運動者トナシ該新聞紙ニ判示候補者ノ主義政見ヲ登載發行シテ之ヲ山口縣下ノ選擧人等ニ配布スル事ヲ請負ハシメ之カ報酬トシテ石三郎ニ對シ判示金員ヲ供與シ石三郎ハ右請負ノ報酬トシテ之ヲ收受シタル者ナルカ故ニ石三郎ノ判示新聞紙ノ發行配布ハ即チ判示第二事實ノ選擧運動行爲自體ニシテ從テ右金員全體ハ即チ選擧ニ關シ選擧運動者ニ供與セラレタル利益ニ外ナラスシテ偶々其運動ノ手段カ既存ノ新聞紙發行ナル營業ノ利用ナルカ爲メニ其選擧運動ノ手段タル性質ヲ看過シテ之カ營業ノ方面ノミニ著目シ營業上利潤ノ有無若クハ其厚薄如何ニ應シ右法條ニ牴觸スルヤ否ヤヲ決スヘキモノニアラス

（四五） 應援演說ニ對スル報酬ノ供與

衆議院議員選擧法違犯事件（大正五（れ）第五五三號大正五、四、一七、判決）

辯士カ或政黨政派ノ爲メ多數ノ議員ヲ選出セシムル目的ヲ以テ其政見ヲ發表シ應援演說ヲ爲シタリトスルモ之ヲ以テ直チニ衆議院議員選擧法ニ所謂選擧運動者ノ行爲ナリト云フヲ得スト雖モ應援演說ニシテ一定ノ議員候補者ヲ推薦スルヲ以テ目的トシ辯士カ之ニ關シ報酬ヲ受ケ又ハ報酬供與ノ申ヽヲ承諾シタル以上ハ之ヲ以テ同法ニ所謂選擧運動者ナリト云ハサルヲ得サルモノトス同法ニ所謂選擧運動者トハ一定ノ議員候補者ノ爲メ投票ヲ得セシムル目的ヲ以テ選擧人ヲ勸誘スル諸般ノ行爲ヲ爲ス者ヲ指稱シ其勸誘ノ方法ニ付テハ法律上何等ノ制限ナケレハ一定ノ議員候補者ノ爲メ選擧人ニ推薦狀ヲ配布シ又ハ選擧人ヲ訪問シテ投票ノ依賴ヲ爲スカ如キ行爲ヲ爲ス者ハ勿論公衆ニ對シ言語又ハ文書ヲ以テ一定ノ議員候補者ヲ賞揚推薦シ之ニ投票センコトヲ求ムルカ如キ行爲ヲ爲ス者ヲモ包含スルモノナリ蓋シ後者ノ如キハ直接選擧人ニ對シテ投票ヲナスコトヲ勸誘スル者ニアラスト雖モ議員候補者ノ人物才能等ヲ賞賛シ公衆ノ聲援

ヲ籍リ自然選擧人ノ意思ヲ動カスニ足ルモノナレハ其行爲ハ選擧運動タルコトヲ失ハサルヲ以テナリ而シテ衆議院議員選擧法第八十七條規定ノ主旨ハ選擧ノ公正ヲ保タンカ爲メ其取締ヲ嚴ニシ金品其他ノ利益公職等ヲ好餌トシテ被選擧人ノ爲メ直接間接ニ不正ノ投票ヲ得セシムルカ如キ行爲ナカラシメンコトヲ期スルニ在リテ一定ノ議員候補者ノ選擧ヲ目的トスル應援演說ニ關シ辯士カ報酬ヲ受ケ若クハ報酬供與ノ申込ヲ承諾スルカ如キハ正ニ同條ノ禁止スル所ニシテ選擧ノ公正ヲ害スルモノト云ハサルヘカラス原判示ニ依レハ被告ハ東京市選出衆議院議員候補者尾竹染吉ノ選擧ニ關シ應援演說ノ報酬トシテ金圓ヲ貰ヒ受ケタルモノナレハ原院カ被告ヲ前示法條ニ問擬シタルハ違法ニアラサルヲ以テ本論旨ハ被告ノ理由ナシ

（四六）　選擧ニ關スル饗應ノ意義

衆議院議員選擧法違犯事件（大正六（れ）第二七五九號大正六、一一、二六、第二刑事部判決）

衆議院議員選擧法第八十七條第一項第二號ニ所謂饗應トハ選擧ニ關シ報酬謝禮ノ趣旨ヲ以テ他人ニ酒食ヲ饗應シ之ヲ款待スルノ意義ニシテ固ヨリ膳羞ノ豐菲價値ノ多寡ノ

如キハ必スシモ問フ所ニ非ス蓋シ些少ノ價格ニ相當スル菲薄ノ膳羞ト雖モ之カ供與ヲ受クル者ニ在テハ人情ノ弱點ニ拘束セラレ選擧ニ關シ公平自由ノ判斷ヲ喪フコトナシトセス又之ヲ供與スル者ニ在テモ上叙ノ機微ヲ捕促シ之ヲ利用シテ選擧人ヲ誘惑スル虞ナシトセス選擧法カ饗應接待スル所爲ト之ヲ受クル所爲トヲ處罰スルハ此趣意ニ外ナラサレハ被告長九郎、磯平、松太郎ノ三名カ饗應シ被告長賀安次郎健次郎磯平秀松由次郎哲二伊次郎ノ八名カ饗應ヲ受ケタル價格カ原判示ノ如ク一人分金十八錢ノ少額ナリトスルモ右饗應カ選擧ニ關シテ行ハレ又其意ヲ諒シテ饗應ヲ受ケタルトキハ之カ爲メニ饗應ノ意義ニ變更ヲ來スヘキニアラサレハ原判決ニ於テ各被告ノ判示所爲ヲ選擧法第八十七條第一項第二號ニ問擬シ之ヲ處罰シタルハ相當ニシテ本論旨ハ理由ナシ

村會議員選擧罰則違犯事件（大正七(れ)第一六號大正七、三、五、第二刑事部判決）

衆議院議員選擧法第八十七條第一項カ「選擧ノ前後ヲ問ハス左ノ各處ニ該當スル所爲アル者」ヲ所罰スヘキコトヲ定メ第二號ニ於テ「選擧ニ關シ（中略）方法及名義ノ何タルヲ問ハス人ヲ饗應接持シ又ハ饗應接待ヲ受ケタルモノ云々ト規定セルハ選擧後ニ於

ケル饗應ト雖モ尙選擧界ヲ腐敗セシメ因テ選擧ノ公正ヲ害シ若クハ害スルノ虞アル爲メ之ヲ禁止セントスルノ趣旨ニ外ナラス而シテ原判示事實ニ依レハ被告千之助ハ判示村會議員ニ當選シ被告文太郎ハ千之助ノ右議員選擧ノ運動者ナリシ處相謀リテ千之助ノ前示議員當選ノ日ノ夜千之助ノ爲メ右選擧ノ運動ヲ爲シタル被告鐵之助等ニ對シ運動ノ慰勞竝ニ當選祝賀ノ趣旨ヲ以テ酒食ノ饗應ヲ爲シ鐵之助ハ情ヲ知リテ金四十錢相當ノ酒食ノ饗應ヲ受ケタルモノナレハ右各被告ノ行爲ハ町村制第三十七條第一項ニ依リ準用セラルル前顯法條ニ該當スルヤ論ヲ俟タス

町會議員選擧罰則違反事件(大正七(れ)第二三一〇號大正七、一〇、八、第一刑事部判決)

衆議院議員選擧法第八十七條第一項第二號ニ所謂饗應トハ選擧ノ前後ヲ問ハス其方法名義ノ如何ヲ論セス選擧人又ハ選擧運動者ニ對スルト其他ノ人ニ對スルトヲ別タス物質ノ豐菲ト價格ノ多寡トヲ分タス苟クモ選擧ノ事項ニ關シ報酬謝義ノ趣旨ニ於テ酒食其他人ヲ款待スヘキ資料ヲ他ニ供與スルコトヲ指稱スルモノトス原判示事實ニ依レハ議員候補者タル被告與兵衞ハ町會議員ノ選擧ニ關シ選擧人タル相被告良太郎、金松、石藏、孫八等ニ投票ヲ依賴シ選擧後ニ於テ自己宅ニ招致シ酒食ヲ饗應シ被告良太郎等ハ之ヲ受ケタリト云フニ在レハ被告與兵衞カ投票ノ報酬トシテ被告良太郎等數名ヲ饗應シ被告良太郎等ハ其趣旨ニ於テ之ヲ受ケタル事實ヲ判示シタルモノト解スヘク夫ノ當選祝ノ如ク選擧事項ニ關係ナク單タ親族故舊ヲ招致シ當選ノ歡ヲ頒ツニ過キサル趣旨ヲ以テ祝賀宴ニ於テ選擧關係ヲ有セサル人ヲ饗應スル如キ類ニアラス故ニ選擧法第八十七條第一項第二號ヲ以テ原判示事實ヲ論シタルハ相當ナリ

町會議員選擧罰則違犯事件(大正七(れ)第二三一〇號大正七、一〇、八、第一刑事部判決)

選擧ニ關シテ報酬謝義ノ趣旨ヲ以テ酒食ヲ供與シ又ハ之ヲ收受スルニ於テハ縱令其時カ當食ノ時刻ニ相當シ其飮食物カ菲薄ニシテ價格輕微ナリトスルモ又平素互ニ往來シ食時ニ際シテハ其家ニ於テ飮食スル如キ懇親ノ關係アリトスルモ之カ爲メ其行爲カ選擧ニ關スル饗應ニ該當セスト謂フヘカラス

(四七) 饗應罪ノ成立ト被供與者ノ意思

衆議院議員選擧法違犯事件(大正六(れ)第一七八六號大正六、九、二四、判決)

原判文ニ依レハ單ニ「…候補者小林勝民ノ當選ヲ期待スルノ目的ヲ以テ云々」ト判示シ被告等三名カ犯意ヲ以テ饗應ヲ爲シタルノ事實ヲ認定シタルニ過キスシテ所謂饗應ヲ受ケタリト稱セラルル平野五郞平外數十名カ選擧ノ爲メニ饗應スルモノナリトノ認識ヲ有シタル事實ヲ認定セス假令被告等三人カ饗應ヲ爲スノ意思ヲ有シタリトスルモ之ヲ受クル平野五郞兵衛外數十名ニ於テ其認識ヲ有セサルニ於テハ犯罪ヲ成立スヘキ理由ナシ此點ニ於テ原判決理由不備ナル違法ノ裁判ナリト云フニ在レトモ〇苟モ選擧ニ關シ選擧運動者ニ於テ判示ノ如キ行爲アリタル以上之レカ供與ヲ受ケタルモノニ於テ其事實ヲ知リタルト否トニ拘ラス選擧運動者ニ對シ其罪ヲ構成スル事勿論ナルヲ以テ本論旨ハ理由ナシ

（四八）　饗應罪ノ成立ト其代金額ノ多寡

衆議院議員選擧法違犯事件（大正六（れ）第一七八六號大正六、九、一四、判決）

苟モ當選ヲ期待スル目的ヲ以テ有權者ニ食膳ノ供與ヲ爲スニ於テハ其代金額ノ多寡如何ニ拘ラス之レヲ饗應ト云フニ妨ナシ

（參照）原判示事實

被告金隈正夫喜三郎ハ相謀リ大正六年二月二十五日山崎房吉方ニ於テ前代議士小林勝民ノ議會解散報告會ノ開催セラレタル際候補者小林勝民ノ當選ヲ期待スル目的ヲ以テ來會シタル選擧有權者平野五郎平外數十名ニ對シ一人前金三十五錢ニ相當スル盡食ノ饗應ヲ爲シタルモノナリ

衆議院議員選擧法違犯事件（明治四五（れ）一四五三號大正元、一〇、七、判決）

衆議院議員選擧法第八十七條第一項第二號ニ「人」トアルハ選擧有權者又ハ選擧運動者ノミヲ指示スルモノト解釋ヲ限局スヘキ理由存セス汎ク其他ノ人ヲモ包含指稱スルモノト解スルヲ相當トス故ニ同號ノ犯罪成立スルニハ何人タルヲ論セス選擧ニ關シテ其人ニ對シ若クハ其人ニ於テ同號所定ノ行爲アリタルコトヲ要スルノミ

衆議院議員選擧法違犯事件（大正六（れ）第三一七六號大正七、一、二二、第二刑事部判決）

（四九）　饗應申込

原判決ハ被告宇右衞門ノ所爲ヲ衆議院議員選擧法第八十七條第一項第二號ニ該當スルモノトシテ處斷シタレトモ其事實理由ニハ「被告人宇右衞門ハ被告人喜市ノ右依賴ヲ

受諾シ犯意繼續シテ肩嵜居村ニ於テ選擧有權者石川與吉ニ對シ同月十四五日頃同吉田忠吉ニ對シ同月十七八日頃何レモ池田龜治ニ投票センコトヲ勸誘シ其投票ノ報酬トシテ選擧後眞人公園附近ニ於テ酒食ヲ饗應スヘキコトヲ申込ミタルモノナリ」トアルノミニシテ酒食ノ饗應ヲ爲シタルコトヲ認識スルニ足ルヘキ文旨ナキノミナラス同條第一項第二號末項ニ依リ酒食饗應ノ約束ヲ爲シタルモノトシテ處分シタルモノナリトセハ右ノ如ク判示アルノミニテハ被告宇右衞門カ該約束ヲ爲シタルヤ否ヤハ全ク不明ニシテ其所爲カ果シテ犯罪ヲ構成スルヤ否ヤ之ヲ知ルニ由ナク結局原判決ハ所論ノ如ク事實理由不備ノ違法アルモノニシテ被告宇右衞門ニ關スル部分ハ此點ニ於テ破毀ヲ免レサルモノトス

（五〇） 饗應ノ效果

衆議院議員選擧法違犯事件（大正三（れ）第二四六一號大正三、一一、六、判決）

苟モ衆議院議員選擧ニ關シ酒食ノ饗應ヲ爲シ又ハ之ヲ受ケタルトキハ其饗應ノ効果如何ヲ問ハス衆議院議員選擧法第八十七條第一項第二號ノ犯罪成立スルモノナルハ法文

上疑ナシ

（五一） 選擧終了後ニ於ケル饗應

市會議員選擧違犯事件（大正二（れ）第一八九〇號大正二、一一、一〇、判決）

衆議院議員選擧法第八十七條第一項ニハ選擧ノ前後ヲ問ハス左ノ各號ニ該當スル所爲アル者ハ（中略）輕禁錮ニ處シ又ハ（中略）罰金ニ處スルコトヲ掲ケ其第二號ニ選擧ニ關シ酒食遊覽等其方法及名義ノ何タルヲ問ハス人ヲ饗應接待シ又ハ饗應接待ヲ受ケタル者（下略）トアルヲ以テ議員候補者カ選擧終了ノ後其選擧ニ關シ酒食ヲ以テ選擧運動者ヲ饗應シ又選擧運動者カ其饗應ヲ受ケ飲食スル行爲カ皆同法條ノ犯罪ヲ構成スルコトハ法ノ明文ニ照シ毫モ疑ヲ容レス原判決判示ノ如ク選擧運動ノ慰勞ト自己ノ當選ノ祝賀ヲ兼ネ酒宴ヲ設ケ酒食ノ饗應ヲ爲シ又其饗應ヲ受クルコトハ選擧ノ終了後ニ於テ其選擧ニ關シ酒食ヲ以テ人ヲ饗應シ又其饗應ヲ受クル者ニ外ナラス故ニ原審カ之ヲ前掲處罰法規ニ問擬シタルハ正當ナリ

市會議員選擧違犯事件（大正二（れ）第二二七六號大正二、一二、二三、判決）

按スルニ衆議院議員選擧法第八十七條各號ノ犯罪行爲ハ選擧ノ前ニアルト其後ニ在ルトヲ問ハス又選擧後ニ在リタル場合ニ於テハ當事者間ハ其行爲ニ關シテ選擧前ニ豫約アリタルト否トヲ論セス苟モ選擧ニ關シテ行ハレタル以上ハ一律ニ之ヲ處罰スヘキコトハ法文上炳然トシテ疑ヲ容レス蓋シ同條ノ規定ハ選擧ニ關スル陋弊ヲ廓清シ其公正ヲ保持スルコトヲ以テ目的ト爲スモノニ外ナラス而シテ法ノ虞ルル弊害ハ往々端睨スヘカラサル機微ノ間ニ發生シ當事者間ニ在テモ事前ニ於テ默契暗約スル所アルハ多數ノ事例ナルヲ以テ苟モ弊害ノ發生ニ機會ヲ與フヘキ行爲ハ其弊害ノ有無ヲ問ハス絶對ニ之ヲ禁止セルモノト解スヘク從ツテ前掲各行爲カ選擧ノ後ニ在ルカ爲メニ又選擧ノ前ニ於テ當事者間ノ豫約ナキカ爲メニ選擧法違犯ノ罪ヲ構成スルコトヲ妨クヘキニ非ス原判決ノ認定セル事實ハ被告慶治彌一郎ハ慶治ノ選擧ニ關シ運動シタル被告太平等十一名ニ對シ其勞ヲ酬ユル爲メニ酒宴ヲ張リ之ヲ饗應シ被告太平等ハ右饗應ヲ受ケタリト云フニ在リテ右行爲ハ選擧後ニ在リタリト雖モ選擧ニ關シテ行ハレタルコト洵ニ明瞭ナレハ衆議院議員選擧法第八十七條ノ違犯ニ該當スルヤ論ナシ而シテ夫ノ選擧後

ニ於テ當選者カ祀意ヲ表スルカ爲メニ選擧人選擧運動者等ニ非サル選擧ニ關係ナキ親族故舊ヲ招請シテ賀筵ヲ張ルカ如キハ選擧ニ關シ人ヲ饗應スル者ニ非サレハ犯罪ヲ構成セスト雖モ本件ノ場合ハ之ト同一例ニ論斷スルヲ容サス故ニ選擧後ニ於テ選擧運動者ノ勞力ニ對スル報酬トシテ之ヲ饗應シ選擧運動者モ其意ヲ了シテ之ヲ受ケタルトキハ選擧前ニ於テ當事間ニ饗應ノ豫約ナキモ衆議院議員選擧法第八十七條ノ違犯行爲トシテ之ヲ論スルニ妨ケナケレハ原判決ニ於テ特ニ選擧前ニ約束存在セル事實ヲ判示セスシテ直ニ上叙ノ事實ヲ認定シ之ヲ處罰シタルハ所論ノ如ク擬律錯誤若クハ理由不備ノ違法アルモノニ非ス

衆議院議員選擧法違犯事件（大正三（れ）第二六四九號大正三、一一、二五、判決）

衆議院議員選擧法第八十七條第一項ハ選擧ノ公平ヲ維持スル爲メ遍ク法ノ虞ルル弊害ヲ杜絕スルノ目的ヲ以テ規定セラレタルモノニシテ同條所定ノ犯罪行爲遂行ノ時期ノ選擧ノ前後ヲ論セス又其方法名義ノ如何ハ之レヲ問ハサルニ徵スルモ該行爲ニシテ苟クモ選擧ニ關スルモノナルトキハ同條項ノ制裁ヲ免カルル能ハサルモノト謂ハサルヲ

得ス只單ニ選擧ニ關係ナキ親戚故舊ヲ集メテ開キタル當選祝賀會ノ如キハ犯罪ヲ構成セサルノミ然ルニ本件ハ被告孝カ選擧終了ノ後自己當選ノ祝賀ヲ兼ネ運動慰勞ノ意味ヲ以テ選擧運動者ニ對シ酒食ノ饗應ヲ爲シタルモノナレハ同條項第二號ニ所謂選擧ニ關シ人ヲ饗應シタルモノニ該當ス

（五二）　第八十七條第二號及第七號ノ罪ノ構成

町會議員選擧罰則違犯事件（大正十一（れ）第三九九號同年、四、一四、宣告）

議員候補者又ハ運動者ノ爲シタル饗應カ投票其ノ他選擧ニ關スル運動ノ報酬タル性質ヲ有スルトキハ其ノ行爲ニ對シテハ同法ノ規定ヲ適用スヘク之ニ反シテ候補者又ハ運動者ノ爲シタル饗應カ更ニ社交上ノ好意ヲ表スルニ過キサルトキハ之ヲ不問ニ付スヘク同法ノ規定ヲ適用處斷スルコトヲ得ス其ノ饗應カ其ノ何レノ場合ニ該當スルヤハ候補者及ハ運動者ノ供シタル饗應ノ性質及之ヲ爲シタル候補者又ハ運動者ノ意思如何ニ依リテ定ムルモノトス　（大正十一年十月二十七日調査）

（五三）　他ノ饗應ヲ利用シテ爲セル投票ノ勸誘

衆議院議員選擧法違犯事件（大正四(れ)四第一四二四號大正四、六、二一、判決）

衆議院議員選擧法違犯ノ行爲ナラサルコトヲ裝ハン爲メ年始ノ祝宴ニ名ヲ籍リ選擧ニ關シテ人ヲ饗應接待シ又ハ饗應接待ヲ受クルカ如キハ同法第八十七條第一項第二號ノ犯罪ナルコト固ヨリ論ナシト雖モ一家ノ慣例上年々催スヘキ年始ノ祝宴ニ於テ人ヲ饗應接持シ又ハ饗應接待ヲ受クルニ當リ其席上選擧權ヲ有スル者ニ對シ或候補者ヲ選擧センコトヲ勸誘シタル事實アリトスルモ選擧ニ關シ人ヲ饗應接待シ又ハ饗應接待ヲ受ケタル罪アルモノトシテ同條法ニ問擬スヘキ筋合ノモノニアラス何トナレハ一家ノ慣例上催セル祝宴ナル以上ハ其祝宴ハ社交上ノ禮儀トシテ催セルモノニ外ナラサレハ假令之ヲ好機トシテ其席上選擧勸誘ノ行爲行ハレタレハトテ是ヲ以テ選擧ニ關シ人ヲ饗應接待シ又ハ饗應接待ヲ受ケタルモノト爲スハ妥當ナラサルヲ以テナリ

衆議院議員選擧法違犯事件（大正四(れ)第一六六〇號大正四、七、二三、判決）

按スルニ衆議院議員選擧法ニ所謂饗應接待ハ選擧ニ關シテ行ハレタルコトヲ要スルハ勿論ナレハ名義ヲ假託シタルニ非ス眞實ニ特殊ノ目的ノ爲メニ開設シタル饗宴例ヘハ

結婚披露其他祝賀ノ宴ノ如キ席上ニ於テ其集會ヲ利用シテ選擧ニ關シ請託スル所ロアルモ選擧法違犯ヲ以テ之ヲ論スヘカラスト雖モ原判示ノ如ク選擧人ヲ招請シ之レヲ饗應シテ投票ヲ勸誘シタル事實ハ他ノ目的ノ爲メニ開張シタル饗應ヲ利用シタルモノニ非サレハ選擧ニ關シテ他人ヲ饗應シタルモノニ該當スルヤ疑ヲ容レス

（五四）　選擧運動ノ承諾ニ對スル報酬トシテノ饗應

衆議院議員選擧法違犯事件（大正四（れ）第一六〇九號大正四、七、九、判決）

上告趣意書第一點本件被告等ノ行爲ハ五名ノ者カ酒肴合計金七十七錢五厘ニ相當スル飲食ヲ爲シタリト云フニ在リテ實ニ其一人前分漸ク十五錢五厘當リニ過キサルモノトス（中略）斯カル輕微ナル程度ノ饗應ハ何等選擧人又ハ運動者ノ意思ヲ左右シ選擧ノ神聖ヲ害スヘキ虞ナキ事敢テ絮說ヲ要セサルヘシ故ニ如斯事實ハ同法ノ精神ニ適ハス罪トナルヘキモノニアラサルニ拘ハラス原院カ衆議院議員選擧法第八十七條第一項第二號ヲ適用シテ被告等ニ罪ノ言渡ヲ爲シタルハ不法ナリト謂ハサルヘカラスト云フニ在レトモ〇原判旨ニ依レハ所論酒食ハ選擧運動ニ必要ノ爲メ若クハ普通交際上ノ儀禮

ノ爲メ之ヲ提供シタルモノニ非スシテ選擧運動承諾ノ報酬トシテ故ラニ之ヲ提供シタルモノナルコト明カナレハ衆議院議員選擧法第八十七條第一項第二號ニ所謂選擧ニ關シ酒食ヲ以テ人ヲ饗應シタルモノニ該當シ其酒食ノ價格如何ヲ問ハス饗應者タル被告勇藏及ヒ之レヲ受ケタル他ノ被告四名ハ共ニ同條ノ違犯者タルヲ免レサルヲ以テ本論旨ハ理由ナシ

（五五）　選擧運動者ニ對スル酒食ノ饗應

衆議院議員選擧法違犯事件（大正四（れ）第一六七〇號大正四、七、一二、判決）

上告趣意書第一點原判決ノ認定事實ハ被告忠鄕カ選擧運動ニ付キ懇談ノ爲メ被告周平外九名ニ料理代金合計六圓四十八錢五厘ニ相當スル酒食ヲ饗應シ被告周平外九名ハ其饗應ヲ受ケタリト云フニ在リ然レトモ之ヲ一人ニ割當テ僅カニ六十四錢八厘ノ酒食ハ我國現今ノ經濟狀態ニ於テ選擧ノ公正ヲ害スヘキ可能性ヲ有スル饗應トスルハ其當ヲ得ス斯ノ如キハ訪問者ニ對スル尋常一樣ノ禮儀ニ過キス衆議院議員選擧法第八十七條第一項第二號ヲ適用スヘキモノニアラス原判決ハ此點ニ於テ疑律錯誤ノ不法アルモノ

ト信スト謂フニ在レトモ○原判決ノ認定シタル事實ニ依レハ被告忠郷ハ選擧運動ニ付キ被告周平外八名ヲ招致シテ酒食ノ饗應ヲ爲シ被告周平外八名ハ其意ヲ了シテ之ヲ受ケタルモノナレハ其酒食代ノ多寡ニ拘ハラス選擧ニ關スル饗應タルヤ明白ニシテ偶々尋常一樣ノ社交上ノ禮儀ヲ行ヒタルモノト同一視スルヲ得ス從テ原判決ニハ所論ノ如キ疑律錯誤アリト爲スヘキモノニアラス

（參照）原判示事實

被告忠郷ハ大正四年三月二十五日施行ノ衆議院議員選擧ニ際シ新潟縣郡部選出議員候補者中野寛一ハ同縣中蒲原郡村松町及其附近八ヶ村ニ於ケル選擧運動ノ主腦者ナル處同年三月三日同町齋藤喜七方ノ選擧運動事務所ニ選擧運動ニツキ懇談ノ爲メ被告周平幾太郎藤七倉吉弘作武次郎千代藏久三郎英信等ヲ招致シ同町料理屋滿壽屋ヨリ取寄セタル料理代金六圓四十八錢五厘ニ相當スル酒肴ヲ饗應シ被告周平幾太郎藤七倉吉弘作武次郎千代藏久三郎英信ハ其意ヲ了シテ同所ニ參集シ右饗應ヲ受ケタリ

衆議院議員選擧法違犯事件（大正四(れ)第一八一二號大正四、八、一四、判決）

上告趣意書第二點本判決ハ示シテ曰ク「前略……同家ニ於テ自己ノ出損ヲ以テ代金參

圓也ニ相當スル酒食ヲ調ヘシメ共ニ飲食シテ以テ他ノ一名ノ被告ヲ饗應シ同人等ニ對シ極力大堀孝ノ爲メ運動方ヲ依頼シ被告丑之助覺三吉次郎恒三郎ハ何レモ選擧ニ關シ被告房五郎ヨリ右饗應（一人前五拾錢）ヲ受ク」トナシタレトモ一人前五拾錢也ノ飲食ハ常食相當ニシテ選擧法ノ所謂饗應ト言フヘキモノニアラス多少ノ飲酒アリトスルモ今日我國ノ現狀ニ於テ酒ト食ト共ニ一人前五十錢程度ノモノハ斷シテ饗應ナリト言ヒ難ク普通人ノ常食ニ過キナルモノナリ亦タ判決ニ示ス處ヲ以テスルモ偶然共ニ食事セシ場合ニ於テ選擧ノ談話ヲ爲セシモ氏酒食ニヨリテ選擧運動者トナリシニアラス即チ報酬若クハ買收ノ意味アリシモノナラサルナリ單純ナル社交上ノ飲食タリシニ止マリシモノナルニ拘ハラス選擧法ノ處罰セントスル報酬ノ買收等ノ意味アル條項ヲ適用シ其理由ヲ示ササルハ法律ヲ不當ニ適用シ且理由ヲ付セサル違法ノ判決タルヲ免カレストテ云フニ在レト○原判決第一認定事實ハ選擧ニ關シ選擧運動員タル被告織田以下五名カ房五郎ヨリ報酬ノ意味ヲ以テ爲シタル酒食ノ饗應ヲ受ケタル事實ニ外ナラサルヲ以テ原裁判所カ衆議院議員選擧法第八十七條第一項第二號ヲ適用シタルハ相當ナリ

（五六）　應援演說者ニ對スル酒食ノ饗應
衆議院議員選擧法違犯事件（大正四（れ）第一六七三號大正四、七、一二、判決）

原判示ニ依レハ被告等ハ北海道札幌郡部選出衆議院議員候補者五十嵐佐市ノ爲メ演說會ヲ開催シ閉會後旅館丸石事石川健三方ニ於テ五十嵐派ノ選擧運動者ナル上名寄村有志者野坂清太郎外數名ヨリ右議員選擧應援ニ對スル慰勞名義ノ下ニ各金七十六錢ニ相當スル飮食物ノ饗應ヲ受ケタルモノナリトス而シテ衆議院議員選擧法第八十七條第一項第二號ニハ「選擧ニ關シ酒食遊覽等其方法及名義ノ何タルヲ問ハス人ヲ饗應接待シ又ハ饗應接待ヲ受ケタル者……」ト規定シ選擧ニ關スルコトニ對シテ何等ノ制限ナキヲ以テ右規定中ニハ前示ノ如ク議員選擧應援ノ事ニ關シ饗應ヲ受ケタル行爲ヲモ包含スヘキモノト解セサルヘカラス故ニ原判決カ被告等ノ行爲ヲ衆議院議員選擧法第八十七條第一項第二號ニ問擬シタルハ違法ニアラサルヲ以テ本旨ハ上告理由ナシ
衆議院議員選擧法違犯事件（大正四（れ）第一四九二號大正四、七、二、判決）
選擧運動ノ方法順序等ニ付キ協議スル行爲モ亦選擧運動ノ實行タル爲ノ端緒ナルヲ以テ

之ヲ選擧運動ト謂フニ妨ナケレハ原判決ニ於テ「所揭判示事實ヲ認メ右ハ選擧運動着手後其運動ニ必要ナル程度ノ範圍ニ於テ」飮食物ヲ供與シ及ヒ之ヲ收受シタル事實ニ歸シ其所爲罪ト爲ラスト判斷シ且原判決所揭ノ證憑ト一般社會ノ狀態トニ參照シテ其供與カ選擧運動ニ必要ナル程度ニ在ル旨ヲ説示シタルハ相當ナルノミナラス衆議院議員選擧法第八十七條第一項第二號ニ所謂饗應接待ハ選擧ニ關シ報酬謝禮ノ趣意ヲ以テ人ノ歡心ヲ博スルノ爲メニ酒食遊覽其他ノ方法ニ依リテ饗應接待スルノ謂ニシテ固ヨリ膳羞ノ豐美ナルト菲薄ナルト又待遇ノ鄭重ナルト簡素ナルトハ問フトコロニ非ラスト雖モ選擧ニ關スル報酬謝禮ノ趣意ニ出テス單タ一般ノ社交的常禮ニ遵ヒ食時若クハ食時ニ非サルモ適當ノ時期ニ於テ相當ノ食膳ヲ人ニ供與スルモ同條第一項第二號ノ所謂饗選接待ニ屬セス其飮食ノ供與ヲ受ケタル人カ選擧運動者タルト否トニ因リ供與ノ性質ヲ變更スヘキニ非ス如上ノ見解ハ本院ニ於ケル最近判例ノ趣旨ニ符合スルヲ以テ之ニ依リテ原判決ノ認定セル事實ヲ案スルニ被告春次郎淳一ハ衆議院議員候補者藏内次郎作ノ運動者トシテ選擧運動ニ從事中被告壽市寅太郎等ヲ選擧事務所ニ招致シ午前

十時頃ヨリ同被告等ニ對シ藏內候補者ノ爲ニ選擧運動ヲ依賴シ其承諾ヲ得ルヤ引續キ同所ニ於テ運動方法及ヒ順序ヲ協議シ且ツ各受持區內ノ有權者數ニ應シ藏內候補者ノ名刺竝ニ其議會報告書ヲ分配シ午後二時ニ至リ旅店旭屋ニ於テ右七名ニ對シ晝食トシテ一人前金二十錢ニ相當スル飮食物ヲ供シ被告壽市等七名ハ之ヲ飮食シタリト云フニ在リテ選擧ニ關シ報酬謝禮ノ趣意ヲ以テ各飮食物ヲ供與シ又ハ其供與ヲ受ケタル事實ノ認ムヘキモノナキノミナラス他人ニ一定ノ事務ヲ依賴シ其用談中又ハ右事務處理中食時ニ至リ若クハ既ニ食時ヲ過キタル場合ニ於テ相當ノ飮食ヲ供シ空腹ヲ充タシムルハ一般ノ社交的常禮ニ屬スルヲ以テ其事務カ選擧ニ關スル爲ニ特ニ常禮ヲ行フコトヲ躊躇スヘキニ非ス然ラハ原判示ノ如ク被告春次郎淳一カ藏內候補者ノ爲メニ被告壽市等七名ニ選擧運動ヲ依賴シ其用談中ニ晝飯時ヲ經過シタルカ爲ニ晝飯トシテ相當ノ飮食物ヲ供與シ被告壽市等七名之ヲ受ケ飮食シタル事實ナルニ於テハ是レ一般ノ社交的常禮ニ遵ヒ客ヲ待遇シ客亦主人ノ好意ヲ受ケタルニ過キス其飮食物供與ノ場所カ旅店若クハ料理店ナリトスルモ其供與シタル飮食物ノ品質價格カ相當ナル以上ハ報酬謝禮

ノ趣意ヲ其間ニ認ムルニ由ナケレハ被告等ノ所爲ハ衆議院議員選擧法第八十七條第一項第二號ニ所謂選擧ニ關シテ饗應接待ヲ受ケタルモノニ該當セスト謂ハサルヘカラス

（五七）選擧運動者ニ對シ晝食若クハ晩餐トシテ金二十五錢內外ニ相當スル酒食ノ饗應

衆議院議員選擧法違犯事件（大正四（れ）第一〇七六號大正四、六、七、判決）

案スルニ衆議院議員選擧法第八十七條第一項本文ニ選擧ノ前後ヲ問ハス左ノ各號ニ該當スル行爲アルモノハ一月以上一年以下ノ輕禁錮ニ處シ又ハ十圓以上百圓以下ノ罰金ニ處スト規定シ其第二號ニハ選擧ニ關シ酒食遊覽等其方法及名義ノ何タルヲ問ハス人ヲ饗應接待シ又ハ饗應接待ヲ受ケタルモノ云々ト規定セルハ選擧ニ關シテ（事前タルト事後タルトヲ問ハス）報酬又ハ謝禮ノ意味ヲ以テ人ヲ饗應接待スル等ノ行爲ヲ處罰スル趣旨ニ外ナラス從テ選擧運動者ニ對シ車馬賃飮食宿泊料ノ如キ選擧運動ノ爲メ必要ナル實費ヲ供與スルハ同條同項第一號ニ該當セサルノミナラス同第二號ニモ該當セサルモノニシテ其行爲ハ犯罪ヲ構成セサルコトハ既ニ本院判例ニ於テ說示スル所ノ如

シ然リ而シテ同第二號ハ選擧ニ關シテ報酬又ハ謝禮ノ意味ヲ以テ人ヲ饗應接待スル等ノ行爲ヲ處罰スル趣旨ナルカ故ニ報酬又ハ謝禮ノ意味ヲ以テセスシテ單ニ一般社交上ノ禮儀ニ遵ヒ常食ノ時刻ニ及ヒ常食ニ相當スル飮食物ヲ人ニ供給シタル事實アリトスルモ其行爲ハ毫モ同條第一項第一、二號ノ犯罪ヲ構成スルコトナク其供給ヲ受ケタル者カ選擧運動ニ關スルモノタルト然ラサルトニヨリ異同アルコトナシ蓋シ同條同項第二號ニ於テ選擧ニ關シ人ヲ饗應接待シ又ハ饗應接待ヲ受クルモノヲ處罰スル所以ノ理由ハ他人ノ選擧ニ關スル行爲ニ對シ事前タルト事後タルトヲ問ハス之ニ報酬謝禮ヲ與フルコトヲ申込ミ又ハ約束シ若クハ現ニ之ヲ供與シ又ハ之ヲ受クルコトヲ諾シ若クハ現ニ之ヲ受クル等ノコトヲ以テ選擧界ヲ腐敗セシメ因テ選擧ノ公正ヲ害シ若クハ其公正ヲ害スル虞アリトスルニ出ツルモノニ外ナラス夫ノ一般社交上ノ禮儀ニ遵ヒ常食ヲ人ニ饗應スルカ如キ行爲ノ如キハ飮食物ヲ他人ニ供與シテ其歡心ヲ買ヒ依テ以テ選擧ニ關シ利ヲ圖ラントスルモノト全ク其ノ性質ヲ異ニスルノミナラス他人ニ對シテ一般社交上ノ禮儀ニ遵ヒタル行爲ヲ爲スコトハ毫モ衆議院議員選擧法ノ罰則ノ禁止スル所ニアラス蓋シ衆議院議員選擧法第八十七條第一項第一、二號ニ於テ其列擧スル諸般ノ利益ヲ供與シ又ハ供與ヲ申込ミ若クハ之ヲ約スルコト其供與ヲ受ケ又ハ供與ノ申込ヲ諾シ若クハ之ヲ約束スル等ノコトヲ刑法上ノ制裁ヲ付シテ禁スルコトハ前記ノ如ク一般社交上ノ禮儀ニ遵ヒタル行爲ヲ爲スコトトハ竝ヒ容レテ相妨ケス故ニ證據ニ依レハ一般社交上ノ禮儀ニ導ヒ常食ノ時刻ニ及ヒ常食ニ相當スル飲食物ヲ人ニ供與シタル事實アリテ特ニ其供與ハ報酬謝禮ノ目的ヲ以テセサルコト明白ナルニ拘ラス是等ノ證據ニ依リ報酬謝禮ノ目的ヲ以テ他人ニ利益ヲ供與シタル事實ヲ斷定スルカ如キハ證據ニ依ラスシテ不法ニ事實ヲ確定シタルモノト云ハサルヘカラス原判決ヲ査スルニ其事實認定ハ辯護人駒澤辰明上告趣意書ノ起頭ニ叙述スル所ノ如シ原審ハ證據理由ニ被告久七正明近松由之助義夫ノ原審法廷ノ供述被告久七正明近松由之助義夫ニ對スル檢事ノ聽取書供述記載第一審公判始末書中松下芳太郎ノ供述記載等ヲ列擧シ之ヲ綜合シテ犯罪事實ヲ認定シタルモノナレトモ以上ノ證據ニ依レハ被告久七正明カ選擧運動ヲ依頼スル爲メ招致シタル被告近松由之助義夫ニ對シ談話中晝食ノ時刻ニ及ヒ每一人代金二十五錢ニ相當スル食物ヲ薦メタルモノニシテ每一人代金二十五錢ニ値スル食物ノ如キハ現時社會一般ノ狀態ニ照シ常食ノ程度ヲ超ヘサルモノト認ムルヲ相當トスヘク元來運動者ニ之ヲ供スレハ單ニ選擧運動ノ爲メ必要ナル物タルニ止マリ毫モ報酬謝禮ノ性質ヲ有セサルモノナレハ供與ノ相手方カ選擧運動ヲ依頼セラルルモノナリトスルモ是レ一般社交上ノ禮儀ニ遵ヒ供與シタルニ過キサルコト明白ニシテ其供與ニハ特ニ報酬ノ牲質ヲ有スルモノト推斷スヘキ何等ノ根據アルコトナシ（此場合ニ謝禮ノ性質ヲ有セサルハ説明ヲ俟タス）故ニ原判決事實ノ判示ニ被告久七正明カ共謀シテ被告近松由之助義夫ニ對シ一人前金二十五錢ニ相當スル膳部（食物）ヲ供シテ饗應シ候補者兒玉亮太郎ノ爲メ選擧運動ノ依頼ヲ爲シ被告近松由之助義夫ノ三名ハ右饗應ヲ受ケテ其選擧運動者タルコトヲ承諾シタリトアルハ若シ右久七正明ト近松由之助義夫間ニ於テ饗應ヲ報酬トシテ一方ハ前記ノ依頼ヲ爲シ他ノ一方ハ之ヲ承諾シタリトノ趣旨ナリトセハ辯護人高木益太郎上告趣意書第五點所論ノ如ク原判決判示ノ證據ニ依リテハ被告近松由之助義夫ノ三名カ兒玉亮太郎ノ選擧運動者タルコトヲ承諾シタルハ被告久七正明ノ二名ヨリ饗應ヲ受ケタル結果ナルコトヲ明ニスルモノナリ故ニ原判決ハ此點ニ於テ

證據ニ依ラスシテ事實ヲ認定シタル違法アルモノナレトモ元來原判決ノ判示事實ハ其意義明瞭ヲ缺キ結局被告等ノ行爲ハ選擧運動ヲ承諾スル報酬トシテ事實饗應ヲ爲シ又ハ之ヲ受ケタルモノナルヤ否ヤ明確ナラスシテ原判決ハ事實理由ノ不備アル違法ノ裁判ナリトス故ニ論旨ハ理由アリ原判決ハ全部破毀ヲ免レス

衆議院議員選擧法違犯事件(大正四(れ)第一四九九號大正四、六、二八、判決)

記錄ヲ查スルニ原判決ニハ其事實理由ノ部ニ被告ハ大正四年三月二十五日施行サレタル衆議院議員總選擧ニ付議員候補者政尾藤吉ノ爲メニ選擧運動ニ從事中同月十一日居村選擧有權者タル原審相被告二宮善吉カ被告ニ對シ政尾候補者ノ爲メニ投票シ且選擧運動ヲモ爲スヘキ旨ヲ約シタルヨリ被告ハ其報酬トシテ同日肩書ノ自宅ニテ善吉ニ對シテ金二十五錢ニ相當スル酒食ヲ饗應シタルモノナリト記載アリテ之カ證據トシテ被告カ原審法廷ニ於ケル供述及二宮善吉藤枝伊佐夫渡邊英敎及ヒ福山ユキヨノ各司法警察官聽取書ヲ採用シアルモ右證據ニ依リテハ被告カ善吉ニ供與シタル飮食代カ金二十五錢位ニ相當スルモノナルコト夕飯トシテ供與シタルコト善吉カ政尾藤吉ノ選擧運動

者タル事等ヲ認メ得ヘキノミニシテ被告カ善吉ヲ饗應シタリトノ事實ハ之ヲ證スルニ足ラサルモノトス何トナレハ衆議院議員選擧法第八十七條第三號ニ記載シタル饗應トハ選擧ニ關シ報酬謝禮ノ意味ヲ以テ飲食物ヲ以テ人ヲ歡待厚遇シ其歡心ヲ買フノ謂ナルニ被告カ善吉ニ供與シタル飲食代金ハ僅ニ金二十五錢內外ニ過キスシテ我邦現時ノ經濟狀態ニ於テハ右供與ハ未タ以テ歡待厚遇ノ行爲トハ認ムルコト能ハサルノミナラス其他ニ何等飲食物等ヲ以テ善吉ヲ歡待厚遇シタル事實ヲ證スルニ足ルモノナケレハ被告ノ右行爲ハ寧ロ社交上ノ禮儀若クハ選擧運動者ニ對スル必要ナル辨當ノ供與ト認ムルヲ相當トスヘシ而シテ社交上ノ儀禮トシテノ供與若クハ選擧運動者ニ對スル必要ナル辨當供與ノ如キハ縱シ選擧運動ノ際ト雖モ之ヲ罪トシテ論スヘキモノニ非サルコトハ本院判例ノ認ムル所ナリトス左レハ原判決ハ其事實ノ認定ト證據說明トノ間ニ矛盾アリテ其趣旨相吻合セス原判決ハ所謂事實ノ理由ニ不備アルモノニシテ到底破毀ヲ免カレサルモノニシテ本論旨ハ理由アリ

案スルニ衆議院議員選擧法第八十七條ニ所謂饗應トハ選擧ニ關シ報酬若クハ謝禮ノ意ニ於テ飮食物ヲ以テ人ヲ歡待スル行爲ヲ指稱スルモノナルコトハ曩キニ本院判決ノ說示シタル所ノ如シ而シテ原判決ノ引用セル證據ノ趣旨ニ依レハ被告喜一郎伊太郞カ他ノ被告ニ供與シタル飮食物ハ其代金二十五錢ニ相當スルコト之ヲ夕飯トシテ給與シタルコト及ヒ右被告兩名カ衆議院議員候補者政尾藤吉ノ運動者トシテ他ノ被告等ニ投票又ハ運動方ヲ依賴シタル事實ハ之ヲ認ムル事ヲ得ヘキモ右飮食物ノ給與ノ如キハ日常社交上ノ禮儀若クハ選擧運動ニ必要ナル辨當ノ給與ニ過キサルモノト觀ルヲ得ヘク特ニ之ヲ以テ前示衆議院議員選擧法ニ所謂選擧ニ關スル饗應ナリト斷定シ其供與者又ハ其供與者タル被告等ヲ同法違犯罪ニ問擬スルニ付テハ其證據理由ヲ說示セサルヘカラサルニ原判決ノ擧證ノ趣旨未タ茲ニ及ハサルハ理由不備ノ不法アリト謂ハサルヲ得ス

（五八）　選擧運動ヲ承諾シタル者ニ對シ晚餐トシテ金三十錢餘ニ相當スル酒食ノ饗應

衆議院議員選擧法違犯事件（大正四（れ）第一六五四號大正四、七、二七、判決）

上告趣意書第一點當裁判所判決ニヨレハ理由ノ部前段ニ於テ被告覺彌及ヒ龜三郎ハ大正四年二月十六日喜多郡大洲町料理屋小西テヒ方ニテ同年三月二十五日執行セラルヘキ衆議院議員總選擧ニ付議員候補者推薦會ヲ開キタル際被告兩名協議ノ上覺彌ハ參會者一同ニ對シ候補者政尾藤吉ノ爲メニ選擧運動ヲ爲スコトヲ承諾シタルモノニハ晩餐ヲ供スヘキニ付居殘リ呉レタキ旨ヲ告ケ因テ居殘リタル被告林太郎及ヒ其他ノ者ニ一人前金參拾錢七厘ニ相當スル飮食ヲ爲サシメ其儘解散シタルモノナル旨判示シ被告等カ未タ何等選擧運動ニ着手セサルモノナルコト及ヒ被告覺彌龜三郎ノ兩名協議ノ上被告林太郎等ニ對シ晩餐ノ饗應ヲ爲シ林太郎等ハ其饗應ヲ受ケタルモノナルコトハ明カニ之ヲ認メナカラ後段ニ於テ被告覺彌及龜三郎カ饗應ノ意思ヲ以テ之ヲ爲シタリトノ事及被告林太郎カ饗應トシテ之ヲ受ケタリトノ事ハ其證憑十分ナラスト說示セルハ前後ノ理由甚タシク矛盾セルモノニシテ理由齟齬アル不法ノ判決ナリト信スト云ヒ第二點假リニ數步ヲ讓リ理由ニ齟齬ナシトスルモ當裁判所ノ認メタル事實ハ選擧法ニ所謂饗應ナルコトハ一點ノ疑ナキ所ナリトス然ルニ當被告等ニ饗應ヲナスノ意思又ハ饗應

ヲ受クルノ意思ナシト認ムルナクハ如何ナル意思ヨリシテ酒食ヲ供シ又ハ之ヲ受ケタルモノナルヤ其認定事實ヲ説明スヘキニ何等其説明ヲ爲サスシテ慢然饗應ヲ爲シ又ハ饗應ヲ受クルノ意思ナシト判決セルハ理由不備ノ失當アル不法ノ裁判ナリト信スト云フニ在リ○依テ原判決ノ確定セル事實ヲ査スルニ被告覺彌及ヒ龜三郎ハ衆議院議員候補者推薦會ヲ開キタル際協議ノ上覺彌ハ參會者一同ニ對シ候補者政尾藤吉ノ爲メニ選擧運動ヲ爲スコトヲ承諾シタルモノニハ晩餐ヲ供スヘキニ付キ居殘リ呉レ度キ旨ヲ告ケ因テ居殘リタル被告林太郎及其他ノ者ニ對シ一人前金三十錢七厘ニ相當スル飲食ヲ爲サシメ其儘解散シタルコト竝ニ被告林太郎カ前示ノ事實ニ因リテ飲食ヲ爲シタリト云フニ在リテ右飲食物ノ供與ハ社交上ノ禮儀若クハ選擧運動ニ必要ナルカ爲メニアラスシテ選擧ニ關シ報酬謝禮ノ意思ニ出テタリトノ事實ヲ判示セルモノナルコトヲ確認スルニ足ラス而シテ原判文ノ後段ニ於テ覺彌及ヒ龜三郎カ饗應ノ意思ヲ以テ前示ノ行爲ヲ爲シ林太郎カ饗應トシテ之ヲ受ケタリトノ事實ノ證憑十分ナラストノ旨ヲ叙述セサルモ亦畢竟右ニ説示セル處ト同一ノ趣旨ヲ判示シタルモノニ外ナラスト解スルヲ相

當トスルヲ以テ原判決ニ所論ノ如キ不法アルコトナシ

（五九）　選擧運動ニ必要ナル常食ノ供與竝其程度

衆議院議員選擧法違犯事件（大正四（れ）第二二七四號大正四、一〇、一三、判決）

案スルニ選擧運動ニ必要ナル辨當ヲ運動者ニ供與スルハ因ヨリ法ノ禁スル所ニ非スト雖モ常食ノ程度ヲ超ヘタル飮食物ヲ供スルハ其名義ノ辨當タルト否トヲ問ハス畢竟選擧運動者ニ對スル謝禮ノ意ニ出テ以テ其歡心ヲ求メントスルモノニシテ衆議院議員選擧法第八十七條ニ所謂人ヲ饗應接待スルニ該當スルモノトス而シテ其常食ノ程度如何ハ當事者ノ地位身分其土地ニ於ケル物價ノ高低等諸般ノ狀況ニ依リ判斷スヘキモノナル事ハ寔ニ所論ノ如シト雖モ現時我國一般ノ生活狀態ニ徵スルトキハ一回五十錢卽チ一日一圓五十錢ノ食事ハ他ニ特殊ノ事情ナキ限リハ常食ノ程度ヲ超ヘサルモノト推定ス可キモノナル事ハ已ニ當院判例ノ認ムル所ナリ而シテ原判決ハ選擧運動者ニ供シタル一食金五十錢ノ辨當若クハ一個金六十錢ノ鰻丼ハ其引用ニ係ル諸般ノ證據ヲ參酌シ叙上ノ推定ニ基キ常食ノ程度ヲ超ヘタルモノト判定シタルモノニシテ卽チ原判決ハ右

ノ推定ヲ飜スニ足ルヘキ特殊ナル事情ノ存在ヲ否定シタルモノト謂ハサル可カラス而シテ原判決カ已ニ常食ノ程度ヲ超エタル旨判示スル以上ハ本件選擧法違犯行爲ヲ所罰スルノ理由トシテ間然スル所ナク進ンテ常食ト認ムヘキモノノ價格如何ノ如キハ毫モ本件ヲ斷スルニ當リ必要ナラサルヲ以テ原判決カ此點ニ付何等ノ判示ヲ與ヘサリシハ固ヨリ相當ナリ

衆議院議員選擧法違犯事件(大正四(れ)第二三六八號大正四、一〇、一五、判決)

案スルニ選擧運動者ニ對シ適度ノ飮食物若クハ其相當代金ヲ供與スル選擧法違犯罪ト爲ラサルコトハ既ニ當院ノ判示スル處ニシテ或飮食物若クハ料金カ常食若クハ其代金トシテ適度ナルヤ否ヤハ運動者各自固有ノ地位境遇ニノミ着眼シテ之ヲ決スヘキノニアラスシテ特別ノ事情ナキ以上ハ其地方ニ於ケル普通一般人ニ適度ナリト謂フヘキ飮食物若クハ其代金ナリヤ否ヤニ依リテ之ヲ決スヘキモノトス蓋シ適度以下ノ粗食ヲ常用スル者ハ運動者トナルモ尚普通人ノ適度以下ナル飮食ニ甘セサルヘカラサル理由ナケレハナリ而シテ一日卽チ三食分僅ニ金三十五錢ニ相當スル食事ノ如キハ普通一般人

ノ適度以上ノ食物ト謂フヘカラサルコトハ洵ニ顯著ナル事實ナルヲ以テ偶或選擧運動者カ更ニ之ヨリ廉價ナル粗食ヲ常用スル事實アリトスルモ三十五錢ト其ノ粗食ノ代金トノ差額ハ則チ所謂適度ヲ超過シタルモノト謂フヘキモノニアラス原判決ハ被告鶴松カ被告吉松ニ對シ衆議院議員候補者湖龜治郞七ノ爲メニ選擧運動者タルコトヲ依賴シ其運動ノ報酬トシテ辨當料名義ノ下ニ一日金三十五錢ノ割合ニテ金員ノ供與ヲ申込ミ吉松ハ之ヲ承認シタリトノ事實ヲ判定セルモ其引用セル證據ニ依レハ究竟被告吉松ノ一日ノ生活費ハ僅カニ金二十錢ナル事及被告鶴松ハ吉松ニ對シ他ニ飮食店ナキ矢田村內ニ於ケル選擧運動ヲ囑託シ其運動ニ從事中ハ朝十錢晝十五錢夕十錢ノ割ニテ自己ニ於テスルト否トヲ分タス辨當料ヲ貰ヒ遣ハスヘシト依賴シ被告吉松ニ於テ之ヲ承諾シタル事竝ニ鶴松及ヒ吉松父子カ右三十五錢ハ日雇賃若クハ日當ノ如キモノト思料ストノ供述シタル事ヲ證明シ得ルニ止リ其他ニ該金錢カ運動ノ報酬ナリシコトヲ認ムヘキ根據ナク而シテ右所揭ノ事實ノミニ依リテハ前叙ノ理由ニ依リ到底判示事實ヲ確認スルヲ許スヘキニアラス從テ原判決ハ證據理由不備ノ不法アルニ歸シ論旨ハ理由アリ原判

決ハ破毀ヲ免レス

（六〇）　選擧運動者ヲ招待シテ爲セル酒食ノ饗應

衆議院議員選擧法違犯事件（大正四（れ）第一八九九號大正四、八、二五、判決）

衆議院議員選擧法第八十七條第一項ニ所謂饗應トハ報酬謝禮ノ意ヲ以テ欵待厚遇スル謂ナルコト所論ノ如シ而シテ選擧ノ目的ヲ達センカ爲メ特ニ招待シテ酒食ヲ供與スル如キハ膳羞ノ豐菲供與時刻ノ如何ニ拘ハラス選擧ニ關シ人ノ歡心ヲ博セントスルモノニシテ報酬謝禮ノ意ヲ以テスル欵待ニ外ナラサルヲ以テ所謂饗應ナルコト明白ナリ之ヲ目シテ社交上ノ禮儀ニ屬スル常食ノ供與ヲ以テス可カラサルコト論ヲ俟タス原判決ニ依レハ本件酒食ノ價ハ僅カニ金二十四錢ニ過キサレトモ之ヲ供與シタル被告政太郎ハ長崎縣郡部選出衆議院議員候補者本田恒之ノ運動者ニシテ恒之ノ選擧ヲシテ有利ノ結果ヲ得セシメンカ爲メ選擧ノ前日ニ於テ被告寳吉等ヲ白倉キヱ方ニ招待シ酒食ヲ供與シ被告寳吉等ハ其情ヲ知リテ之レカ供與ヲ受ケタル事實ナレハ被告政太郎ハ選擧ニ關シ特ニ被告寳吉等ヲ招待シ以テ同人等ヲ欵待シ同人等モ亦之ヲ受ケタルモノニシテ

選擧ニ關シ集會ヲ爲シ偶食事時刻ニ至リタルカ故ニ社交上ノ禮儀トシテ常食ヲ供與シタルカ如キ場合ニアラサルヲ以テ所謂選擧ニ關シ人ヲ饗應シ又ハ之ヲ受ケタルモノナリトス從ツテ被告等ノ行爲ニ對シ同條項ヲ擬律シタルハ相當ニシテ論旨ハ理由ナシ

（六一）　選擧運動又ハ投票ヲ爲サシムル目的ニ出テタル酒食ノ饗應

郡會議員選擧違犯事件（大正五（れ）第八九八號大正五、五、二二、判決）

苟モ選擧ニ關シテ選擧運動ヲ爲サシムル目的ヲ以テ他人ニ酒食ヲ給與シ又ハ投票ヲ爲サシムル目的ヲ以テ選擧有權者ニ酒食ヲ供與シタル事實ハ供與者ニ於テ情ヲ知リ之ヲ受ケタル事實ノ存スル以上ハ其酒食ハ報酬ノ性質ヲ具有スルモノニシテ從テ其行爲ハ孰レモ衆議院議員選擧法第八十七條第一項第二號ノ選擧ニ關シ酒食ヲ以テ人ヲ饗應シタルモノ又ハ饗應ヲ受ケタルモノニ該當シ被供與者カ事前ニ於テ既ニ如上ノ運動又ハ投票ヲ爲スノ意思アリタルト否ト酒食ノ價額カ毎一人金拾七錢四厘ニ相當シテ卽チ貳拾錢未滿ナルト否ト食事ノ時刻カ午後一時頃ナルト否トノ如キハ毫モ該犯罪ノ成立ニ消長ナシ

（六二）議員候補者ヲ援助スル意思ヲ鞏固ナラシムル目的ニ出テタル酒食ノ供與

衆議院議員選擧法違犯事件（大正五（れ）第二二一九號大正四、九、二〇、判決）

選擧運動者ニ於テ選擧ニ關シ自己ノ推薦スル議員候補者ヲ援助スル意思アル者ニ對シ一層其意思ヲ鞏固ナラシムル爲メ候補者ヲ紹介シテ毎一人金四圓八拾錢餘ノ酒食ヲ以テ饗應シ相手方ニ於テ情ヲ知リテ之ヲ受ケタルトキハ其饗應ハ選擧運動ノ報酬タル性質ヲ有スルヲ以テ受饗者ノ行爲ハ衆議院議員選擧法第八十七條第一項第二號ノ犯罪ヲ構成スルモノニシテ又受饗者ハ卽チ同法ノ選擧運動者ニ該當スルモノトス原判決ノ認ムル事實ニ依レハ被告孫太郎ハ下關市立憲革新會ノ會員ニシテ他ニ同會員ト共ニ衆議院議員總選擧ニ付キ議員候補者トナリタル雜賀信三郎ヲ援助スルコトトナリ第一審ノ共同被告佐々木宗臣カ信三郎ノ選擧運動者ニシテ宗臣ノ實兄タル第一審共同被告富村順一ノ依賴ヲ受ケ信三郎ヲ同會員ニ紹介シ懇心ヲ結ハシメ選擧ノ應援ニ付キ結束ヲ確實ナラシメンカ爲メ同會幹事タリシ第一審共同被告大畑太郎同會員タリシ同被告杉浦

芳太郎三隅福四郎及被告孫太郎等ヲ順一ノ計算ニ於テ饗應シタル際被告孫太郎ハ其情ヲ知リナカラ四圓八十三錢六厘ニ相當スル酒食ノ饗應ヲ受ケタルモノナリ故ニ被告孫太郎ハ選擧運動者カ候補者ヲ應援スル意思ヲ一層鞏固ナラシムル爲メ供シタル酒食饗應ニ付キ情ヲ知ツテ受ケタルモノニシテ其行爲ハ衆議院議員選擧法第八十七條第一項第二號ノ犯罪ヲ構成スルモノト云フヘク且被告孫太郎ノ選擧運動者タルコトモ亦自ラ明ナリ

（六三）　投票勸誘ノ目的ヲ以テ選擧人ニ對シ爲シタル酒食ノ供與ト其ノ時期及價格

衆議院議員選擧法違犯事件（大正四（れ）第一一四四號大正四、六、一五、判決）

原判旨ハ被告忠治及宗一郎ノ選擧ニ關シ酒食ヲ供シテ選擧人タル被告榮吉及ヒ眞之助ヲ饗應シ選擧人タル榮吉及ヒ眞之助ハ其ノ饗應ヲ受ケタル事實ヲ判示シタルモノト認ムヘク而シテ選擧ニ關シ選擧人ニ對シテ饗應ヲナシ又之ヲ受クル行爲ハ其ノ時刻程度ノ如何ヲ問ハス衆議院議員選擧法第八十七條第一項第二號ニ該當スルモノト解スヘキ

ハ論ヲ俟タサル處ナルカ故ニ右法條ニ依リ處斷シタル原判決ハ正當ナリ

衆議院議員選擧法違犯事件(大正四(れ)第一二〇二號大正四、七、六、判決)

原判決ノ判示事實ハ被告人通彬ハ相被告人等ヲシテ衆議院議員候補者關信之介ニ投票セシムル爲メ之ヲ饗應シ相被告人等ハ各其饗應ヲ受ケタリト云フニ在テ本件酒食ノ饗應ハ社交上ノ禮儀トシテ之ヲ爲シタルモノニ非スシテ衆議院議員候補者ニ投票セシムル目的ニ出テタルモノナレハ其價格ノ如何ニ關セス之ヲ衆議院議員選擧法第八十七條第一項第二號ニ所謂饗應ト認ム可キモノトス而シテ酒食ノ饗應ヲ受ケタル場合ニ於テハ前示法條第二項ニ所謂物件ヲ收受シ之ヲ費用シタルモノト認メ得ヘキヲ以テ原判決カ酒食饗應ヲ受ケタル各被告人ニ對シ該酒食ノ價ノ追徵ヲ言渡シタルハ洵ニ正當ナリ

衆議院議員選擧法違犯事件(大正四(れ)第一六六〇號大正四、七、二三、判決)

上告趣意書第一點原審ノ認定セル犯罪事實ノ一ハ「被告秀次ハ大正四年三月二十五日施行ノ衆議院議員選擧ニ付キ候補ニ立チタル中谷德恭ノ爲メ選擧運動ニ從事中被告三憲ト相謀リ大正四年二月十六日大阪府泉北郡南王子村西教寺ニ於テ衆議院議員選擧權

者タル被告和太郎政吉嘉平仙太郎梅太郎政太郎ヲ招待シテ右出席者ニ對シ金三十錢ニ相當スル酒食ノ饗應ヲ爲シ其席上ニ於テ右來會者ニ對シ被告秀次ヨリ中谷德恭ノ爲メニ贊成投票シ呉レ度キ旨勸誘シ被告和太郎政吉嘉平仙太郎梅太郎政太郎ハ各其勸誘ヲ受ケテ右饗應ヲ受ケタリ」トシテ被告等ハ衆議院議員選擧法第八十七條第一項第二號ニヨリテ有罪ノ判決ヲ言渡シタリ然レトモ（中略）其酒食ハ僅カニ代價三十錢ニシテ實ニ凌飢ノ程度ニ過キサルモノナリ從テ此飮食カ候補者中谷德恭ノ選擧ニ關スルモノトノ認定ヲ受クルモノトスルモ自宅又ハ其他ノ場所ニ於テ會合シタル場合會主ヨリシヲ食事時ニ當リ身分相當ノ飮食ヲ供スルハ德義上及慣習上必要トシテ認メラレ世人ノ怪マサルモノナルノミナラス此時刻ニ於テ何等ノ供與ヲ爲サス來會者ヲシテ空腹ヲ訴ヘシムルカ如キハ社交上大ニ愼ムヘキ事ニ屬スルモノナリトス僅少ナル三十錢ノ酒食ハ今日ノ社會上經濟上ヨリ見テ漸ク飢ヲ凌クニ足ルノ料ノミナリ同法第八十七條ニ所謂饗應ノ觀念中ニ包含セラレサルモノトス故ニ被告等ヲ原審ノ如ク衆議院議員選擧法第八十七條第一項第二號ニ依テ判決スルハ失當ナリト云フニ在レトモ○按スルニ一定

ノ議員候補者ニ對スル投票ヲ勸誘スル目的ヲ以テ選擧人ヲ招請シ之ニ酒食ヲ供スルハ是レ選擧ニ關シテ他人ヲ饗應スルモノニ外ナラス而シテ其供與シタル酒食ノ價格ノ如キハ其多少ニ因リテ饗應ノ意義ニ變更ヲ來スコトナシ蓋シ衆議院議員選擧法ハ人情ノ機微ヲ洞察シ絲毫ノ利益ト雖モ人情ノ弱點ヲ捉フルニ足リ選擧ノ公正ヲ害スルコトアルヘキヲ顧慮シ價格ノ多少ヲ問ハス一切ノ饗應ヲ禁シタルモノト解スルヲ相當トスレハナリ又苟モ前示ノ目的ヲ以テ特ニ酒食ヲ具シ選擧人ニ飲食セシムル以上ハ其時刻カ常食時ナルト否トヲ論セス一椀ノ苦味ヲ來客ニ供スル場合ト一般ニ慣習上接客上ノ儀禮ヲ以テ之ヲ視ルヘキニ非ス然ラハ原判示ノ如ク被告秀次三憲カ衆議院議員候補者中谷德恭ノ爲メニ選擧人タル被告和太郎等六名ヲ招請シ各金三十錢ニ相當スル酒食ヲ供シ之ヲ饗應シ以テ投票ヲ勸誘シ被告和太郎等六名ハ其勸誘ニ應シテ酒食ノ饗應ヲ受ケタル事實ナルニ於テハ各被告ノ行爲ハ當然衆議院議員選擧法第八十七條第一項第二號ニ該當スルヲ以テ原判決カ被告等ノ右行爲ヲ同法條ニ依リ處斷シタルハ相當ナリ

（六四）　饗應ニ關スル犯罪ノ成立ト相手方ノ知情

上告趣意書第二點原判文ニ依レハ單ニ「……候補者小林勝民ノ當選ヲ期待スルノ目的ヲ以テ來會シタル選擧有權者平野五郎平外數十名ニ對シ一人前三十五錢ニ相當スル飲食ノ饗應ヲ爲シタルモノナリ」ト判示シ被告等三名カ犯意ヲ以テ饗應ヲ爲シタルノ事實ヲ認定シタルニ過キスシテ所謂饗應ヲ受ケタリト稱セラルル平野五郎平外數十名カ選擧ノ爲メニ饗應スルモノナリトノ認識ヲ有シタル事實ヲ認定セス假令被告等三人カ饗應ヲ爲スノ意思ヲ有シタリトスルモ之ヲ受クル平野五郎平外數十名ニ於テ其認識ヲ有セサルニ於テハ犯罪ヲ成立スヘキ理由ナシ此點ニ於テ原判決ハ理由不備ナル違法ノ裁判也ト云フニ在レトモ〇苟モ選擧ニ關シ選擧運動者ニ於テ判示ノ如キ行爲アリタル以上之レカ供與ヲ受ケタルモノニ於テ其事實ヲ知リタルト否トニ拘ラス選擧運動者ニ對シ其罪ヲ構成スル事勿論ナルヲ以テ本論旨ハ理由ナシ

（六五）　船車馬供與罪ノ成立要件

衆議院議員選擧法違犯事件（大正六（れ）第二三二二號大正六、一〇、一〇、判決）

衆議院議員選擧法第八十七條第一項第二號ニ所謂選擧會場等ニ往復スル爲メ船車馬類ヲ供給シ又ハ其供給ヲ受クル罪ハ選擧ニ關シ投票又ハ其運動ノ勞ニ酬フル趣旨ヲ以テ如上ノ供給ヲ爲シ又ハ之ヲ受クルニ因リテ成立スルモノニシテ選擧ニ關スル報酬謝禮ノ關係ナキトキハ假令選擧場等ニ往復スル爲メ船車馬等ヲ供給スルコトアルモ該犯罪ヲ構成スヘキモノニアラス而シテ原判旨ニ依レハ被告等カ前示投票所ニ往復スル爲メ小舟ヲ供給シ又ハ之ヲ受ケタルハ從來ノ慣例ニ依リ社交上ノ禮誼ニ從ヘルモノニシテ毫モ選擧ニ關スル報酬謝禮ノ關係ヲ有スルモノニアラサルカ故ニ原審カ被告等ノ所爲ヲ以テ右犯罪ヲ構成セサルモノト認メ無罪ノ言渡シヲ爲シタルハ正當ニシテ論旨ハ理由ナシ

（六六八）　電車乘車回數券ノ供與

村會議員選擧罰則違犯事件（大正七（れ）第一四〇號大正七、三、二〇、判決）

所論判示乘車劵カ旅費トシテ授受セラレタルコトハ原判決ノ認定セサル所ニシテ該乘車劵ハ有價證劵タル物品ナルカ故ニ選擧報酬トシテ之ヲ授受スル行爲ハ所論法條第一

項第一號ニ該當スルモノト解スルヲ正當ナリトス論旨理由ナシ

（六七）　第八十七條第一項第四號及第五號ノ犯罪成立ノ場合

衆議院議員選擧法違犯事件（大正九（れ）第二六三二號大正一〇、二、五、宣告）

河川ノ沿岸ノ町村民ハ河川改修水害防止ニ付キ直接ノ利害關係ヲ有スルヲ以テ衆議院議員選擧ニ關シ選擧運動者カ特定ノ河川ニ付キ沿岸町村ノ選擧人ニ對シテ其河川ノ改修事業ノ完成ニ便ナル旨ヲ以テ特定ノ議員候補者ヲ推薦スルカ如キハ汎ク國內一般ニ渉ル同種ノ河川ニ付キ改修ヲ行フコトヲ趣旨トスルモノニアラスシテ單ニ一地方ニ特殊ナル利害關係ヲ提ケ之ヲ利用シテ其ノ地方ノ選擧人ヲ誘導スルモノニ外ナラス故ニ叙上ノ行爲ハ衆議院議員選擧法第八十七條第四號第五號ニ該當スルモノト謂フヘク河川ノ改修カ國家ノ利害ニ關スル問題タル性質ヲ有スル點ハ毫モ前記犯罪ノ成立ニ影響ヲ及ホサス

（六八）　利害關係利用誘導ノ罪ノ成立

縣會議員選擧違犯事件（明治四一（れ）第七七一號明治四一、一〇、二〇、判決）

原判文前段ニハ第一被告鐵丸カ神奈川縣會議員候補者トシテ又被告敏雄カ鐵丸ノ運動者トシテ選擧運動ヲ開始シタル事及鐵丸カ投票ニ關シ被告善藏等ヨリ提出シタル要求ヲ承諾シタルコト第二被告善藏等カ鐵丸ヲ選擧スルニ付キ同人ニ要求スヘキ事項ヲ決議シタル事及該事項カ善藏等所屬部落ニ利益ノ關係アルコト第三被告善藏庄太郎市太郎市十郎豊吉及兼吉カ其提出シタル要求ニ付キ鐵丸ノ承諾ヲ得タルニ因リ豫テ決議シタル如ク鐵丸ニ投票シタル事實ヲ認定シアリテ右事實ハ卽チ所論ノ如ク府縣制第四十條衆議院議員選擧法第八十七條第一項第三號ニ該當スルモノトス何トナレハ右ノ事實ニ依レハ此ノ場合ニ於ケル被告善藏外五名ノ選擧意思ノ決定ハ一ニ懸リテ被告鐵丸ノ承諾如何ニ在テ存スルカ故ニ縱シ所掲事項第一項ノ申込ハ被告善藏等ノ側ヨリ提出シタリシモノトスルモ其意思ヲシテ決定セシメタルハ事實鐵丸ノ承諾ヲ與ヘタルニ因ルモノナレハ其承諾ハ卽チ法律上ニ所謂誘導ノ事實ニ外ナラス而シテ右承諾ニ基キ選擧ヲ爲シタル善藏等ハ其誘導ニ應シタルモノニシテ被告敏雄ハ其間ニ在テ運動行爲ニ從事シタルモノナノハナリ斯ル理由ナルニ不拘原審ハ其判文ノ後段ニ於テ鐵丸敏雄カ善

藏等ノ要求ヲ利用シ選擧人ヲ誘導シタルコト及選擧人タル善藏以下六名カ其誘導ニ應シタルコトヲ認ムヘキ證憑十分ナラストシテ各無罪ノ宣告ヲ爲シタルハ擬律ニ錯誤アル不當アルモノニシテ原判決ハ到底破毀ヲ免レサルモノトス

（六九）　利害關係ノ範圍ト正當ナル福利ノ増進

衆議院議員選擧法違犯事件（大正四（れ）第一四九六號大正四、六、二八、判決）

衆議院議員選擧法第八十七條第一項第三號ニハ單ニ「選擧ニ關シ選擧人又ハ其關係アル社寺學校會社組合市町村等ニ對スル用水小作債權寄附其他利害ノ關係ヲ利用シ選擧人ヲ誘導シタル者及其誘導ニ應シタルモノ」ト規定シアリテ其利害ノ關係ニ付何等ノ制限ナケレハ苟モ選擧ニ關シ選擧人又ハ其關係アル市町村等ニ對スル利害關係ヲ利用シ以テ選擧人ヲ誘導シ又ハ其誘導ニ應シタル事實アル以上ハ其利害關係ノ何タルヲ問ハス犯人ハ同條項ノ罪責ヲ免ルルヲ得サルモノトス原判決ニ依レハ徳島縣宮河内谷川ハ時々洪水汎濫シ其沿岸町村ナル同縣板野郡松島村松坂村榮村板西町等ハ常ニ其水害ヲ蒙ムリ徳島縣ニ於テモ其治水ノ急務ナルコトヲ諒トシ該工事費ハ之ヲ同縣ニ於テ支

辨スルコトヽナリ居リシモノニシテ宮河内水害除去ノ爲メ其關係川ナル吉野川ニ水流調節ノ施設ヲ爲スコトハ被告玄一郎カ年來有セシ所ノ意見ニ係リ且正當ナル福利ノ増進ヲ目的トスルモノニシテ不正ナル利益ヲ目的トスルモノニアラスト雖モ原判示ノ如ク偶々大正四年三月二十五日施行セラレタル衆議院議員總選擧ニ際シ被告玄一郎ハ德島縣郡部選出代議士ノ候補者ニ立チ其運動中選擧有權者タル被告德三郎及岡本德三郎ニ對シテハ各所有ニ係ル田畑ノ利害ニ關シ奥谷惣吉外十二名ノ者ニ對シテハ各其居住セル町村ノ利害ニ關シ當選ノ上ハ宮河内谷川改修及吉野川第十堰撤廢ノ遂行ニ盡力スルニ付キ自己ニ投票セラレ度旨懇請若クハ演說シタルハ卽チ選擧人及其關係アル町村ノ利害關係ヲ利用シ選擧人ヲ誘導シタルモノニシテ前示條項ノ罪責ヲ免ルルコト能ハサルハ勿論云々

（七〇）　選擧運動又ハ候補者慫慂ノ爲ニスル利害關係ノ利用

村會議員選擧罰則違犯事件（大正六(れ)第三五八四號大正七、二、二五、第二刑事部判決）

衆議院議員選擧法第八十七條第一項第三號ニ依ル選擧ニ關シ選擧人ニ對スル利害關係

ヲ利用シ選擧人ヲ誘導シタル者及其誘導ニ應シタル者ヲ處罰スルニハ其誘導カ選擧人ノ爲スヘキ選擧ニ關スルコト卽チ投票ニ關スルモノナルコトヲ要ス故ニ選擧人ヲ誘導シ又ハ其誘導ニ應スルモ誘導カ其選擧人ノ投票ニ關スルニアラスシテ其投票ヲ外ニシ單ニ選擧運動ノ爲メニシ又ハ單ニ特定人ニ對シ候補ヲ慫慂スル爲ニスルニ在ルトキハ其誘導ハ前掲第八十七條第一項第三號ニ該當セサルモノトス

（七二）　利害關係利用誘導ノ罪ノ成立ト相手方ノ應諾

衆議院議員選擧法違犯事件（大正四（れ）第七二七號大正四、四、二七、判決）

苟モ衆議院議員選擧法第八十七條第三號ニ該當スル選擧人誘導ノ行爲アリタル以上ハ其誘導者ノ犯罪ハ完成シ相手方カ之ヲ諾シタルヤ否ヤハ單ニ其相手方ノ犯罪ノ成否ニ影響スルニ止マリ誘導ノ罪ト何等交渉スル所ナキハ論ヲ俟タス而シテ原判決ハ本件ニ於テ相手方ナキコトヲ認メタルニ非スシテ相手方ノ犯罪ノ有無ヲ認定セサルニ過キサルコト判文上明白ナルヲ以テ本論旨ハ理由ナシ

（七二）　利害關係ノ意義及範圍

衆議院議員選擧法第八十七條第三號及第八十八條第三號ニ所謂利害關係トハ一般的ニアラスシテ特殊ノ利害關係ヲ指稱スルモノト解スヘキハ法文ニ「選擧人又ハ其關係アル社寺學校會社組合市町村等ニ對スル用水小作債權寄附其他利益ノ關係ヲ利用シ」トアリテ自ラ特殊的利害關係ニ限局シタル趣旨ナルニ徴シテ之ヲ推斷スルニ難カラス而シテ利害關係カ特殊的ナル以上ハ現ニ存在スルモノニ限ラス確實ニ其發生ヲ豫見シ得ヘキ將來ノ利害關係ヲモ包含スト解スヘキモノトス蓋シ將來ノ利害關係ト雖トモ其發生ノ豫見カ確實ナルニ於テハ之ヲ利用シテ選擧人ヲ誘導若クハ威迫スルニ足レハナリ又前示法條ニ所謂市町村ニ對スル利害關係トハ直接ニ選擧人ノ關係アル市町村タル公共團體ノ上ニ存在スルモノヲ指稱シ公共團體ノ一員タル各個市町村住民ニ及ホス利害關係ヲ謂フモノニアラス何トナレハ選擧人タル各個住民ニ對スル利害關係ノ利用ニ依ル誘導若クハ威迫ニ關シテハ別ニ規定存スルモノアリ又選擧人ニ非サル各個住民ニ對スル利害關係ハ未タ之ヲ利用シテ選擧人ヲ誘導若クハ威迫スルニ足ラサレハナリ原判

決所揭公訴事實ハ被告ハ愛媛縣會議員選擧ノ施行ニ際シ議員候補者高橋彌三郎ノ爲メニ選擧運動中選擧人兩名ニ對シテ右彌三郎ノ當選スルニ於テハ縣税タル柴車税ノ減税ニ盡力スヘキニ付同人ニ投票シ呉度ト申込ミ以テ選擧人ヲ誘導シタリト云フニ在リ因テ按スルニ縣税ノ增減問題ノ如キハ其利害關係ハ當該縣下ノ特殊地域ニ於ケル特殊住民ニ止ラス縣民一般ニ對スル利害關係ニ屬シ衆議院議員選擧法ニ所謂利害關係ニアラス若シ夫レ議員候補者カ自ラ若クハ選擧運動者カ議員候補者ノ爲メニ其主義政見ヲ發表シ又ハ其抱負主張ヲ披瀝スルハ選擧界ニ於ケル通常ノ事態ニシテ其言論カ利害問題ニ接觸セサルモノ蓋シ稀ナルヘシ而カモ其利害問題カ一般的關係ニ渉リ特殊的關係ヲ生セサル以上ハ之ヲ利用シテ選擧人ヲ誘導スルモ其所爲ハ處罰スヘキニ非ス加之原判示柴車税ノ減額ノ如キハ市町村ノ各個住民ニ利害關係ヲ及ホスヘキモ市町村自體ノ上ニ何等利害關係ヲ有スル事項ニアラサレハ之ヲ指シテ選擧人ニ關係アル市町村ニ對スル利害關係ナリト謂フカラサルヲ以テ上叙利害關係ヲ利用シテ選擧人ヲ誘導スルモ選擧人ニ關係アル市町村ニ對スル利害關係ヲ利用シタルモノト論スヘカラス故ニ前揭公

訴事實ハ到底衆議員議員選擧法第八十七條第三號ノ罪ヲ構成セサルモノト判斷スルヲ相當トス

縣會議員選擧違犯事件(大正五(れ)第一四五七號大正五、一一、一五。判決)

按スルニ府縣會議員ハ各選擧區ニ於テ選擧セラルルモノナリト雖モ府縣會ハ府縣ノ議事機關ナルヲ以テ其議員タル者ハ當該府縣ノ一般利害ニ鑑ミ公平ナル判斷ヲ以テ其職務ヲ行フヘキモノニシテ單ニ自己ノ選擧區又ハ其區内選擧人ニ關スル特種ノ利益ヲ圖ルコトヲ以テ其職務ノ目的ト爲スヘキモノニアラス故ニ府縣會議員ノ選擧ニ際シ其候補者カ當該府縣一般ニ渉ル利害關係ニ付キ公然自己ノ意見ヲ發表シ選擧人ニ對シ賛否ヲ問フハ固ヨリ公明ノ措置ニシテ法ノ禁スル所ニアラサルモ選擧人又ハ其ノ關係アル市町村等ニ對スル特殊ノ利益ヲ圖ルコトヲ宣言シ自己ニ投票センコトヲ誘導スルニ於テハ府縣制ノ準用スル衆議院議員選擧法第八十七條第一項第三號ニ該當スルモノト謂ハサルヘカラス又同條項第三號ニハ「利害ノ關係」トアリテ何等ノ制限ヲ付セサルヲ以テ其所謂利害關係ハ私權ノ範圍ニ屬スルモノノミニ限局セラレタルモノト解釋スルヲ

得ス今原判決ノ判示事實ハ被告ハ大正四年十月六日施行ノ山梨縣會議員選擧ニ關シ同縣西八代郡選出ノ候補者トナリテ之レカ運動ヲ爲スニ方リ第一、大正四年九月中意思繼續シテ西八代郡ハ三十餘歲年々數萬圓ノ道路橋梁費ハ需用支出ノ一方アリテ供給補塡ノ恩惠アルヲ識ラス今ヤ幸ニ富士身延鐵道ノ布設モ目睫ニ逼ルヲ以テ之ニ伴フ縣道ヲ開通シ其他道路橋梁修繕費ノ補助ヲシテ縣經濟ヨリ仰キ大ニ交通機關ノ運轉ヲ開發セント欲スル旨記載セル被告名義ノ宣言書ヲ西八代郡ノ選擧人全員ニ對シ各其住所ニ於テ配付シ以テ該選擧人等カ如上ノ實現ヲ熱望シ居ルヲ利用シテ自己ニ投票センコトヲ誘導シ第二、同年十月一日西八代郡岩間村岩間銀行ノ樓上ニ於テ選擧人小林榮二郎外數名ニ對シ　(一)富士川通岩間村堤防ヲ築造シ(二)市川岩間間ノ道路ヲ縣道トナシ(三)岩間村ニ縣立工業學校ヲ設置(四)岩間村ニ富士身延鐵道ノ停車場ヲ設置スルコトニ盡力スヘキニ付自己ニ投票セラレタキ旨申出テ右選擧人ノ利害關係ヲ利用シテ之ヲ誘導シタルモノナリ」ト云フニ在リテ被告ハ山梨縣會議員選擧ニ際シ同縣西八代郡又ハ同郡岩間村ノ選擧人ノ爲メニ特殊ノ利益ヲ圖ルコトヲ聲明シ自己ニ投票センコト

ヲ誘導シタルモノナルカ故ニ被告ノ所爲ハ前示法條ノ犯罪ヲ構成スルモノトス

（七三）　利害關係ノ範圍

衆議院議員選擧法違犯事件（大正六（れ）第一四二四號大正六、六、二八、判決）

衆議院議員選擧法第八十七條第一項第三號ニ所謂利害ノ關係ニ付テハ法律上何等ノ制限ナケレハ苟モ選擧人ノ關係アル市町村等ノ爲メ既ニ生シ又ハ生シ得ヘキ特殊ノ利害關係ナル以上選擧ニ關シ之ヲ利用シテ選擧人ヲ誘導シタル者アルトキハ同條項ノ違犯者トシテ之ヲ處罰スヘク其利害問題カ市町村等ノミノ利害ニ止マラス延テ公共ノ利益ニ影響ヲ及ホスノ故ヲ以テ之ヲ不問ニ付スルヲ得サルモノトス蓋シ議員候補者自ラ又ハ選擧運動者カ選擧運動ノ爲メ國家問題ニ關シ其主義政見ヲ發表シ又ハ其抱負主張ヲ披歷シテ公然選擧人ニ對シ賛同ヲ求ムルカ如キハ固ヨリ正當ノコトニシテ法ノ禁スル所ニアラスト雖モ選擧人ニ關スル特殊ノ利害關係又ハ選擧人ノ關係アル市町村等ニ對スル特殊ノ利害關係ヲ利用シテ選擧人ヲ誘導スルハ正當ノ方法ニ依ラス利ヲ以テ選擧人ノ決意ヲ促スモノニシテ選擧ノ公正ヲ害スル不正ノ行爲ナレハ其利害問題カ偶々公

共ノ利益ニ影響ヲ及ホスヘキ性質ノモノナレハトテ之ヲ不問ニ付スルノ理由ナキヲ以テナリ原判示ニ依レハ所論長萬部鐵道敷設問題ハ元來函館區民殊ニ選擧人ノ多數カ其敷設ノ一日モ速カナランコトヲ熱望シ居レル同區ノ重大問題ニシテ同區ニ特殊ノ利害關係アルモノトス然ルニ被告ハ北海時論ノ發行編輯兼印刷人ニシテ偶々大正六年四月二十日行ハレタル衆議院議員選擧ニ際シ同區選出議員候補者佐々木平次郎ヲ當選セシムル爲メ該問題ヲ利用シ大正六年四月十五日發行ノ北海時論第六號ニ原判示長萬部鐵道論ナル文章ヲ揭載シ數百部ヲ函館區內ニ配付セシメ同區內ノ選擧人ヲ誘導シタルモノナレハ該問題ハ函館區ノミノ利害ニ止マラス延テ公共ノ利益ニ影響ヲ及ホスヘキ性質ノモノナルモ之カ爲メ被告ニ於テ衆議院議員選擧法第八十七條第一項第三號ノ罪責ヲ免ルルヲ得サルヲ以テ原判決カ該法條ヲ適用處分シタルハ擬律ノ錯誤ニアラス

衆議院議員選擧法違犯事件（大正六（れ）第一四〇一號大正六、八、一、判決）

按スルニ道路築港鐵道問題ノ如キ事項ト雖モ其解決ノ如何ニ依リ一定ノ選擧人又ハ其關係アル市町村等ニ一般利害ノ外尙ホ特別ノ利害ヲ及ホスコトナシトセス而シテ特殊

ノ利害ヲ市町村ニ及ホスヘキ場合ニ其利害關係ヲ利用シテ選擧人ヲ誘導スルニ於テハ衆議院議員選擧法第八十七條第一項第三號ノ罪ヲ構成スヘキモノトス原判示事實ニ依レハ被告ハ新庄村ニ於テハ演説ニ依リ新庄村及ヒ其附近部落ニ特殊ノ利害關係アル中邊路縣道一部變更及ヒツブリ坂切下事業ノ解決實行ヲ容易ナラシムヘキ旨ヲ以テ同村地方ノ選擧人ニ對シ中村啓次郎ニ投票スルコトヲ誘導シ又田邊町ニ於テ發行セル判示新聞紙ニハ特ニ同町其他附近ノ判示部落ニ利害關係アルツブリ山切下事業中邊路縣道一部變更田邊灣ノ築港和歌山ヨリ田邊ニ到ル鐵道諸問題ノ解決ヲ容易ナラシムヘキ希望アリトナシ以テ中村啓次郎ニ投票シ呉レタキ旨ノ記事ヲ掲載發行シテ田邊町新庄村其他判示ノ附近部落内ノ多數ノ選擧人ヲ誘導シタルモノナルヲ以テ之ヲ所論法條ニ問擬シタル原判決ニ何等ノ不法アルコトナシ

衆議院議員選擧法違犯事件（大正六（れ）第一八九八號大正六、一〇、四、判決）

按スルニ衆議院議員選擧法第八十七條第三號ニ所謂利害關係ハ現在ニ存シ若クハ將來ニ於テ其發生ノ豫見シ得ヘキモノヲ包含スルコトハ當院判例ノ示ス所ニシテ既往ノ利

害關係ハ同條ニ所謂利害關係ニ該當セサルハ勿論單ニ既往ニ於テ表示シタル好意ヲ利用シ選擧ニ關シ選擧人ヲ誘導スルコトアルモ之ニ依リ現在若クハ將來ニ於ケル利害關係ニ何等交渉ヲ生セサル場合ニ於テハ同條ニ所謂利害關係ヲ利用シタルモノト解スルヲ得ス原判示ニ依レハ被告等ハ株式會社肥後農工銀行營業課長タル被告勇八カ嘗テ安藤良太郎ノ爲メ同人ノ同銀行ニ對シ負擔スル年賦償還金ノ債務ニ付キ强制執行ヲ遂行セサルコトニ盡力シタルコトアルヲ倖トシ相謀リ上記ノ行爲ヲ選擧人タル良太郎ニ傳達シ同人カ衆議院議員候補者宗像政ノ爲メニ爲ス運動ヲ中止シ且ツ同候補者ニ投票セラル樣勸誘シタル事實ヲ認メ得ヘキモ被告等カ公訴事實ノ如ク良太郎ニ對シ暗ニ利益供與ノ申込ヲ爲シ若クハ前記償還金ニ關スル利害ヲ以テ良太郎ヲ誘導シタリト認ムヘキ證據存セスト云フニ在ルヲ以テ其趣旨ハ被告等ハ被告勇八カ安藤良太郎ニ對シ表示シル好意ヲ衆議院議員ノ選擧ニ關シ利用シタル其好意カ良太郎ノ現在及將來ニ於ケル利害關係ニ交渉アルコトニ付テハ證憑十分ナラスト云フニ歸シ論旨ノ如ク被告等ニ於テ前記ノ好意カ該償還金ノ債權執行ニ付キ重大ナル利害ヲ及ホスヘキコトヲ說示シ良

太郎ヲシテ棄權セシメント試ミタルノ趣旨ニ解スヘキモノニアラス然レハ原判決ニ於テ被告等ニ對シ無罪ヲ言渡シタルハ相當ニシテ原判決ハ毫モ理由齟齬ノ違法ナシ論旨ハ理由ナシ

市會議員選擧罰則違犯事件（大正一一（れ）第二八八號大正一一、三、三一、宣告）

衆議院議員選擧法第八十七條第四號ニハ上略選擧人若ハ選擧運動者又ハ其ノ關係アル社寺、學校、會社、組合、市町村等ニ對スル用水、小作、債權、寄附其ノ他利害ノ關係ヲ利用シ誘導ヲ爲シタルトキトアリテ何等所論ノ如キ制限規定ノ存スルナキヲ以テ其ノ利害關係ハ必シモ現在ノモノタルコトヲ要セス將來ノモノモ亦同時ニ所謂利害關係タルニ妨ナキノミナラス其ノ發生ノ未必ノモノタルト確定的ノモノタルトヲ區別スルコトナシ

（七四）　一般的利害關係ト特殊的利害關係

町村會議員選擧罰則違犯事件（大正六（れ）第二九二〇號大正六、一二、七、第一刑事部判決）

町村會議員ノ選擧ニ際シ其候補者カ當該町村一般ニ渉ル利害關係ニ付キ自家ノ意見ヲ

公表シ選擧人ニ對シテ贊否ヲ問フハ固ヨリ法ノ禁スル所ニ非ス之ニ反シテ該候補者カ選擧人又ハ其關係アル町村內ノ一部又ハ一部落ノ利害關係ヲ利用シ以テ選擧人ヲ誘導シ又ハ其誘導ニ應シタル事實アルニ於テハ如上ノ犯罪ヲ構成スヘキハ當院ノ屢次判示スル所ナリ然ラハ則チ原判決カ前示ノ如キ鹽釜町町會議員選擧ニ際シ被告兵助善治カ玉川南町間ノ道路修繕問題ニ關シ熱心ニ盡力スルニ付兵助ニ投票スヘキ旨申入レ被告久治郎菊松ハ之ヲ承諾シタリト判示シテ該道路修繕カ鹽釜町全般ノ利益ニ關スルモノナルヤ將又被告久治郎菊松ノ屬スル右町內ノ一局部ニノミ利害關係ヲ有スルモノナリヤハ如上說示ノ如ク犯罪有無ノ岐ルル所ナルニ之ヲ明示セサルハ乃チ罪トナルヘキ事實ヲ確定セサルモノニシテ理由不備ノ不法アリト謂ハサル可ラス

（七五）　利害關係ノ利用ト被引致者釋放方警察署長ヘ交涉ノ提言

衆議院議員選擧法違犯事件（大正元(れ)第一七九三號大正元、一一、四、判決）

判文ニ所謂利害關係トハ被告カ見次重三郎外一名ヨリ依賴セラレタル被引致者四名ノ釋放方ヲ今福警察分署長ニ交涉スルト否トハ前記重三郎外一名ノ利害ニ關スルヲ以テ

其事實關係ヲ指稱セルコトハ判文上自ラ明ナルノミナラス衆議院議員選擧法第八十七條第一項第三號末文ニハ單ニ其他利害ノ關係トノミ規定シアリテ其利害ノ關係ニ付何等ノ制限ヲ設ケサレハ同法文ノ解釋上苟クモ選擧ニ關シ選擧人ノ利害ニ關スルモノヽ其何タルヲ問ハス總テ之ヲ包含セルモノト解スルヲ相當トス

（七六）　間接ニ利害關係ノ利用

郡會議員選擧違犯事件（大正五（れ）第九〇七號大正五、五、二二、判決）

衆議院議員選擧法第八十七條第一項第三號ハ選擧ニ關シ直接ニ所定ノ利害關係ヲ利用シテ選擧人ヲ誘導シタル場合ノミナラス他人ヲ介シテ間接ニ選擧ニ關シ前示ノ手段ニ因リ選擧人ヲ誘導シタル場合ヲモ包含スルモノトス而シテ同條第一號ニ存スル直接間接ノ文詞カ同條第二號及ヒ第三號ニ掲ケアラサルハ畢竟同一文字ノ反覆ヲ避ケ之ヲ省略シタルニ過キス又前示二號ニ於テ間接行爲ハ之ヲ處罰セサル法意ナリト解スヘキ理由存セサレハ原判決カ所揭判示第二事實ニ付キ衆議院議員選擧法第八十七條第一項第三號ヲ適用シタルハ相當ナリ

（七七）　確實ナラサル利害關係ノ利用

衆議院議員選擧法違犯事件（大正四(れ)第二〇九八號大正四、一一、八、判決）

衆議院議員選擧法第八十七條第一項第三號ノ罪ハ選擧ニ關シ選擧人ニ對スル利害關係ヲ利用シテ之ヲ誘導シ又ハ其誘導ニ應シタル行爲ニシテ所謂利害關係ハ現實ニ選擧人ヲ誘導スルニ足ルヘキモノナルヲ以テ足レリトシ必スシモ所論ノ如ク選擧人ニ對シテ法律上確的ナル利害ノ關係アルコトヲ要セス原判決ノ判示事實ニ依レハ被告人龜太郎及ヒ郁太郎ハ爾餘ノ被告人等ニ對シ村内一致シテ候補者藏内治郎作ニ投票セハ後日同人ノ子保房ヨリ被告人等居村小學校ノ校舍新築ニ必要ナル費用ノ幾部ノ寄附ヲ得ルニ好都合ナルヘシト誘導シ前叙爾餘ノ被告人等ハ其誘導ニ應シタリト云フニ在リテ判示被告人龜太郎及ヒ郁太郎ノ勸誘ナシトスレハ爾餘ノ被告人等ノ候補者藏内治郎作ニ投票スルコトヲ必シ難キ關係ニ在リタルモノト認メタル趣意ニ歸スルヲ以テ被告人等ノ行爲ヲ前示法條ニ問疑シタルハ正當ナリ

（七八）　寄附スルヤモ知レサル旨ノ提言

衆議院議員選挙法違犯事件(大正六(れ)第一七六一號大正六、九、一五、第三刑事部判決)

被告趣意書第一點原判決ハ其理由ニ於テ「被告ハ酒井島太郎ニ對シ衆議院議員候補者今西林三郎ニ投票ナサハ島太郎居村部落里道改修工事ニ付其費用ヲ今西ニ於テ其部落ニ對シ寄附スルヤモ知レサル故同人ニ投票サレタキ旨申入レタル事實ヲ認定シ斯ル行爲ハ衆議院議員選擧法第八十七條第一項第三號ニ該當シ犯罪ヲ構成スルモノナリ」ト判示セリ然レトモ右法律ニ所謂利害關係人ヲ利用シ之ヲ誘導スルトハ其利益カ選擧人ニ對シテ供與セラレ又ハ供與セラルヘキコトノ確實ナルコトヲ提言シ其投票ト利益供與トカ因果關係アルヘキ場合ヲ指稱スル者ニシテ右判示ノ如ク「寄附スルヤモ知レス」トノ言ハ之ヲ常識的ニ判斷スルモ何等選擧人ノ心意ニ影響ヲ及ホス可キ利害ニアラスシテ斯ル程度ノ提言ハ判示法條ニ觸ルルモノト謂フヘカラサルヤ勿論ナリトス然ルニ原判決カ斯ノ如キ漠然タル誘導力無キ寧ロ一片ノ辭令ニ過キサル言ヲ爲シタルヲ捉ヘテ前掲判示ノ如ク選擧法違犯ノ行爲ナリト解シタルハ法則ヲ不當ニ適用シタル不法アリト信スト云フニ在リ○然レトモ衆議院議員選擧法第八十七條第一項第三號ニ所謂利

害關係ヲ利用シ選擧人ヲ誘導スルニハ所論ノ如ク必然選擧人ニ利益ヲ供與スヘキ意思ヲ表示スルヲ要スルモノニアラスシテ原判示ノ如ク選擧人ニ利益ヲ供與スル事アリ得ヘキ意思ヲ表示シ之ヲ以テ選擧人ヲ誘導シ投票ヲ求ムルトキト雖モ尙選擧ノ公正ヲ害スルノ虞アルハ勿論ナレハ所論原判示事實ヲ認メテ右法條ニ問擬シタル原判決ハ何等ノ不法アルコトナシ

（七九）　公職ニ推薦セサルヘキ旨ノ諷刺

縣會議員選擧違犯事件（大正五（れ）第五六一號大正五、四、二一、判決）

苟モ利害ノ關係ヲ利用シテ選擧人ヲ誘導スル行爲アリタル以上ハ其利害ノ程度ノ大小ヲ論セス判示條項ノ違犯罪ヲ構成ス可キコト明白ニシテ原判決判示ノ如ク縣會議員選擧人ニ對シ特定ノ縣會議員候補者ニ投票スルニ非サレハ同人ヲ郡會議員候補者ニ推薦セサル可キ旨ヲ諷諭シタル事實アリトスレハ縣會議員ノ選擧ニ關シ同選擧人ノ郡會議員候補者タリ得ルト否トノ利害ノ關係ヲ利用シタルモノナルコト論ヲ俟タサルヲ以テ更ニ所論ノ如ク「郡會議員候補者ヘノ推薦カ權威アル提供ナルヤ否ヤ」等ノ事實ヲ確

定シテ其利害關係ノ程度ノ大小ヲ明示スル必要アルコトナシ

（一八〇）　私的性質ヲ有セサル利害關係ノ利用

衆議院議員選擧法違犯事件（大正六（れ）第一四〇一號大正六、八、一、第三刑事部判決）

衆議院議員選擧法第八十七條第三號ハ單ニ選擧ニ關シ選擧人ノ關係アル市町村等ニ對スル利害ノ關係ヲ利用シ選擧人ヲ誘導スル者ヲ所罰スヘキコトヲ規定シ其利害關係ヲ所論ノ如ク狹ク私的ノ性質ヲ帶フルモノニ限定シタル趣旨ヲ示ササルヲ以テ苟モ或選擧人ニ對シ其關係アル市町村ニ對スル特殊ノ利害關係ヲ利用シ或被選擧人ニ對スル投票ヲ勸誘スル以上ハ其事項カ私的關係ニアラサルモ尚右法條ニ依リテ處斷スヘキモノト解スルヲ相當トス而シテ原判示事實ニ依レハ被告ハ判示選擧ニ關シ新庄村ニ於テ同村及ヒ附近地方ノ選擧人ニ對シ中村啓次郎ヲ當選セシムルハ同村及附近村落ニ特殊ノ利害關係アルツブリ坂切下問題中邊路縣道一部變更問題解決實行ヲ容易ナラシメ得ヘキ旨ヲ演說シテ該選擧人ヲ誘導シ又西牟婁郡田邊町ニ於テ發行スル判示新聞ニ同町並ニ其附近村落ニ特殊利害關係アル判示事項ヲ揭載發行シテ之ヲ同地方ノ選擧人ニ配達

閲覽セシメテ誘導ヲ爲シタルモノナルヲ以テ右法條ヲ適用處斷シタル原判決ハ正當ナリ

（八一）　債務關係ノ利用誘導

衆議院議員選擧法違犯事件（大正元（れ）第二四三二號大正二、一、一七、判決）

被告等ハ數年前已ニ辨濟ヲ了スヘカリシモノニシテ容易ニ辨濟スルノ意ナカリシ舊債務ヲ返濟スルヲ名トシ債權者タル杉本田次ニ對シ被告豐吉ノ爲メニ投票センコトヲ勸誘シタルモノニシテ數年間遲滯ニ付セラレタル債務ニ關シ容易ニ之カ履行ヲ受クルト否トハ債權者ノ利害ニ關スルコト勿論ナルヲ以テ原院カ此事實ヲ衆議院議員選擧法第八十七條第三號ニ所謂「利害關係ヲ利用シ」トアルニ該當スルモノニシテ同條項ヲ適用シ有罪ノ言渡ヲ爲シタルハ相當ニシテ毫モ擬律錯誤ノ違法アルコトナシ

（八二）　債務ノ履行ニ關スル利害關係ノ利用

衆議院議員選擧法違犯事件（大正四（れ）第一九九三號大正四、一二、三、判決）

原判決ノ事實及ヒ證據理由ニ依レハ被告角五郎カ其實兄兩人ノ債務ノ爲メ被告孫次郎

外五銀行ニ對シ保證ヲ爲シタルニ因リテ同債權者ヨリ履行ノ請求ヲ受ケタル債務額ハ第一回年賦金ニ過キサル事並ニ該年賦金ノ最低額ハ元本ノ二割卽チ二千四百圓ニシテ之ヲ超過スル部分ニ付テハ之ヲ支拂フト否トハ角五郎自由ニ屬シ債權者ニ於テ其支拂ヲ强要スル事ヲ思ハスシテ而カモ之ヲ懇請シタル事實明ナリ而シテ原院カ判示ノ證據ニ依リテ右約旨ヲ認定シタルハ其職權ヲ適法ニ行使シタルニ外ナラサルノミナラス邦語二割以上トハ二割若クハ之ヲ超過スル額ト解スルヲ通常トスルヲ以テ右ノ解釋ハ毫モ條理ニ悖反スル所アリト謂フ可ラス然レハ則チ被告角五郎カ單ニ右年賦金最低額二千四百圓ノミノ支拂ヲ爲シテ止ムト進ンテ債權者ノ請求ニ從ヒ之ヲ超過スル三千圓ヲ支拂フトハ債權者ノ利害ニ關スルヤ固ヨリ論ナク被告角五郎カ此關係ヲ利用シ右三千圓ノ支拂ヲ承諾スルニ代ヘ債權者タル被告孫次郎外二名ノ選擧有權者ヲシテ被告角五郎ニ投票セシムル樣投票セン事ヲ企テ被告一郎要太郎ニ其情ヲ告ケ相共謀シテ被告一郎ハ右誘導ノ趣旨ヲ被告孫次郎等ニ通告シ被告孫次郎ハ其誘導ニ應シタルモノナルコト原判示ニ依リ明白ニシテ其事實亦原判決ニ擧示セル證據ニ依リ之ヲ確認スルニ餘ア

リ又原判文末段ニ「其代リ今回ノ選擧ハ宜シク頼ム」云々トアル其代リトハ其代償若クハ報酬トシテノ意ニ解スヘク交換ノ意ヲ含メルコト自ラ瞭然タレハ即チ相手方ニ利益ナル年賦金二割五分ノ支拂承諾ヲ以テ投票ヲ得ルノ餌ニ供シタル趣旨ニ外ナラスシテ其所爲衆議院議員選擧法第八十七條第一項第三號ニ所謂利害關係ヲ利用シタルモノニ該當スルヤ疑ヲ容ルヘカラサルノミナラス假リニ論旨ニ云ヘル如ク右年賦金ノ支拂ハ被告角五郎ノ負擔セル當然ノ債務ヲ履行シタルニ過キサルモノトスルモ其任意ノ履行ヲ爲スト之ヲ拒絶スルトハ債權者ノ利害ニ關スルコト尠シト謂フヘカラス蓋シ債權者カ債務者ノ任意履行ヲ受クルノ簡便ニシテ有利ナル到底强制執行手續ノ繁雜遲緩ニシテ往往極メテ不利ノ結果ヲ生スルニ比スヘカラサレハナリ故ニ苟モ斯カル利害關係ヲ利用シ以テ選擧人ヲ誘導スル所爲ハ同シク前示法條ニ該當スルモノト謂ハサルヲ得ス債務ノ履行自體カ適法ナルハ毫モ其之ヲ利用スル目的ノ有害不法ナルカ爲メ兩者相俟テ犯罪ヲ構成スルコトヲ妨クルノ理アルヘカラサルヲ以テ論旨ハ何レモ其理由ナシ

（八三）　債務關係ノ利用勸誘

衆議院議員選擧法違犯事件（大正六（れ）第三五七六號大正七、五、四、判決）

仍テ按スルニ債務者カ債權者ニ對シテ債務ノ本旨ニ從テ其辨濟ヲ爲シ債權者カ之ヲ受領スルハ何レモ適法行爲ニシテ毫モ違法性ヲ有スルモノニ非レハ之ヲ以テ不法ナル利益ノ供與又ハ受領トナシ衆議院議員選擧法違犯罪ニ問擬スヘキモノニアラス原判決第四事實ノ判旨ニ依レハ被告了信ハ酒井悦ニ對シ金二百五十圓ノ立替金辨濟ノ義務ヲ負擔セルモノニシテ判示選擧ノ際該債務ノ本旨ニ從ヒ之カ辨濟ヲ爲シ由テ右悦及其妻ミワノ歡心ヲ得テ選擧運動ニ從事セシメント欲シ右辨濟ヲ爲シタルモノニ外ナラスシテ其義務ニ屬セサル辨濟ヲ爲シ利益ヲ供與シタルモノニ非サルヲ以テ縱令判示ノ目的アリタリトスルモ右辨濟行爲ハ不法トナルヘキモノニアラス從テ之ヲ以テ右選擧法違犯罪ニ問擬スヘキモノニ非ス

（八四）　利益ノ實現ニ盡力セムコトノ申出

町村會議員選擧罰則違犯事件（大正六（れ）第三三三四號大正七、一、二九、第一刑事部判決）

上告趣意書第二點凡ソ利害關係ヲ利用シテ誘導シタリトスルニハ誘導者カ自己ノ意思

如何ニヨリ其利害關係ヲ招致シ又ハ其發生ヲ阻止シ得ヘキ乎其發生ノ確實ナルコトヲ豫想シ得ヘキ場合ナラサルヘカラス原判決ノ認ムル「其改修ニ盡力スヘキヲ以テ投票云々」トアルモ其村會ニ於テ果シテ其改修問題カ通過スヘキヤ未定ノ事項ニシテ且自己ノ權能トシテ之ヲ通過セシムルコト能ハサル上告人ニ於テハ由テ來ル利害關係ヲ利用スルニ由ナキモノニ歸着スヘシ原判決ハ法意ヲ誤解シタル違法ノ裁判ナリト思料仕候ト云フニ在レトモ○利害關係ノ利用トハ必スシモ現實ニ或ル利益ヲ供與シ又ハ或ル害惡ヲ除去スルノ謂ニ非サレハ原判示事實ノ如ク利害關係者ノ爲メ其欲望スル利益ヲ實現セシムルニ盡力センコトヲ申出ツルカ如キハ利害關係ヲ利用スルモノト謂フヘキコト毫モ疑ヲ容レス其動機若クハ結果ノ如何ハ固ヨリ犯罪ノ成否ニ影響ヲ及ホスヘカラサルヲ以テ本論旨ハ理由ナシ

（八五）　選擧人ノ居住市町村等ヘ寄附ヲ爲スヘキ旨ノ提言

衆議院議員選擧法違犯事件（大正四（れ）第七二七號大正四、四、二七、判決）

追加上告趣意書第一點原判決ノ事實理由ノ部ニハ被告カ當選シタル時ハ歳費ハ之レヲ

奈良市ニ寄附スルニヨリ今回ノ選擧ニハ自分ニ投票シ呉レタキ旨申入レ勸誘以テ人ヲ誘導シタルモノトアリテ被告カ奈良市ニ寄附スルト豫告セシ事項カ選擧人ニ如何ナル利害關係ヲ有スルヤ換言セハ選擧人ト奈良市トノ間ニ或ル寄附問題ヲ協議シタル場合ニ被告カ奈良市ニ寄附セハ選擧人カ寄附ノ責メヲ免カルルカ又ハ寄附ノ低減スル如キ利害關係アル事項ヲ利用シテ被告ノ申入レヲ聽容セハ選擧人カ直接利益ヲ得ヘキコトヲ感知スルニ至ラシメ寄附ノ如何ニヨリテ選擧意思ヲ決定セシメタル事實ナカル可カラス然ルニ原判決ハ選擧人カ奈良市ニ何等ノ利害關係アルコトヲ說示セス漫然誘導シタル旨ヲ判示シタルモノナレハ理由不備ノ判決ナリト信スト云フニ在レトモ原判示選擧有權者ハ何レモ皆奈良市ニ居住スル者ニシテ同市ト衆議院議員選擧法第八十七條第三號ニ所謂關係アルコト毫モ疑ヲ容レス隨テ本件被告カ歲費ヲ同市ニ寄附スヘキ旨ヲ提言シ以テ選擧有權者ヲ誘導シタル行爲ヲ同號ニ問擬スルニ付特ニ所論ノ如キ特別ノ利害關係アルコトヲ判示スルノ要ナキヲ以テ本論旨ハ理由ナシ

（八六）　交通問題ニ關スル意見ノ發表ト利害關係ノ利用

原判決ヲ査スルニ其前段ニ於テハ被告九市ハ宮崎縣東臼杵郡會議員選擧ノ際其ノ議員候補者トナリ同郡東郷村大字山陰字福瀬區ニ於ケル選擧有權者タル被告丑松以下十四名集會ノ席ニ臨ミ從來郡參事會員トシテ東郷村ノ爲メ盡力シタルコトアリ今回更ニ當選スルヲ得ハ福瀬村ヨリ岩脇村幸脇ニ通スル郡道ヲ開通シ以テ交通ノ便ヲ計ルヘキニ付キ今回ノ選擧ニハ自己ニ投票シ呉ルヘキ旨ヲ述ヘテ同人等ヲ誘導シ被告丑松以下十四名ハ其誘導ニ應シ被告九氏ニ投票スヘキコトヲ誓約シタリトノ公訴事實ヲ認ムヘキ證憑不十分ナリト説示シナカラ其後段ニ於テ一件記錄及被告九市ノ供述ニ依レハ被告九市ハ本論旨ノ冒頭ニ援引セルト同一ナル道路問題遂行ニ盡力スヘキ意見ヲ相被告等十四名ニ發表シテ其賛同ヲ求メタルコトハ之ヲ認メ得ヘキモ其所爲罪ト爲ラサルカ故ニ被告丑松以下十四名カ被告九市ノ該意見ニ賛同ヲ表シ同人ニ投票スヘキコトヲ誓約シタリトスルモ之亦罪ト爲ラサル旨ヲ説明セリ然レトモ選擧ニ關シ一般ノ交通問題ニ付キ意見ヲ發表スルハ格別原判旨後段ノ如ク主トシテ特定ノ市町村ニ關係アル特定ノ

里道ヲ郡道ト爲スコトニ付キ縱令從來其意見ニ依リ事實上盡力シタル結果カ公ニ認メラレテ其道路ノ開通カ遂行セラレントスル狀況ニアリトスルモ苟モ選擧ノ際其市町村ニ於ケル選擧人ニ對シ自己ヲ選擧セハ該問題ニ付キ尙盡力スヘキニ付キ自己ニ投票アリタキ旨ヲ以テ其贊成ヲ求ムルハ之卽チ郡制並ニ市制町村制ノ準用ニ係ル衆議院議員選擧法第八十七條第一項第二號ニ所謂選擧人ノ關係アル市町村ニ對スル利害關係ヲ利用シテ選擧人ヲ誘導シタルモノニ外ナラスシテ其意見ヲ聽キテ之ヲ選擧センコトヲ約セルハ卽チ其誘導ニ應シタルモノト謂ハサルヲ得ス

（八七）　選擧人ノ屬スル組合ニ對スル債務辨濟ノ斡旋

町會議員選擧罰則違犯事件（大正六（れ）第四三〇九號大正七、二、五、第一刑事部判決）

原判旨ニ依レハ被告軍太郎以外ノ各被告ハ共謀シ姪濱鑛業株式會社對姪濱浦漁業組合ノ補償金債務辨濟ニ關スル紛爭ヲ調停シ前示會社ヲシテ速ニ其辨濟ヲ遂行セシムルコトヲ名トシ同組合員ニシテ町會議員選擧人タル西島半次郎外十數名ニ對シ組合所屬選擧人ノ一部ノ投票ヲ被告淳秀ノ爲メニ分與センコトヲ勸誘シタルモノニシテ其調停ニ

付テハ同組合ニ於テ多少讓歩スル所アリタルモ延滯シタル前示債務ノ辨濟ニ依リ同組合ノ享受スル利益ノ大ナルコト判文上明瞭ナル所ナルヲ以テ該債務ノ辨濟ヲ容易ニ受クルト否トハ前示組合ノ利害ニ關スルコト論ヲ俟タス隨テ原審カ同條項第三號ニ組合ノ利害關係ヲ利用シトアルニ該當スルモノトナシタルハ正當ニシテ尙所論判示事實ハ原判決ニ引用セル各證據ヲ綜合シテ之ヲ認定スルヲ以テ論旨ハ其理由ナキモノトス

（八八）　役場移轉問題ノ利用

町村會議員選擧罰則違犯事件（大正六（れ）第二六八〇號大正六、一一、一六、第一刑事部判決）

原判決判示事實ニヨレハ被告等ノ居村ハ地勢上東西兩部ニ分レ從來村役場ノ地位西部ニ偏シ東部住民ハ常ニ不便ヲ感シ居リタルヨリ東部ニ屬スル被告康次ハ村役場ヲ西部地域ノ一部ニシテ東西兩部ノ中間ニ位セル三角區ニ移轉スルノ議案ヲ提出スル旨ヲ以テ三角區ノ有權者タル山本寅松及被告久太郎ヲ誘導シタリト云フニ在ルヲ以テ所謂選擧ニ關シ利害ノ關係ヲ利用シ選擧人ヲ誘導シタル所爲ナルコト判文上自カラ明カニシテ所論法條ニ違犯スル行爲タルコト勿論ナレハ論旨ハ理由ナシ

衆議院議員選擧法違犯事件（大正六（れ）第一〇七七號大正六、六、二、第三刑事部判決）

原判示ニ依レハ所論寄井以西ノ道路ハ郡道ニ屬シ其改修費ハ名西郡ノ負擔ニ歸スルモノナルカ故ニ同郡ニ屬スル鬼籠野村等ハ其郡費ヲ負擔スヘキコト明白ナルヲ以テ該道路ヲ縣道ニ編入スルモノトセハ鬼籠野村モ亦利益ヲ受クルコト自ラ當然ナリトス從テ鬼籠野村カ右道路ノ縣道編入ニ對シ右選擧法ニ所謂利害關係ヲ有スルコトハ判文上之ヲ認知スルコトヲ得ルモノトス

衆議院議員選擧法違犯事件（大正六（れ）第一四一四號大正六、六、二九、第一刑事部判決）

原判決ニ於テハ被告豪ハ網走町斜里村下湧別村ノ衆議院議員選擧人中若干ノ者カ北見實業新聞ヲ購讀スルヨリ之ヲ利用シ云々根室釧路河西網走支廳管內議員候補者木下成太郎ニ投票セシムル目的ヲ以テ云々木下成太郎ヲ選擧スルトキハ本道新拓殖十年計畫案ノ內容タル斜里網走間ノ輕便鐵道及諸滑サックル間ノ輕便鐵道新設竝ニ名寄下湧別間ノ既定線ノ速成ハ之ヲ實現シ得ヘキモ云々トノ記事ヲ掲載シ云々ト判示セルヲ以テ卽チ國家一般ノ政策ヲ離レテ右候補者ノ屬スル選擧區ニ特殊ナル利害關係ヲ利用シ選

舉人ヲ誘導シタルモノニ外ナラサレハ之ヲ所論法條ニ問擬シタル原判決ハ正當ニシテ論旨ハ理由ナシ

衆議院議員選擧法違犯事件（大正六（れ）第一四〇一大正六、八、一、第一刑事部判決）

車道ノ開通縣道ノ變更又ハ築港ノ如キ問題ハ其解決ノ如何ニ依リ一定ノ市町村ニ特殊ノ利害ヲ及ホスコト有ルカ故ニ原判決カ判示問題ヲ提ケテ選擧人ヲ誘導シタル被告ノ所爲ヲ判示町村ニ對スル特殊ノ利害關係ヲ利用シタルモノト認メタルハ敢テ不法ニアラス

町會議員選擧罰則違犯事件（大正六（れ）第一六四四號大正七、七、二六、第一刑事部判決）

衆議院議員選擧法第八十七條第一項第三號ニ所謂利害關係ノ利用トハ誘導者自ラ或ル利益ヲ所定ノ者ニ供給シ又ハ之カ申込ヲ爲スノ謂ニ非ス原判示事實ノ如ク一地方ノ里道ノ修繕カ其地方ニ大ナル利益ヲ齎ラスヘキ場合ニ町會議員トナリテ其修繕ニ關シ熱心盡力スヘキ旨ヲ說キ以テ右地方ノ居住者タル選擧有權者ヲ動カスカ如キハ正ニ右法文中選擧人ノ關係アル市町村等ニ對スル利害關係ヲ利用シ云々トアルニ該當スルコト毫

モ疑ヲ容レス而シテ右利害關係ハ固ヨリ一般國家ノ利害ニ渉ラサルモノナルコト亦明白ナルヲ以テ本論旨ハ理由ナシ

（八九）　電燈料金値下問題ノ利用

衆議院議員選擧法違犯事件（大正六（れ）二八二九號大正六、一二、一五、第三刑事部判決）

供給區域ノ廣キ電力供給者ノ經營スル電燈料金値下問題ノ如キ事項ト雖トモ其解決ノ如何ニ依リ該供給區域一般ニ關スル利害ノ外尙ホ一定ノ選擧人又ハ一定ノ市町村等ニ特殊ノ利害關係ヲ有スルコトナシトセス而シテ此ノ如キ特殊ノ關係アル場合ニ其利害關係ヲ利用シテ選擧人ヲ誘導スルハ卽チ衆議院議員選擧法第八十七條第一項第三號ノ罪ヲ構成スヘク其利害關係カ他ノ地區ノ選擧人ニモ關係アルヲ理由トシテ其罪責ヲ免ルヲ得ヘキ理アルコトナシ原判旨ニ依レハ被告ハ小倉市選出衆議院議員候補者鮎川盛貞ノ幹部運動者トシテ運動中小倉市ニ本社ヲ有シ同市及ヒ其他ノ市町村ニ電力ヲ供給セル前示會社ノ電燈料ヲ高價ニ過クルモノトナシ小倉市ノ有權者等ニ對シ電燈料ノ値下ノ交渉ハ市民一般ノ意向ニアラストテ會社ニ於テ之ヲ承諾セサルカ故ニ諸君ノ手許

ニ送ル手帳簿ニ調印セラレ度シ幸ニ鮎川候補者當選セハ盡力ヲ爲シ貰フ考ヘナル故同人ニ投票シ呉レ度シトノ旨ヲ演述シ該選擧人ノ利害關係ヲ利用シ選擧人ヲ誘導シタルモノナルカ故ニ其所爲前記法條ニ該當スルハ論ヲ俟タス所論判例（大正四年(れ)一四九六號）ハ衆議院議員選擧法第八十七條第一項第三號ニ所謂利害關係ニ付キテハ何等ノ制限ナキコトヲ判示シタルニ止マリ地方的若クハ社會的ノ利害關係ヲ包含セサルモノトスルノ趣旨ニアラス

（九〇）　樺太漁業料輕減問題露領漁業權保全問題ノ利用

衆議院議員選擧法違犯事件（大正六(れ)第一二四七號大正六、七、二、第二刑事部判決）

衆議院議員選擧法第八十七條第一項第三號ニハ「選擧ニ關シ選擧人又ハ其關係アル社寺、學校、會社、市町村等ニ關スル用水小作債權寄附其他利害ノ關係ヲ利用シ選擧人ヲ誘導シ之ニ應シタル者」ト規定シ其所謂利害ノ關係ニ付何等ノ制限ヲ付セサルヲ以テ苟モ選擧人又ハ其關係アル市町村等ノ爲メ既ニ生シ又ハ生シ得ヘキ特殊ノ利害關係ナル以上選擧ニ關シ之ヲ利用シテ選擧人ヲ誘導シタル者アルニ於テハ同條項ノ違犯者トシテ之ヲ處罰スヘク其利害關係カ延テ國家ノ利害ニ影響ヲ及ホスノ故ヲ以テ之ヲ不問ニ付スルヲ得サルモノトス蓋シ議員候補者若クハ選擧運動者カ選擧勸誘ノ爲メ國家問題ニ關シ其主義政見ヲ發表シ又ハ其抱負主張ヲ披瀝シテ公然選擧人ニ對シ其贊同ヲ求ムルカ如キハ固ヨリ正當ノコトニシテ法ノ禁スル所ニアラスト雖モ選擧人ニ關スル特殊ノ利害關係若クハ選擧人ノ關係アル市町村等ニ對スル特殊ノ利害關係ヲ利用シテ選擧人ヲ誘導スルハ正當ノ方法ニ依ラス利ヲ以テ選擧人ノ決意ヲ促スモノニシテ選擧ノ公正ヲ害スル不正ノ行爲ナレハ其利害問題カ偶々國家ノ利害ニ影響ヲ及スヘキ性質ノモノナレハトテ之ヲ不問ニ付スルノ理由ナキヲ以テナリ原判決ヲ查スルニ「被告淑夫ハ前代議士ニシテ且大正六年四月二十日施行衆議院議員選擧ニ關シ函館區選出ノ同議員候補者タラントスル平出喜三郎ノ持主ナル函館區地藤町函館新聞ノ主筆記者又被告德義ハ同上新聞ノ編輯人ナル處被告淑夫ハ前記選擧ニ關シ函館區內ノ有力者カ從來平出カ議員トシテ區民ノ熱望セル問題ニ關シ冷淡ナレハ同人ヲシテ退讓セシメ他ノ適當ナル人ヲ候補者トナサントスル意嚮アルコトヲ聞知シ斯ル情勢ニテハ平出ノ當選困

難ナルヲ看取シ豫テ函館ニ於ケル重要ナル利害問題トシテ取扱ハレ來レル三問題卽函館區ノ繁榮策トシテ一日モ早ク敷設スルコトヲ熱望セル長萬部鐵道問題及區民殊ニ漁業ニ關係アル區ノ有權者多數カ其ノ目的ノ到達ノ速カナランコトヲ熱望シ止マサル樺太漁業料輕減問題及露領漁業權保全問題ニ對シ平出カ從來盡力シ且議員當選後尙其盡力ヲナシ之カ目的ノ貫徹ヲ圖ルモノナルコトヲ各有權者ニ知ラシメ有權者ヲ誘導スルニ於テハ平出ヲシテ當選セシメ得ヘキヲ信シ其前知人加藤强ヨリ自己ニ受ケタル私信ノ趣旨ニヨリ「平出君ノ爲メニ」ト題シ大東生ノ名ヲ用ヒタル左記文章ヲ作成シ之ヲ被告德義ニ交付シ」ト判示シ被告德義ニ於テ函館區ノ地方的問題タル樺太漁業輕減問題及露領漁業權保全問題ニ關シ平出カ熱心ニ盡力シ將來モ尙亦盡力シテ其目的ヲ貫徹スヘキ趣旨ヲ包含セル文章ヲ編輯ノ上大正六年三月九日發行ノ函館新聞第七千七百二十號紙上ニ揭載シ同日之ヲ同新聞ノ各購讀者ニ配布セシメ以テ區ノ有權者及其關係アル函館區ノ利害關係ヲ利用シ區ノ有權者ニ對シ平出ニ投票センコトヲ誘導シタルモノナル旨詳細說示シアリテ樺太漁業料輕減問題及露領漁業權保全問題ハ

將來函館區ニ起レル地方的問題ニシテ區民殊ニ漁業ニ關係アル區ノ有權者多數カ有利ニ解決セラレンコトヲ欲シ其目的到達ノ速カナランコトヲ熱望シテ止マサル所ナレハ該問題ハ函館區ニ特殊ノ利害關係ヲ有スル重要ナル問題ナリト云ハサルヘカラス而シテ被告等偶々大正六年四月二十日施行セラレタル衆議院議員選擧ニ際シ前代議士ニシテ更ニ函館區選出ノ議員候補者タラントスル平出喜三郎ヲ當選セシムル爲メ該問題ヲ捉ヘ之ヲ利用シテ選擧人ヲ誘導シタルモノナレハ該問題ハ延テ國家ノ利害ニ影響ヲ及ホスヘキモノナルモ衆議院議員選擧法第八十七條第一項第三號ノ違犯者トシテ被告ヲ處罰セサルヲ得サルヲ以テ原判決カ同條項ニ問擬シタルハ擬律ノ錯誤ニアラス

(九一) 地價据置年期延長問題ノ利用

衆議院議員選擧法違犯事件(大正六(れ)第一八四二號大正六、九、二、第三刑事部判決)

上告趣旨書第一點(前略)被告菊次郎ニ於テ選擧人ヲ誘導スル爲メ利用シタリトナス利害關係ハ果シテ前述ノ如キ特別的ノ利害關係ナルヤ否ヤヲ案スルニ先ツ原判決ニ所謂

利害關係ノ對象タル地目變換地價据置年期地ハ原判決カ被告菊次郎ニ於テ不正ニ誘導シタリトナス選擧人等ノミニ特別ナルモノニアラスシテ稍々廣キ範圍ニ亙ツテ存在スルモノナルコトハ原判決事實ノ摘示中ニ地目變換地價据置年期地ナル田地ハ「愛知縣碧海郡刈谷町明治村其他」ニ散在スル旨ノ記載アルニ徵スルモ明白ナリ唯タ右判示記載ノミニ依テハ右年期地カ如何ナル廣キ範圍ニ亙ツテ存在スルモノナルヤヲ知ルニ由ナキヲ以テ未タ以テ該年期延長ニ因ル利害關係ハ一般的ノ利害關係ニシテ犯罪ノ目的トナリ得ヘキ特別的利害關係ニ非スト斷定スルニ由ナシト雖而カモ又之ヲ以テ特別的利害關係ニシテ一般的利害關係ニアラスト斷定スルヲ得サルハ勿論ナリサレハ原判決ハ右利害關係カ前示選擧法ニ所謂利害ノ關係ニ該當スヘキ特別的利害關係ナリヤ否ヤニ付キ之ヲ認識スルニ足ル程度ノ事實ヲ確定スル事ナク否却テ一般的利害關係ナルカ如キ事實ヲ判示シ乍ラ之ヲ利用シタリトノ被告ノ所爲ヲ漫然前示法條ニ問擬シタルハ理由不備ノ違法アルモノトスト謂フニ在レトモ〇所論年期延長ノ事タルヤ關係土地所有者タル選擧人ニ對シ特殊ノ利害關係ヲ有スルモノナルカ故ニ之ヲ利用シテ右選擧人

ヲ誘導シタル以上ハ犯罪ヲ構成スルコト明白ニシテ其年期地ノ範圍ノ如何ハ何等ノ影響ナキモノナルヲ以テ本論旨ハ理由ナシ

（九二）　第八十七條第一項第五號ノ趣旨

衆議院議員選擧法違犯事件（大正九(れ)第一九二三號大正九、一〇、二二、宣告）

衆議院議員選擧法第八十七條第五號ト其前ノ各號トハ措辭ノ方法ヲ異ニスルコト洵ニ所論ノ如クナルモ其趣旨ニ於テハ同一ニシテ獨リ選擧有權者ニ對スルノミナラス廣ク選擧人ヲシテ議員候補者ニ投票ヲ爲サシムルニ至ルヘキ行爲ヲ爲ス者ニ對スル場合ヲモ包含セシメタルモノト認ムルヲ相當トス

（九三）　第八十七條第一項第五號ト同第七號ノ關係

衆議院議員選擧法違犯事件（大正九(れ)第二一六二號大正九、一一、一六、宣告）

所論第八十七條第一項第五號ト同第七號トハ等シク同一條項ノ下ニ於テ同一處罰ヲ以テ處斷スヘキ行爲ニ關スル規定ナレハ原判決ニ於テ第五號ヲ適用スヘキ場合ニ誤リテ第七號ヲ適用シタリトスルモ其結果ハ同一ノ處斷ニ歸スルヲ以テ未タ原判決ヲ破毀ス

ヘキ擬律錯誤ノ違法アリト謂フヘカラス

縣會議員選擧罰則違犯事件（大正九(れ)第一一四四號大正九、六、三〇、宣告）

衆議院議員選擧法第八十七條第七號ト第五號トハ何レモ同一法條ニ於テ全然罪質及處罰ヲ同シウスル犯罪ト認ムルモノニシテ何レヲ適用スルモ法律上ノ關係ヲ異ニスルモノニ非ス

（九四）　第八十七條ノ罪ノ共同正犯ト實行行爲

衆議院議員選擧法違反事件（大正四(れ)第一四五〇號大正四、六、二五、判決）

原判示事實ハ論旨冒頭ニ揭クルカ如ク被告三名ハ選擧ニ關シ各選擧人ニ利益供與ヲ申込マンコトヲ共謀ノ上被告平太郎ハ其旨ヲ含ミテ選擧人渡邊虎藏ニ對シ川合直次ニ投票センコトヲ求メタル上選擧當日ハ辨當料ヲ供與スヘキ旨ヲ申込ミタリト云フニ在レハ被告平太郎ハ前示三名共同ノ犯意實行ノ任ニ當リ被告周吾及ヒ初次郎ハ被告平太郎ノ右行爲ニ依リテ各自ノ犯意實行ヲ爲シタルモノニ外ナラス從テ被告周吾及ヒ初次郎モ亦被告平太郎ト同シク實行正犯ノ責ニ任セサルヘカラサルハ論ヲ俟タス故ニ原判決

ハ正當ニシテ論旨理由ナシ

衆議院議員選擧法違犯事件（大正六（れ）第一九三二號大正六、一二、一九、第三刑事部判決）

衆議院議員選擧法第七十七條違犯行爲ノ如キ罪ニ付キテハ縱令共謀者ノ一部ノミカ其實行ヲ擔任シタルコト原判示ノ如シトスルモ其實行者ハ各自ノ犯意ノミナラス實行ニ與カラサル者ノ犯意ヲモ遂行シ實行者以外ノ者ハ實行ノ行爲ニ依リテ自己ノ犯意ヲ實行セシムルモノナルヲ以テ共謀者全部同シク實行正犯トシテ罪責ヲ負ハサルヘカラサルコトハ屢次當院ノ判示スル所ナレハ論旨冒頭ニ揭クル事實ヲ認メテ所論法條ニ問擬シタル原判決ハ洵ニ正當ナリ

（九五）　數人ニ對シ第八十七條ノ罪ヲ犯シタル場合ニ於ケル刑法第五十四條又ハ第五十五條ノ適用

衆議院議員選擧法違犯事件（大正四（れ）第一四六六號大正四、七、四、判決）

被告ノ行爲ニ付キ刑法第五十四條ヲ適用スヘキモノナリヤ否ヤヲ案スルニ若シ被告カ直接ニ又ハ人ヲ介シテ間接ニ一個ノ行爲ヲ以テ同時ニ數人ニ對シ右選擧法第八十七條

第一項各號ノ罪ヲ犯シタル場合ナリトセハ其所爲タルヤ其數人ノ各自ニ對スル各關係ニ於テ選擧ノ公正ヲ害スルモノナルヲ以テ刑法第五十四條ヲ適用スルヲ正當ナリトスルモ本件被告ハ人ヲ介シテ順次ニ數名ノ選擧人ニ對シ利益供與ノ申込ヲ爲スニ至ラシメタルモノナレハ右選擧法第八十七條第一項第一號刑法施行法第十九條第二項第二十條第五十五條ニ依テ之ヲ處斷スヘキモノトス

衆議院議員選擧法違犯事件(大正四(れ)第一四六九號大正四、七、一五、判決)

案スルニ選擧ニ關シ直接又ハ間接ニ選擧人又ハ選擧運動者ニ金錢ヲ供與スルトハ法ノ禁スル所ニシテ犯人カ時ト場所トヲ異ニシ數人ノ者ニ對シ金錢ヲ供與シタル場合ニ於テハ其人毎ニ法益ノ侵害ヲ異ニセル犯罪行爲アルハ勿論ノコトニシテ其目的ハ假令或議員候補者ノ爲メ數個ノ投票ヲ得セシメルニ在リトスルモ其所爲ハ數個ノ行爲ニシテ單一ナル行爲ニアラス(中略)原判決カ被告不二等ノ行爲ニ對シ刑法第五十五條ヲ適用セス同法第五十四條ヲ適用處分シタルハ擬律ノ錯誤タルヲ免レサレハ本論旨ハ結局其理由アルモノトス

上告趣意第一點原判決ニ於テ被告利吉ハ大正四年三月二十五日施行ノ衆議院議員選擧ニ付候補者柴田源左衛門ノ爲メニ運動ニ從事中滋賀縣鹽津村大字岩熊ノ選擧權者ノ投票買收ヲ企テ助吉龍藏ヲ介シテ同月十六日ヨリ十九日迄ノ間ニ連續シテ數回ニ右大字ノ有權者河辻玄次郎外三名ニ對シ一票ニ付金若干ノ報酬ヲ供與スヘキニ付キ柴田源左衛衛門ニ投票アリ度旨申込ヲ爲シタル旨判示セリ(中略)被告利吉ハ連續シテ數回ニ玄次郎外三名ニ對シ投票ノ申込ヲ爲セリト判示セルモ其證據説明ニ依レハ被告利吉ハ單ニ助吉ニ對シ大字岩熊方面ノ運動ヲ囑託シタルマテニシテ實際運動ノ任ニ當リタルハ龍藏ナリ左レハ利吉ノ行爲ハ單ニ投票買收ノ敎唆ニ止マルノミニシテ其間意思ノ繼續ナル問題ヲ生スル餘地ナキノミナラス事實買收ヲ爲シタルハ他人ノ有責行爲ナルヲ以テ之ヲ被告利吉ノ連續セル行爲ナリト斷セルハ事實理由ト證據理由ト齟齬セルモノナリト云フニアレトモ〇原判示事實ハ前段説明ノ如ク被告利吉ノ所爲ハ選擧ニ關シ相被告助吉龍藏ヲ介シ連續シテ選擧人ニ金錢ノ供與ヲ申込マシメタル事實ニ該當スルヲ

以テ原判決カ右被告利吉ノ衆議院議員選擧法違犯ノ所爲ニ付キ被告利吉カ直接ニ上叙ノ行爲ヲ連續實行シタル場合ト同シク刑法第五十五條ヲ適用シタルハ相當ナリ

衆議院議員選擧法違犯事件（大正四（れ）第一六七二號大正四、七、二七、判決）

數人ニ對シ時ヲ異ニシテ各別ニ選擧法第八十七條ノ犯罪ヲ行ヒタル場合ニ於テハ一般的法益即チ選擧ノ公正ヲ害スルニ止マラス各人ニ對スル選擧權ノ行使ヲモ害スルモノナルヲ以テ數人ニ對シテ各別ニ時ヲ異ニシテ行ヒタル右犯罪ハ別罪ヲ構成スヘク包括的一罪ヲ以テ論スヘキニ非ス故ニ若シ該犯罪ノ數個カ連續シテ行ハレタルトキハ刑法第五十五條ニ依リ一個ノ連續犯ヲ以テ處斷スヘキモノトス

（九七）　一個ノ約束ノ下ニ數回ニ收受シタル場合ノ擬律

衆議院議員選擧法違犯事件（大正六（れ）第二一一六號大正六、一〇、一二、第一刑事部判決）

上告趣意書第一點原判決ハ其事實理由中「被告ハ云々衆議院議員白石喜代助ノ爲メニ被告居村古城村ニ於テ選擧投票八十票ヲ獲得スヘキコトヲ約シ同日及同月十七日ノ二回ニ右投票買收ノ費用及ヒ被告ニ對スル報酬ヲ包含セル金貳百拾圓ノ供與ヲ受ケ之ヲ

收受シタルモノナリ」ト判示シタリ卽チ右事實理由ニ依レハ被告人ノ收受行爲ハ四月十三日及同月十七日ノ二回ニ亘リテ行ハレタルモノナルヲ以テ其間意思ノ繼續アルニ於テハ刑法第五十五條ヲモ適用セサルヘカラサルモノナリトス然ルニ原判決ノ事茲ニ出テサリシハ違法ナリト云フニ在リテ○所揭原判示ノ通被告カ金錢ヲ收受シタルコトハ二回ナルモ右ハ選擧投票ヲ獲得ス可キコトノ一箇ノ約旨ニ對シ收受シタルモノナレハ卽チ單一罪ト認ム可ク連續犯ヲ以テ論ス可キモノニ非ス

衆議院議員選擧法違犯事件（大正六（れ）第一四六三號大正、六、七、二、第二刑事部判決）

（九八）　數人ニ對スル報酬ノ供與、饗應若クハ誘導ト刑法第五十四條ノ適用

本件ノ如ク選擧ニ關シ被告カ一人ノ選擧權者ニ對シテ報酬供與ノ申込ヲ爲スト同時ニ其者ヲ通シテ他ノ選擧權者ニ對シテモ同一申込ヲ爲シタル場合ハ單一ノ犯罪ヲ構成スルモノニ非ラス一行爲ニシテ數罪名ニ觸ルルモノナルコト屢次本院ノ判示スル所ナレハ論旨ハ理由ナシ

衆議院議員選擧法違犯事件（大正六（れ）第一九〇六號大正六、一〇、五、第一刑事部判決）

衆議院議員選擧法第八十七條第一項第二號前段ノ罪ハ選擧ニ關シ酒食遊覽其他ノ方法ヲ以テ人ヲ饗應接待シ又ハ右饗應接待ヲ受クルニ因リ成立スルヲ以テ本罪ニ因リ侵害スル法益ハ選擧ニ關スル包括的一般ノ公正ニ止マラス選擧人若クハ選擧運動者各自カ選擧ニ關シテ操持スヘキ公正ニ存スルモノトス然ラハ同一ノ場所及時ニ於テ選擧ニ關シ選擧人若クハ選擧運動者數名ヲ饗應シタルトキハ其饗應ヲ受ケタル選擧人若クハ選擧運動者各自ノ選擧ニ關シテ操持スヘキ公正ヲ害スルモノニシテ選擧人若クハ選擧運動者ノ員數ニ隨ヒ本罪成立スヘキモ右ハ一個ノ饗應行爲ニ因リ數個ノ選擧法違犯ノ結果ヲ生セシメタルモノナレハ刑法第五十四條第一項前段ニ依リ一個ノ行爲ニシテ數個ノ罪名ニ觸ルルモノトシテ一罪ヲ以テ處斷スヘク包括的ニ單純ノ一罪ヲ以テ論スヘキニ非ス

衆議院議員選擧法違犯事件（大正六（れ）第一四一四號大正六、六、二九、第一刑事部判決）

所揭原判決ノ判示事實ニ據レハ本件ハ單一ノ行爲ヲ以テ同時ニ多數ノ選擧人ヲ誘導シタルモノニ係レルヲ以テ卽チ數個ノ同一罪名ニ觸ルル一個ノ行爲ナレハ之ヲ包括的ニ

觀察シテ刑法第五十四第一項前段ニ依リ一罪トシテ處斷スヘキモノナルニ拘ハラス原判決ニ於テ之ヲ單一ノ選擧人誘導罪トシテ處斷シタルハ其失當ナルコト洵ニ所論ノ如シ

（九八）一行爲ニ依リ數人ヲ敎唆シタル場合ト刑法第五十四條ノ適用

衆議院議員選擧法違犯事件（大正四（れ）第一八七五號大正四、八、二八、判決）

原判決認定ノ事實ニ依レハ被告嘉三郎ハ被告雅之亮外二名ニ對シ選擧人ノ買收ニ盡力スヘキ旨敎唆ヲ加ヘ而シテ右雅之亮等ハ該敎唆ニ從ヒ各原判決ニ列記セル數個ノ買收行爲ヲ爲シタルモノニシテ卽チ數名ヲ敎唆シタル一行爲ニ依リ各被敎唆者ヲシテ各數個ノ違反行爲ヲ犯サシメタルモノナルヲ以テ一個ノ行爲ニシテ數個ノ罪名ニ觸ルルモノト做シ刑法第五十四條第一項前段ヲ適用スヘキモノナルコトハ從來當院判例ノ示ス所ナリ

（九九）第八十七條第一項各號ノ行爲ト連續犯ノ成立

衆議院議員選擧法違犯事件（大正四（れ）第一七四四號大正四、九、二七、判決）

衆議院議員選擧法第八十七條第一項ノ所定ノ各行爲ハ犯罪ノ體樣ヲ異ニスルモノト雖モ同一罪名ニ觸ルルモノト謂フヘキヲ以テ同一ノ意思發動ニ依リテ之ヲ連續實行スルニ於テハ刑法第五十五條ノ連續犯ヲ以テ論スヘキモノトス故ニ原判示ノ如ク被告朝吉カ被告利助ヲ選擧運動者トシテ利助ノ爲メニ投票ヲ得セシムル目的ヲ以テ選擧ニ關シテ金圓ヲ他ノ選擧運動者ニ供與シ若クハ自ラ金圓ノ供與ヲ收受シタル數個ノ行爲ヲ連續實行シタル場合ニ於テハ同一ノ意思發動ニ出テタルモノト認ムヘキヲ以テ原判決ニ於テ所論ノ各行爲ヲ衆議院議員選擧法第八十七條第一項刑法第五十五條ニ問擬シ之ヲ處斷シタルハ相當ニシテ本論旨理由ナシ

（一〇〇）　投票承諾及運動ノ爲金錢ヲ供與シタル場合ノ擬律

縣會議員選擧違犯事件（大正五(れ)第九〇〇號大正五、五、三〇、判決）

案スルニ選擧人ニ利益ヲ供與シテ直接ニ其投票權ヲ左右セントスルモ選擧運動者ニ利益ヲ供與シテ間接ニ投票ヲ得ントスルモ齊シク選擧ノ公平ヲ害スル行爲ナルヲ以テ選擧人ニシテ選擧運動者ヲ兼ヌル者ニ對シ其投票承諾及運動承諾ノ爲メ一定ノ金額ヲ供

與スル行爲ハ一人ニ關シ同時ニ爲シタル同一法益侵害ノ行爲ニ外ナラサレハ單純一罪ニシテ一行爲數罪名ニ觸ルルモノニアラス原判決ノ認定事實ニ依レハ被告ハ川藤牧太郎ヲ介シテ選擧人タル林傳藏ニ爲シ椎野吉五郎ノ爲ニ投票及選擧運動ヲ依賴シ傳藏ノ投票及運動承諾ニ對スル報酬等ノ爲メ金五圓ヲ同人ニ供與シタリト云フニ在ルヲ以テ被告ノ該行爲ハ府縣制第四十條衆議院議員選擧法第八十七號第一項第一號ニ該當スル單純ナル一罪ニシテ數罪名ニ觸ルルモノニアラス

（一〇二）　沒收ノ言渡ヲ受クヘキ場合

衆議院議員選擧法違犯事件（大正四（れ）第一六四三號大正四、七、一二、判決）

上告趣意第二點原判決ハ「押收ノ拾圓紙幣二枚ハ原審相被告佐々木吉三郎ノ收受シタル物件ト認ムルニ依リ衆議院議員選擧法第八十七條第二項ニヨリ之ヲ沒收ス」ト宣告シタリ然レトモ右衆議院議員選擧法第八十七條第二項前段ニ從フ沒收ハ物件ノ收受者ニ對シテノミ之ヲ科スヘキモノナルコトハ其ノ法意上明ナル處ナリトス然ルニ原判決カ前示ノ如ク其收受者ナラサル上告人ニ對シテ之ヲ言渡シタルハ違法ニシテ原判決ハ

此點ニ於テ破毀セラルヘキモノト云フニ在リ○仍テ案スルニ衆議院議員選擧法第八十七條第二項ニハ前段ノ場合ニ於テ其收受シタル物件ハ之ヲ沒收シ云々トアリテ該規定ハ右同條揭示ノ物件ヲ收受シタル者ノミニ對シ適用スヘキモノニシテ判示ノ如キ被告行爲ニ對シテ適用スヘキモノニ非サルコト洵ニ所論ノ如シ

（一〇二）　供與ヲ受ケタル金錢ヲ兩替シタルトキハ尙ホ之ヲ沒收シ得ルヤ

衆議院議員選擧法違犯事件（大正七(れ)第二八一號大正七、三、二七、判決）

金錢ハ之ヲ兩替スルモ其性質ヲ變更スルモノニ非サレハ原判決カ所論ノ如ク供給ニ係ル十圓札二枚ヲ兩替シタル一圓札二十枚ヲ沒收シタリトスルモ不法ニアラス

（一〇三）　投票買收費運動實費竝運動報酬ヲ包括セル一定ノ金額ヲ選擧運動者ニ交付シタル場合ニ報酬トシテノ金額確定セルトキニ於ケル沒收ノ方法

衆議院議員選擧法違犯事件（大正四(れ)第一六七二號大正四、七、二七、判決）

被告治右衞門及ヒ政吉カ選擧ニ關シ共同シテ收受シタル金員ハ八十三圓三十三錢三厘

ナルコトハ原判決ノ確定セル所ナルヲ以テ之ニ對シテ領置金品中被告政吉ノ差出シタル十圓紙幣三枚五圓紙幣二枚一圓紙幣三枚此金額四十三圓竝ニ被告治右衞門ノ差出シタル五圓紙幣三十四枚此金額百七十圓中ヨリ孰レモ右收受金ノ各半額ニ相當スル部分ノミヲ沒收スヘキニ拘ハラス收受金額ヲ超過シテ領置金ノ金額ヲ沒收シタルハ違法ナリト謂ハサルヘカラス或ハ右領置金中ニハ單タ被告治右衞門及ヒ政吉カ選擧運動ニ關シテ報酬トシテ收受シタル金員ノミナラス投票買收費及ヒ運動實費ヲモ含メテ包括的ニ交付ヲ受ケタルモノナルコトハ原判決ノ認定セル如クニシテ之ヲ分別スルコトヲ得サルヲ以テ其全部ニ付キ包括的ニ沒收處分ヲ爲シタルハ相當ナルノ觀ナキニ非スト雖モ元來衆議院議員選擧法ニ於ケル沒收及ヒ追徵ハ犯人ヲシテ不法ノ利益ヲ享受セシメサルコトヲ以テ目的ト爲シ其物ノ存在ヲ否定セントスル趣旨ニ非サレハ金錢其他代替性ヲ有スル物ニ付テハ其物自體ノ沒收ヲ必要トセス故ニ包括的ニ給付ヲ受ケタル金員中ニ不法ノ性質ヲ有セサルヲ以テ沒收スルヲ得サル部分アルトキハ其部分ヲ控除シ其殘額ニ相當スル不法收受ニ該當スル金額ヲ沒收シ其他ハ之ヲ還付スルヲ適當ノ處分ト

ス故ニ原審カ沒收ノ措置ニ出テサリシハ所論ノ如ク違法アルヲ免レス

（一〇四）饗應ノ追徵價格算定法

衆議院議員選擧法違犯事件（大正四（れ）第一六〇九號大正四、七、九、判決）

饗應ノ物品ノ數量又ハ其價格ヲ算定スルニ對シテハ之カ爲メ提供シタル飮食物ノ數量又ハ其價格ニ依ルヲ相當トシ之ヲ受ケタル者カ現實ニ飮食シタル數量又ハ之ニ對スル價格ニ依ルヘキモノニ非サルヲ以テ所論原判旨ハ孰レモ正當ニシテ所論ノ如キ不法アリト謂フヲ得ス

衆議院議員選擧法違犯事件（大正四（れ）第一八一八號大正四、一、四、判決）

饗應シタル物品ノ價額ヲ算定シ追徵額ヲ決定スルニ付テハ饗應者ノ提供シタル飮食物ノ價額ニ依ルヘキモノニシテ被饗應者カ現實ニ飮食シタル數量又ハ價額ニ依ルヘキモノニ非ス故ニ原判決カ所論ノ證據ヲ引用シテ一人分ノ饗應費金一圓二十一錢三厘ナルコトヲ明ニシタル以上ハ他ニ被饗應者カ現實ニ費用シタル飮食物ノ數量ニ付キ證據ヲ摘示セサルモ之ヲ以テ所論ノ如キ違法アリト云フヲ得ス

（一〇五）　選擧運動ニ要スル實費ト選擧運動ニ對スル報酬額ヲ分別シ能ハサル場合ト沒收及追徵

衆議院議員選擧法違犯事件（大正四（れ）第二三二一號大正四、一〇、二八、判決）

沒收又ハ追徵ハ不法ニ收受シタル金額ニ付テ之ヲ爲スヘキモノニシテ其以外ニ及ホスヘキモノニ非サルカ故ニ一定金額中ニ實費ト報酬トヲ包含セラルルコト明カニシテ而カモ二者ノ各金額ヲ分別スルコト能ハサル場合ニ於テハ全然沒收又ハ追徵ヲ爲スコト能ハサルニ歸着スヘキモノニシテ此ノ如キ場合ニ於テ全部ニ付キ沒收又ハ追徵ヲ爲スヘシト解スルハ正當ニアラス

衆議院議員選擧法違犯事件（大正六（れ）第一八四一號大正六、九、一七、第二刑事　判決）

按スルニ選擧運動ノ實費ノ供與ト選擧運動ニ對スル報酬ノ供與トハ全然其性質ヲ異ニシ前者ハ罪ト爲ラサレトモ後者ハ選擧法違犯トナルヲ以テ之ヲ區別シテ觀察スヘキハ勿論ナリト雖モ一定ノ金員中ニ運動ノ實費ト運動ノ報酬トヲ包含セシメ特ニ區分スルコトナク供與シタル場合ニ於テハ供與ノ金圓中幾何ハ運動ノ實費ニ屬シ幾何ハ運動ノ

報酬ニ屬シタルヤヲ確定セサルモ苟モ相當ノ金圓カ運動ノ報酬トシテ供與セラレ運動者其意ヲ諒シ之ヲ收受シタルコト明確ナル以上ハ選擧法違反ノ罪ヲ以テ之ヲ論スルニ妨アルコトナシ而シテ斯カル場合ニ於テハ收受金額ヲ確定シ收受者ヨリ之ヲ沒收シ若クハ追徵スルコトヲ得サルモ事實上止ムヲ得サルモノニシテ罪ト爲ルヘキ事實ヲ確定セサル違法アリト謂フヘカラス本論旨ハ理由ナシ

（一〇六）　債務ノ免除ヲ得タル場合ト追徵

衆議院議員選擧法違犯事件（大正四（れ）第二六五一號大正四、一一、一四、判決）

衆議院議員選擧法第八十七條第二項ニハ第一項ノ規定ニ違背シ收受シタル物件ヲ費用シタルトキハ其價ヲ追徵スル旨規定シアリテ本件ノ如ク單ニ債務ノ免除ヲ得タルノミニテ其收受セシ物件ナキ場合ニ於テハ其價ヲ追徵スルコトヲ得サルモノトス然ルニ原判決カ被告松雄ニ對シ其免除ヲ受ケタル債務金ノ額ニ相當スル金百圓ヲ追徵シタルハ法律ノ錯誤ニシテ本論旨ハ結局其理由アルヲ以テ被告松雄ニ對スル原判決ハ破毀ヲ免レス

（一〇七）　選舉運動請負ノ爲供與ヲ受ケタル場合ノ追徴

衆議院議員選擧法違犯事件（大正七（れ）第三二三號大正七、四、一〇、第三刑事部判決）

選擧運動請負報酬トシテ金員ノ供與ヲ受ケタルトキハ之ト同時ニ利益ヲ享受スルモノニシテ爾後之ヲ實際上運動費ニ使用スルトキハ卽チ衆議院議員選擧法第八十七條第二項ニ所謂收受シタル物件ヲ費消シタルモノニ該當スルモノナルヲ以テ原判決カ所論判示ノ如ク追徴ヲ爲シタルハ不法ニアラス論旨理由ナシ

衆議院議員選擧法違犯事件（大正七（れ）第四六八號大正七、六、七、第一刑事部判決）

原判決ニハ所論各被告カ一定ノ地域ニ於ケル選擧運動ヲ請負ヒ其報酬トシテ判示各金員ノ供與ヲ自己ノ所得トシテ收受シタル事實ヲ判示シアルヲ以テ其金員ノ使用ニ付テハ毫モ供與者ノ制限ヲ受クルコトナク自由處分ニ委ネラレタルモノニシテ其一部又ハ全部ヲ擧ケテ他ノ選擧運動者ニ對スル報酬ニ供與シタリトスルモ自己ノ用途ニ費消シタルト等シク自己ノ處分權ノ行使ニ外ナラス之ヲ以テ選擧ノ實費ニ充當シタルモノト謂フヘカラス然ラハ原判決ニ於テ所論各被告ニ對シ判示費用シタル收受金ニ付キ追徴

ヲ命シタルハ相當ニシテ本論旨ハ理由ナシ

（一〇八）　選擧運動ノ請負カ重複累行セラレタル場合ノ追徵

衆議院議員選擧法違犯事件（大正七（れ）第一二三號大正七、七、五、第一刑事部判決）

原判示ノ如ク選擧運動ノ請負カ重複累行セラルル場合ニ於テハ第三次ノ請負者ノ收受セル報酬ハ第二次ノ請負者ノ收得セル報酬金ノ一部ニシテ第二次ノ請負者ノ收受セル報酬金ノ一部ナレハ各不法ニ領得セル金員ヲ沒收シ若クハ費用シタル金額ヲ追徵スルニ於テハ當然第一次ノ收受金ノ一部若クハ第二次ノ收受金ノ一部ハ三重若クハ二重ニ沒收又ハ追徵ノ處分ヲ受クルカ如キ奇觀ヲ呈スルコトヲ免レサルヘシ然レトモ沒收追徵ニ關スル立法ノ精神カ犯人ヲシテ不法ノ利益ヲ享受セシメサラシメンコトヲ期スルニ在ルニ鑑ミレハ沒收又ハ追徵ヲ爲ス可キ不法利益ノ存否ハ各犯人ニ付キ觀察セサルヘカラス隨テ第一次ノ請負者ノ收受シタル報酬金ノ一部カ第二次ノ請負者ノ報酬トシテ供與セラレタルトキハ右一部ノ金圓ハ第一次ノ請負者ノ利益ニ於テ費用セラレタルモノニ係ルヲ以テ他ノ收受金圓ノ沒收ト共ニ追徵セラレサルヘカラス第二次ノ請負者ノ

收受シタル報酬ノ一部カ第三次ノ請負者ニ供與セラルル場合亦同シ第三次ノ請負者カ其收受金ノ全部ヲ沒收又ハ追徵セラルルモ之カタメ請負者ノ費用シタル金圓ノ追徵ヲ免除ス可キ理由トナラス第二次ノ請負者ト第一次ノ請負者ノ關係亦同一ニ出テサル可ラス

（一〇九） 沒收ニ關スル擬律

衆議院議員選擧法違犯事件（大正四（れ）第一九二九號大正四、一〇、九、判決）

案スルニ衆議院議員選擧法第八十七條第一項ノ犯罪ニ關シ沒收ノ言渡ヲ爲スニハ同條第二項ノ規定ニ依ルヘキモノニシテ刑法總則第十九條ヲ適用スヘキモノニ非ス何トナレハ衆議院議員選擧法第八十七條第二項ハ沒收ニ關スル特別規定ニシテ同樣第一項ノ犯罪ニ關シテハ沒收ノ一般規定ヲ除外シタルモノト解釋スルヲ至當トスルヲ以テナリ原判決カ本件沒收言渡ヲ爲スニ當リ刑法第十九條ヲ適用シタルハ不當ナルノミナラス衆議院議員選擧法第八十七條第二項ノ規定ヲ設ケタル所以ハ選擧ニ關シテ利益ノ供與ヲ受ケ以テ不法ナル利益ヲ獲得スルヲ防止スルノ趣旨ニ出テタルモノナルカ故ニ本項

ニ因ル沒收ノ言渡ハ物件ノ收受者ニ對シテノミ之ヲ爲スヘク物件ノ供與ヲ爲シ若クハ供與セシコトヲ申込ミ又ハ其申込ヲ承諾シタル者ニ對シテ爲スヘキモノニ非サル事ハ法文ノ解釋上毫モ疑ヲ容ルヘキ所ナシ

（二一〇）　第八十七條第二項ニ所謂費用ノ意義

衆議院議員選擧法違犯事件（大正八（れ）第二一七二號大正八、一一、二七、宣告）

衆議院議員選擧法第八十七條第二項ニ所謂費用トハ其收受シタル物件カ給付其他ノ行爲ニ依リ犯人ノ手裡ニ現存セサルコトヲ指稱シタルモノニシテ犯人カ自己ノ利益ノ爲メ之ヲ處分シタルト否トヲ問ハサルモノトス

第八十八條　選擧ニ關シ左ノ各號ニ掲クル行爲ヲ爲シタル者ハ二年以下ノ禁個又ハ三百圓以下ノ罰金ニ處ス（同上）

一　選擧人、議員候補者又ハ選擧運動者ニ對シ暴行若ハ脅迫ヲ加ヘ又ハ之ヲ拐引シタルトキ

二　選擧人、議員候補者若ハ選擧運動者ノ往來ノ便ヲ妨ケ又ハ詐僞ノ方法ヲ以テ投票若ハ選擧運動ヲ妨ケ、爲サシメ若ハ止メシメタルトキ

三　選擧人ハ議員候補者若ハ選擧運動者又ハ其ノ關係アル社寺、學校、會社、組合、市町村等ニ對スル用水、小作、債權、寄附其ノ他利害ノ關係ヲ利用シテ選擧人、議員候補者又ハ選擧運動者ヲ威逼シタルトキ

【要旨】（一）本條第二號ノ犯罪ハ選擧ニ關スルコトヲ必要トスル趣旨ヲ明ニシタルコト

舊法ニ於テハ第一號及第三號ニ付テハ選擧ニ關スルコトヲ要スルヲ明ニシタルモ第二號ニ付テハ選擧ニ關シナルル文句存セサルカ故ニ同號ノ犯罪ニ付テハ選擧ニ關セサルモ尙成立スルヤノ疑ヲ生スルヲ以テ改正法ハ本文中ニ一括シテ「選擧ニ關シ」ナル文句ヲ挿入シ選擧ニ關スルコトヲ要スルノ趣旨ヲ明ニシタリ

（二）本條違犯ノ罪ノ客體ヲ擴張シ選擧運動者、議員候補者ニ及ホシタルコト

舊法ニ於テハ本條違犯ノ罪ハ常ニ選擧ニ對シテ行ハルル場合ニ於テノミ成立シタルモ此ノ如キハ甚シク狹キニ失スルカ故ニ改正法ニ於テハ議員候補者又ハ選擧運動者ニ對

スル場合ヲモ處罰スルノ規定ヲ設ケ此等ノ者ヲモ保護スルコトト爲セリ
（三）　詐僞ノ手段ヲ以テ選擧運動ヲ妨ケ、爲サシメ若ハ止メタル場合ヲ處罰スル規定ヲ設ケタルコト
舊法ハ詐僞ノ方法ヲ以テ選擧權ノ行使ヲ妨害シ若ハ投票ヲ爲サシメタル場合ヲ處罰スルモ選擧運動ニ付テハ何等規定スル所ナク此ノ如キハ選擧ノ公正ヲ保持スル上ニ於テ遺憾ナキヲ期スル所以ニアラサルカ故ニ改正法ハ詐僞ノ手段ヲ以テ選擧運動ヲ妨ケ、爲サシメ若ハ止メシメタル場合ヲ處罰スルコトト爲セリ
（四）　刑罰ヲ改正シタルコト
舊法ノ刑ヲ改メテ二年以下ノ禁錮又ハ三百圓以下ノ罰金ニ處スルコトト爲セリ
【回答】（一）　大正六年二月十九日刑乙第一〇七六號法務局長通牒
問　候補者カ自黨首領其ノ他知名ノ人ノ承諾ヲ得スシテ其ノ人ノ推薦シタルカ如ク裝ヒ推薦狀ヲ作製之ヲ有權者ニ送付シタルニ偶々之ヲ信シ投票ヲ爲シタル場合ニハ法第八十八條第一項第二號ニ依リ處罰シ得ルヤ

答　本問ノ場合ニ於テハ文書ヲ僞造行使シ因テ投票ヲ爲サシメタルモノナルカ故ニ貴問ノ通リ詐欺ノ手段ヲ以テ投票ヲ爲サシメタル犯罪ヲ構成ス

問　（同上）第六問ノ場合ニ於テ該行爲ヲ爲シタル者ニ於テ議員候補者ニ投付クルノ意思ナク聽衆ノ目ニ觸ルヘキ場所ニ投シ會場ヲ混亂セシメ演說ノ妨害ヲ爲ス意思ノミニ出テタルモノナルトキハ如何

答　本問ノ場合ニ於テモ該行爲ヲ爲シタル者ニ於テ聽衆中ニ多數ノ選擧人又ハ選擧運動者ノ在ルコトヲ知リ且該蛇カ是等ノ者ニ中ルヘキコトヲ豫期シタル場合ニ於テハ選擧人又ハ選擧運動者ニ對シテ暴行ヲ爲シタルモノト認ムルコトヲ得ヘシ

（參照）

六問　議員候補者演說中聽衆ノ内ヨリ演壇ニ向ヒ蛇ヲ投シ會場ヲ混亂セシメタルモノアリ此ノ場合ニ於テ右蛇ヲ議員候補者ニ投付クル意思ヲ以テ投シタルモノナルトキハ假令候補者ニ中ラストモ雖法第八十八條第一號ニ所謂議員候補者ニ對シ暴行ヲ爲シタルモノニ該當ス

ルヤ

答　然リ

問　（二）　大正九年五月十九日刑乙第四一〇八號刑事局長通牒

議員候補者ノ演說中聽衆ノ內ヨリ演壇ニ向ヒ蛇ヲ投シ會場ヲ混亂セシメタルモノアリ此ノ場合ニ於テ右蛇ヲ議員候補者ニ投付クル意思ヲ以テ投シタルモノナルトキハ假令ヒ候補者ニ中ラスト雖法第八十八條第一號ニ所謂議員候補者ニ對シ暴行ヲ爲シタルモノニ該當スルヤ

答　然リ

問　（三）　大正九年五月十九日刑乙第四一〇八號刑事局長通牒

區長カ其部落ニ於ケル有權者ニ對スル反對派ノ運動ヲ阻止スル目的ヲ以テ名ヲ道路修繕ニ籍リ有權者ヲ或場所ニ集合セシメ以テ反對派運動者トノ接觸ヲ避ケシメ投票所ニ引卒シテ投票セシメタル場合ハ法第八十九條第二項後段ニ該當スヘキヤ

答　本問ノ場合ハ區長ニ道路修繕ノ職權アルトキハ職權ヲ濫用シテ選擧ノ自由ヲ妨害スル犯罪成立スルコトアリト雖設例ノ事實ノミニテハ法第八十八條第一號ノ拐引罪成立スヘシ

（四）　大正九年五月十九日刑乙第四一〇八號刑事局長通牒

問　演說會ニ充テ得ヘキ場所ノ全部ヲ其必要ナキニ拘ハラス之アルカ如ク詐リテ之ヲ借切リ以テ反對派ノ演說會ヲ開クコトヲ妨ケ又ハ會場ノ持主カ反對派ヨリ演說會場トシテ借入ノ申込ヲ受ケタル場合ニ於テ旣ニ他ニ豫約アリト詐リ以テ其貸與ヲ拒ミ演說會ヲ阻止シタル場合ハ法第八十八條第二項ノ適用アリヤ

答　本問ノ場合ハ何レモ其適用ナシ

（五）　大正九年四月廿六日刑甲第七〇號刑事局長通牒

問　文盲ナル選擧人カ嚢ニ依賴ヲ受ケタル甲候補者ノ名刺ヲ携ヘテ投票所ニ赴ク途中乙候補者ノ運動者カ其選擧人ノ携ヘタル名刺ノ一覽ヲ求メ窃ニ乙候補者ノ名刺ト交換シテ之ヲ交付シ右選擧人ヲシテ乙候補者ニ投票セシメタルトキハ法第

答　八十八條第二號ニ該當セサルヤ

名刺ヲ見テ漸ク書シ得ル程度ノ文盲ナルニ於テハ法第八十八條第二號ニ該當ス

（六）大正九年四月九日刑甲第六一五號刑事局長通牒

問　所謂「有權者鑵詰」ト稱シ選擧人爭奪ノ結果多數有權者ヲ一定ノ場所ニ集合セシメ運動員之ヲ看守警衛シ投票當日迄人ノ出入ヲ許サヽル行爲アルニ合意上ニ出テ而カモ暴行脅迫拐引若クハ監禁等ノ事實ヲ認メ能ハサル以上ハ之ヲ罰スルコト能ハサルヤ但此場合ニ於テ休泊ニ必要ナル飮食ヲ供與シタル事實アレハ運動者ニアラサルヲ以テ其程度ノ如何ニ拘ラス處罰スヘキハ勿論ナリト信ス

答　然リ

（同上）

問　詐僞ノ方法ヲ以テ議員候補者タルコトヲ止メシメタルトキハ第八十八條第二號ノ所謂選擧運動ヲ止メシメタルモノトシテ罰スヘキモノナルヤ

答　候補者カ自カラ選擧運動ヲ爲シツヽアル場合ニ於テ之ヲシテ候補者タルコトヲ止メシムルハ即チ選擧運動ヲ止メシムルモノナルヲ以テ詐僞ノ方法ヲ以テ其ノ

候補者タルコトヲ止メシメタルトキハ選擧法第八十八條第二號後段ノ犯罪ヲ構成ス

問 (同上) 第九十二條ノ犯罪ハ刑法騷擾罪ノ特別規定ト見做スヘキモノナル可シ果シテ然リトセハ多衆聚合シテ第八十八條第二號往來妨害ノ犯罪ヲ爲スコトアルモ同號違反トシテノミ罰スヘキモノナルヤ將タ多衆聚合妨害ノ如キハ其自體カ暴行若クハ脅迫ト認ムヘキ行爲ナルヲ以テ第八十八條第一號及第九十二條ノ適用ヲ爲スヘキモノナルヤ

答 多衆聚合シテ往來妨害ヲ爲スモ此事實ノミニテハ暴行若クハ脅迫ヲ爲シタルモノト謂フコトヲ得サルヲ以テ此場合ハ第八十八條第二號ノ犯罪ヲ構成スルノミ別ニ暴行若クハ脅迫ノ事實アルトキニ於テ始メテ第九十二條第一項ヲ適用シテ處斷スヘキモノトス

答 (同上) 反對派ノ選擧運動ヲ妨害スル目的ヲ有スル場合ハ勿論選擧ニ關シ往來ノ便ヲ妨害スルコトヲ認識シ自己ノ爲メ使用スルノ程度ヲ超エテ車馬ヲ借切リ

又ハ持主ヲ買收シテ貸與若ハ需用ヲ拒絶セシムルカ如キ行爲ハ法第八十八條第二號ニ該當スルモノト解シ得ヘキモ具體的事實ヲ想像スルトキハ幾多ノ場合ヲ生スルヲ以テ其ノ各場合ニ付愼重ニ之ヲ決定スルノ要アリ

【判例】（一）第八十八條第一號ノ趣旨

市會議員選擧罰則違犯事件（大正一〇（れ）第七七七號大正一〇、一二、一六、宣告）

判示ニ依リテ被告ハ京都市會議員ノ選擧ニ際シ一級議員選擧有權者某ニ對シ同級候補者某ニ投票セラレタキ旨懇談シタルモノニシテ其行爲ハ市制第四十條ニ依リ適用スヘキ衆議院議員選擧法第八十八條第一項ニ所謂選擧ニ關シ選擧人ニ對シ暴行ヲ加ヘタルモノトアルニ該當スヘシ何トナレハ該條ノ趣旨ハ苟モ選擧ニ關シ選擧人ニ對シ暴行ヲ加フルニ於テハ選擧ヲ强要スルト否トニ拘ラス處分スヘシト謂フニ在ル事勿論ナレハナリ

（二）暴　行

村會議員選擧違犯事件（大正三（れ）第一五二〇號大正三、七、一、判決）

衆議院議員選擧法第八十八條第一號ハ公然議員候補者ニ立チ運動ニ從事スルト否トヲ問ハス苟モ選擧ニ關シ選擧人ニ暴行ヲ加ヘタルモノハ之ヲ處罰スル趣旨ナルコト明文上ハ勿論選擧權ノ行使ヲ公平安全ナラシムル點ニ於テ更ニ疑ナキ處ニシテ原判決判示ノ事實ハ正ニ右事實ニ適合スルヲ以テ假リニ被告カ公然議員候補者ニ立チ其運動ニ從事中本件犯罪ヲ爲シタルコトニ付キ證據說明ヲ缺クトスルモ原判決ハ相當ニシテ之レカ爲メニ破毀セラルヘキモノニ非ス

（三）拐　引

縣會議員選擧違犯事件（明治四五（れ）第五七九號明治四五、四、二二、判決）

衆議院議員選擧法第八十八條第一號ノ拐引罪ハ選擧ニ際シ選擧人ヲ誑惑シテ其現在地ヨリ他所ニ誘引スルニ因リテ成立スルモノニシテ其自由意思ヲ覊束シテ同行ヲ强要シ又ハ選擧權ノ行使ヲ妨害スルコトハ同罪ノ構成要件ニアラス故ニ所論ノ如ク被告等カ選擧有權者ノ自由意意ヲ拘束セス又選擧ノ當日選擧有權者ヲ歸宅セシメタル事實アルモ之カ爲メ該犯罪ノ成立ヲ妨クルモノニアラサレハ原審カ此等ノ事實ニ顧慮スルコト

ナク被告等ニ有罪ノ判決ヲ爲シタルハ正當ニシテ不法ニアラス

(四) 脅　迫

市町村會議員選擧罰則違犯事件(明治四四(れ)第一〇七四號明治四四、六、九、判決)

被告等ハ茲ニ共謀ノ上被告治郎兵衛ノ財産上ノ關係ヲ利用シ其目的ヲ遂行セント企テ同月二十七日午後被告治郎兵衛ハ同二男磯男雇人高橋八郎被告萬作等ヲシテ被告治郎兵衛ニ對シ債務ヲ負ヒ又ハ其土地ヲ小作セル等ノ關係アル選擧有權者折笠春吉、折笠竹八、佐藤林八、同治吉、同多市、邊見萬治郎、佐藤淸三郎、佐藤寅治及邊見常八ハ被告萬作ト親交アル高橋倉治郎ヲ被告治郎兵衛宅ヘ招待シ萬作ニ於テ右選擧有權者ニ對シ前記治郎兵衛ノ豫選セシ物江丑松等ヲ選擧センコトヲ求メ若シ之ヲ選擧セサルニ於テハ向後治郎兵衛ハ汝等ニ對シ面倒ヲ見サルヘシト云ヒ暗ニ財産上不利益ナル結果ヲ來タス可キ旨ヲ以テ同人等ヲ脅迫シ且同夜十二時頃前記春吉等ニ對シ汝等ハ一旦物江丑松等ヲ選擧スルコトニ同意シタルモ歸宅スルニ於テハ變心ノ恐レアルヲ以テ若シ歸宅セント欲セハ治郎兵衛ノ承諾ヲ得可シト云ヒ聞ケ同人等ニ於テ歸宅スルニ於テハ治郎兵衛ノ怒ニ觸レ財産上不利益ヲ來スヘキ旨ヲ暗示シ右春吉等ヲ脅迫シテ同人等ヲ同夜同家ニ宿泊セサルヲ得サルニ到ラシメ終ニ豫期ノ如ク右丑松等ヲ當選セシメタリ云々トアリテ右判示事實ハ所掲選擧罰則第七條ニ所謂脅迫行爲ナルコト勿論ナルヲ以テ原審ニ於テ右被告等ノ所爲ニ對シ判示ノ如ク處分シタリシハ相當ナリ上告人等ハ右被告等ノ行爲ヲ單ニ恩惠態度ヲ採ラスシテ權利ノ實行ヲ嚴確ニスルモノニ外ナラサレハ脅迫行爲ニ非スト論スルモ地主ニ於テ從來ノ慣習ヲ無視シ故ナク小作人等ノ生命ト賴ム所ノ小作地ヲ引上クルカ如キ態度ヲ示シ若クハ人ノ自由ヲ拘束シ止メテ歸宅スルコトヲ得サラシムルノ行爲ハ決シテ地主若クハ債權者其者ノ權利ノ實行ト云フヘキモノニアラス是又一ノ脅迫的不正行爲ナルコト前段既ニ説明スルカ如クナルヲ以テ本論旨ハ理由ナシ

（五）　第八十八條第二號ノ解釋

衆議院議員選擧法違犯事件（大正九(れ)第一九六六號大正九、一〇、二七、宣告）

被告ハ衆議院議員ノ選擧ニ際シ一派ノ選擧運動者カ劇場ヲ借受候補者ノ政見發表及其

ノ應援ノ演說會ヲ開催セントスルニ當リ其開催ヲ妨害センカ爲一時劇場内ノ物品ヲ取出ス必要アリトノ口實ノ下ニ右運動者ヲ欺キ其者ヨリ劇場ノ開放ニ要スル鍵ヲ受取リ之ヲ適當ノ時期ニ返還セスシテ遂ニ豫定ノ開催ヲ不能ナラシメタルモノナルヲ以テ其行爲ハ選擧運動ヲ妨害シタルモノニシテ又其手段ニハ詐僞ヲ用ヒタルモノニ外ナラス之ヲ衆議院議員選擧法第八十八條第二號ニ問擬シタル原判決ハ正當ナリ

（六）　第八十八條第三號ノ趣旨

町會議員選擧罰則違犯事件（大正八（れ）第三六九六號大正九、一、一六、宣告）

衆議院議員選擧法第八十八條第三號ニハ「選擧人又ハ其關係アル社寺學校會社組合市町村等」トアルヲ以テ社寺學校會社組合市町村ト同視スヘキ事情ノ存スル公私ノ營造物又ハ團體等ヲ包含スル趣旨ナルヤ疑ヲ容レス

（七）　選擧人ヲ威逼スヘキ利害關係ノ範圍

町會議員選擧罰則違犯事件（大正六（れ）第一五一四號大正六、七、九、判決）

按スルニ衆議院議員選擧法第八十八條第一項第三號ニ所謂選擧人ヲ威逼スヘキ利害關

係トハ同號例示ノ事項以外ニ屬スル選擧人又ハ其關係アル社寺學校會社組合市町村等ニ害惡ヲ發生セシムヘキ事項ヲ汎稱スト解スヘキヲ以テ一地方ノ住民團體間ニ於テ行ハルル個人ノ日常社會生活ニ苦痛ヲ與フヘキ絶交（村外シノ類）ノ如キハ同號ニ所謂利害關係ノ一種ナリト謂フヲ妨ケス故ニ選擧ニ關シテ上叙關係ヲ利用シタル選擧人ヲ威逼スル行爲ハ選擧法第八十八條ノ罪ニ該當スルヤ論ナシ

（八）　債權關係ノ利用ト威逼

村會議員選擧罰則違犯事件（大正七(れ)第二〇六號大正七、三、二三、判決）

仍テ按スルニ人ヲ威迫スルニハ虛僞ノ事實ヲ主張スルコト寧ロ通例ナルヲ以テ判示ノ如ク虛僞ノ事實ニ依リ債權關係ヲ利用シテ選擧人ヲ威逼シテ投票ヲ爲サシメタル場合ニハ第八十八條第三號ヲ適用スルヲ相當トスルコト所論ノ如クナルモ第三號ヲ適用スルトハ等シク同一法條ノ同一犯罪ヲ構成スルモノニシテ毫モ利害ノ關係ニ影響ナキヲ以テ第三號ヲ適用セスシテ第一號ヲ適用スルモ之ヲ以テ破毀ノ理由ト爲スニ足ラス

（九）一個ノ行爲ニ依ル數人ノ威逼ト刑法第五十四條ノ適用

衆議院議員選擧法違犯事件（大正四（れ）第一六五八大正四、七、一二、判決）

衆議院議員選擧法第八十八條第三號ノ犯罪ハ選擧ノ公正ヲ害スルト同時ニ選擧人ノ有スル選擧權行使ニ迫害ヲ加フルモノナルカ故ニ一個ノ行爲ヲ以テ數人ノ選擧人ニ對シ同條同號ニ掲ル威逼ヲ加フルニ於テハ被害者タル選擧人各自トノ關係上各一個ノ罪名ニ觸レ選擧人ノ員數ト罪名ノ個數トハ相一致スルモノニシテ此場合ニ其罪ハ同一ナルモ罪名ニ觸ルル個數ハ單一ニアラス故ニ之ニ關シ原審ニ於テ刑法第五十四條第一項ヲ適用シタルハ正當ナリ

（一〇）選擧ニ關スル事由ニ基クモ其ノ目的選擧權ヲ左右セントスルニ非サル場合

衆議院議員選擧法違犯及脅迫事件（大正四（れ）第二九六四號大正四、一二、一二、判決）

衆議院議員選擧法第八十八條第三號ハ選擧人ノ有スル選擧權ヲ左右スル場合ナルヲ以テ假令選擧ニ關スル事由ニ基クトキト雖モ其目的カ公務ノ執行ヲ妨害スルニ在ルトキ

ハ同條項ニ該當セス原判決ニ依レハ被告ハ小出多市カ選擧ニ關シ背徳行爲アルヲ以テ之ヲ憤慨シ同人ヲシテ其收入役ヲ辭セシムル爲メ脅迫シタルモノナレハ正ニ刑法第九十五條第二項ニ該當スルモノトス

（一一）　絶交ノ決議

町會議員選擧罰則違犯事件（大正六（れ）第一五一四號大正六、七、九、第三刑事部判決）

衆議院議員選擧法第八十八條第一項第三號ニ所謂選擧人ヲ威逼スヘキ利害關係トハ同號例示ノ事項以外ニ屬スル選擧人又ハ其關係アル社寺學校會社組合市町村等ニ害惡ヲ發生セシムヘキ事項ヲ汎稱スト解釋スヘキヲ以テ一地方ノ住民團體間ニ於テ行ハルル個人ノ日常社會生活ニ苦痛ヲ與フヘキ絶交（村外シノ類）ノ如キハ同號ニ所謂利害關係ノ一種ナリト謂フヲ妨ケス故ニ選擧ニ關シテ上叙關係ヲ利用シ選擧人ヲ威逼スル行爲ハ選擧法第八十八條ノ罪ニ該當スルヤ論ナシ然レトモ原判決ハ被告等カ所論ノ決議ヲ爲シ且右決議ヲ議事錄ニ掲載セシメタル事實ハ之ヲ認メ得ヘキモ右決議ノ成立及該議事錄掲載ニ關シテ選擧人タル樋口甚吾外八名ヲ强要シタル事實ヲ認ムヘキ證憑十分ナ

ラサル旨ヲ説示シ以テ原審ニ於テ被告等カ選擧人タル樋口甚吾等ヲ强要シテ被告宗太郎ノ推薦團體ニ加入セシメ違約スル場合ニ於テハ絶交ノ制裁ヲ加フヘキ旨ノ決議ヲ爲シ因リテ選擧ニ關シ利害關係ヲ以テ選擧人ヲ威逼シタリトノ公訴事實ヲ否認シ以テ被告等ニ對シテ無罪ヲ言渡シタル理由ヲ明示セリ而シテ原判決ニハ選擧人タル樋口甚吾等ヲ强要シテ所論決議ニ同意セシメタル事實ヲ認メサルヲ以テ右甚吾等カ任意ニ右決議ニ賛同シタルカ爲メニ爾後絶交ヲ受クル不安ノ地位ニ立チタリトスルモ之ヲ以テ直ニ被告等カ選擧ニ關シ利害關係ヲ利用シテ選擧人ヲ威逼シタリト謂フヘカラス故ニ所論原判決末段ノ説示ハ違法ニ非ス原判決ハ相當ナリ本論旨ハ要スルニ原判示ニ副ハサル攻撃ニシテ原審ノ職權ニ屬スル事實認定ノ非難ニ歸シ適法ノ上告理由ト爲ラス

（參照）第二審判決要旨

本件公訴事實ハ被告忠吉ハ八女郡黒木町大字桑原字西桑原ノ區長被告宗太郎、松藏、與三郎、友吉ハ同字ノ組長ヲ爲シ居ル處、右被告等ハ相共ニ大正六年四月一日執行セラレタル同町町會議員ヲ選出セント企テ同年三月四日字西桑原ノ選擧人樋口甚吾外數名及部落民二十餘名ヲ被告忠吉宅ニ招集シ被告彦五郎ト語ヒ右被告六名ハ共謀ノ上被告忠吉ヨリ會衆ニ對シ今回ノ町會議員選擧ニ就テハ西桑原ヨリ一人ノ議員ヲ選出セサルヘカラサルニ前回ノ選擧ニ於ケルカ如ク部民ノ一致ヲ缺クトキハ其希望ヲ達スルヲ得サルニ付今回ハ是非トモ部民ノ協同一致ヲ要スル旨及ヒ一致ヲ破ルカ如キ行動アルモノニ對シテハ絶交ヲ爲スヘキ旨提案シ樋口甚吾外八名ヲシテ右提案ニ强テ同意セシメタル末候補者ノ選擧ヲ爲シタルニ被告宗太郎カ多數ニテ當選スルニ至リシ處同月十九日夜選擧人樋口甚吾外數名及ヒ二十餘名ノ部落民ヲ被告忠吉宅ニ招集シ前回ノ決議ノミニテハ效力薄キヲ以テ該決議ヲ同部落ノ議事錄ニ明記シ置クコトニ强テ同意セシメ被告忠吉保管ノ議事錄ト題スル帳簿ニ本町會議員中一名ヲ本區ヨリ選擧スル目的ヲ以テ豫選ヲ行ヒ八田宗太郎ヲ議員候補者ニ共同一致スルコトニ協定ス若シ之ニ違背スレハ絶交スト記載シ以テ選擧人樋口甚吾外八名ヲ威迫シタリト云フニ在リテ決議ヲ爲シタルコト及同決議事項ヲ議事錄ニ記載シタルコトハ一件記錄ニ徴シ之ヲ認メ得ヘキモ右決議ノ成立及議事錄ノ掲載ニ關シ被告等カ樋口甚吾外八名ニ對シ威逼ヲ加ヘタリト認ムヘキ犯罪ノ證憑充分ナラス同決議ニ參加シタル甚吾外八名カ被告等ト共ニ其後絶交ノ危虞ヲ懷クコトアランモ其ハ各任意ノ諾約ヨ

リ生シタル結果ニ過キサレハ各被告ニ何等責ムヘキ事由ナキヤ論ヲ俟タス故ニ被告等ニ對シテハ刑事訴訟法第二百二十四條ニ從ヒ無罪ヲ言渡スヘク云々

（二）　取引關係ヲ斷タルルコトアルヘキ旨ノ威逼

市會議員選擧罰則違犯事件（大正六(れ)第一七一七號大正六、九、七、第一刑事部判決）

上告趣意書第一點原判決ハ被告カ水戸市會議員選擧ニ付キ其候補者永井彌八郎ノ爲メ選擧人小林熊次郎ニ對シテ彌八郎ニ投票スヘキ旨依賴シタルモ其承諾ヲ得サルヨリ熊次郎ノ子重造ニ對シ若シ熊次郎ニ於テ彌八郎ニ投票セサレハ從來兩人間ニ行ハレタル菓子賣買ノ取引關係ヲ斷タルルコトアルヘキ旨申聞ケ重造ヲシテ父熊次郎ニ傳達セシメタルノ事實ヲ以テ市制第四十條第一項ニ依リ衆議院議員選擧法第八十八條第三號ニ問擬シタリ然レトモ上記賣買ノ取引ハ候補者永井彌八郎ト選擧人小林熊次郎トノ間ニ存在シ被告ノ關係セサルモノナレハ之レカ繼續斷絕等ハ被告ノ得テ左右スヘキモノニ非ス故ニ將來永井彌八郎ヨリ右取引ヲ斷タルルコトアルヘシトハ單純ナル被告ノ意見ニシテ必然斯ル結果ヲ來スコトヲ期ス可カラス其豫想ノ適中スルヤ否ヤノ斷定ニ付テ

ハ被告ト小林熊次郎間ニ優劣アルヲ見ス然レハ此ノ如キ單純ナル意見ヲ表示シテ選擧人ニ望ムモ之ヲ威逼シタルモノト謂フ可ラス然ルニ前記ノ如ク法條ヲ適用シタルハ法律ノ錯誤アルモノト信スルト云フニ在レトモ○被告ハ永井彌八郎ノ選擧運動ナルヲ以テ説クニ利害ヲ以テセハ右彌八郎ト小林熊次郎トノ間ニ於ケル判示取引ヲ絶止セシムルコト必シモ不可能ノ行爲ニ非ス要スルニ本論旨ハ原審ノ職權ニ屬スル事實ノ認定ヲ非難スルモノニシテ上告適法ノ理由ト爲ラス

（一三） 妻ノ職業罷免ノ告知

縣會議員選擧罰則違犯事件（大正六（れ）第一八五五號大正六、九、二一、第一刑事部判決）

上告趣意書第一點原判決ノ認定シタル事實ハ被告ハ大正六年四月施行セラレタル武生町會議員選擧ニ付其候補者タリシ壁谷留吉ノ爲メ運動ニ從事中同月八日同所選擧人納村佐太郎ノ妻ニシテ町小使ヲ勤務セル「サノ」ナルモノニ出會シ同人ニ對シ云々ノ旨告知シサノノ通告ニヨリ其夫佐太郎ヲシテ廣田廣吉ニ投票スルニ於テハサノノ町小使ヲ罷免セラルヘキ虞アル事ノ念ヲ懷カシメテ佐太郎ヲ威逼シタルモノナリト云フニ在リ

然レトモ第一、被告カ佐太郎妻サノニ告知シタル事カ更ニ如何ニシテ夫佐太郎ニ傳達セラレタルヤ詳言スレハ何レノ日何レノ場所ニ於テ如何ナル方法ニ依リ佐太郎ニ通告セラレタルヤニ關シテハ原判決ハ何等敍述スル所ナキヲ以テ被告ノサノニ對スル行爲カ夫佐太郎ヲ威逼スルニ至リタル事實上ノ連絡ヲ知ルニ由ナク第二、人ノ職務ヲ罷免セラルヘシト告知スル事カ本人ヲ威逼スルニアラスシテ他人タル其夫ヲ威逼スルモノナリトスルニハ須ク其妻ノ職務ノ罷免カ夫ニ對シ如何ナル影響ヲ來スヤノ特殊ナル事情存在セサルヘカラス原判決ハサノノ罷免セラルヘシトノ虞カ夫佐太郎ニ如何ナル害惡トナルヤヲ判示スルコトナキヲ以テ判示事實ノミニヨリテハ何カ故ニ佐太郎ヲ威逼シタルモノトナルヤヲ了解スヘカラス卽チ原判決ハ事實理由ヲ具備セサル違法ノ裁判ナリト云フニ在レトモ〇所論納村サノニ對スル告知ノ趣旨ハ其夫タル納村佐太郎ニ自カラ通知セラレタルコト判文上之ヲ解スルニ難カラス而シテ妻ニ對スル失職ノ告知ハ其夫ヲシテ恐怖ノ念ヲ生セシムルコト現時社會生活ノ實狀ニ照シ之ヲ推知スルニ餘アレハ論旨第一、第二、共ニ理由ナシ

（一四）　間接ノ方法ニ依ル威逼

町村會議員選擧罰則違犯事件（大正六（れ）第三一八九號大正七、二、二、第三刑事部判決）

原判旨ニ依レハ被告ハ選擧人ノ妻ニ對シ威逼手段ヲ執リタルニ止マラス其妻ヲ介シテ選擧人勇治郎ニ對シ威逼ヲ爲シタルモノナルヲ以テ其所爲ハ衆議院議員選擧法第八十八條第三項ニ該當スルコト明カナリ同法第八十七條ニ間接ノ場合ヲ規定セルハ特ニ敎唆ノ場合ヲモ同條ニ依リ處罰スヘキコトヲ明示シ舊刑法敎唆規定ノ解釋ニ關スル疑問ヲ解キタル注意規定タルニ止マルカ故ニ右選擧法第八十八條ニ間接ノ場合ヲ明示セサルモ本件ニ付キ同條ヲ適用スルモノニアラス論旨理由ナシ

（一五）　虛僞ノ事實ニ依ル威逼

村會議員選擧罰則違犯事件（大正七（れ）第二〇六號大正七、三、二三、第三刑事部判決）

案スルニ人ヲ威迫スルニハ虛僞ノ事實ヲ主張スルコト寧ロ通例ナルヲ以テ判示ノ如ク虛僞ニ依リ債權關係ヲ利用シテ選擧人ヲ威逼シテ投票ヲ爲サシメタル場合ニハ第八十八條第三號ヲ適用スルヲ相當トス

（參照）第二審判決要旨

被告市五郎ハ大正六年十月二十一日肩書居村ニ於テ執行セラレタル村會議員二級選擧ニ際シ其候補者近藤嘉十郎ノタメニ選擧運動中同月十八日頃有權者原田與一ニ對シ同候補者ニ投票セシコトヲ依頼シタル上同人カ居村高川信用購買組合ニ加入シ同組合ニ對シ若干圓ノ負債アルコトヲ知リ其愚昧ナルニ乘シ同人ヲ欺キ嘉十郎ニ投票セシメント欲シ同月二十日頃被告方ニ於テ同人ニ對シ今回ノ投票用紙ニハ透シノ仕掛アリテ誰カ何人ヲ投票シタルカハ直ニ判明スル故若シ貴殿ニシテ嘉十郎以外ノ者ニ投票セハ其事發覺スヘク然ルトキハ貴殿ハ購買組合ヨリ除名セラルルノミナラス貴殿ノ同組合ニ對スル負債ハ差押處分ニ因リテ取立テラルヘキ旨虛構ノ事實ヲ申聞ケ同人ヲシテ誤信セシメタル結果嘉十郎ニ投票スルニ至ラシメタルモノナリ云々

第八十九條　選擧事務ニ關係アル官吏、吏員、立會人及監視者選擧人ノ投票シタル被選擧人ノ氏名ヲ表示シタル者ハ二年以下ノ禁錮又ハ二百圓以下ノ罰金ニ處ス其ノ表示シタル事實虛僞ナルトキ亦同シ（同上ヲ以テ本項中改正）

選擧ニ關シ官吏又ハ吏員故意ニ其ノ職務ノ執行ヲ怠リ又ハ職權ヲ濫用シテ選擧ノ自由ヲ妨害シ

タルトキハ二年以下ノ禁錮ニ處ス（同上ヲ以テ本項追加）

官吏又ハ吏員選擧人ニ對シ其ノ投票セムトシ又ハ投票シタル被選擧人ノ氏名ノ表示ヲ强要シタルトキハ三月以下ノ禁錮又ハ百圓以下ノ罰金ニ處ス（同上）

【要旨】（一）官吏吏員ノ選擧干渉ヲ處罰スル規定ヲ設ケタルコト

本條ニ於テハ新ニ第二項ヲ設ケ選擧ニ關シ官吏又ハ吏員故意ニ其ノ職務ノ執行ヲ怠リ又ハ職權ヲ濫用シテ選擧ノ自由ヲ妨害シタルトキハ二年以下ノ禁錮ニ處スル旨ヲ規定シタリ該規定ハ選擧ニ關シ官吏又ハ吏員カ（一）故意ニ其ノ職務ノ執行ヲ怠リ選擧ノ自由ヲ妨害スル罪及ヒ（二）職權ヲ濫用シテ選擧ノ自由ヲ妨害スル罪ヲ包含スルモノニシテ前者ハ消極的行爲ヲ以テ選擧ニ干渉シ後者ハ積極的行爲ヲ以テ選擧ニ干渉スル犯罪ナリトス蓋シ此ノ如キ規定ノ必要トスル所以ノモノハ近時往々ニシテ選擧事務ニ關係アル官吏吏員ニシテ或ハ威權ヲ籍リ或ハ地位ヲ利用シテ選擧ニ干渉シテ其ノ自由公正ヲ危殆ナラシムルノ陋習アルニ鑑ミ之ヲ防遏セントスルノ趣旨ニ外ナラス惟フニ選擧ニ關スル行動ハ立候補、選擧運動及投票ノ外ニ出テサルカ故ニ此等ノ事項ニ關スル行動ヲ束縛抑制スル一切ノ行爲ハ選擧ノ自由ヲ妨害スルモノニ外ナラス故ニ官吏吏員ニシテ職務ヲ執行セス又ハ職權ヲ濫用シテ此等束縛抑制ノ行動ヲ爲スニ於テハ主ニ本條ノ制裁ニ服セサルヘカラス例ヘハ選擧人ニ對シ暴行ヲ加ヘ其ノ投票ヲ抑止セントスル者アルニ際シ之ヲ制止スルノ責務アル官吏カ其ノ選擧人ヲシテ投票ヲ爲サシメサル意思ヲ以テ其職務ヲ執行セサルカ如キ、郵便官署ノ吏員カ選擧運動費ナルコトヲ認識シツツ郵便爲替ヲ運動者ニ交付セスシテ選擧運動ヲ妨害スルカ如キハ孰レモ故意ニ職務ノ執行ヲ怠リテ選擧ノ自由ヲ妨害スル罪ヲ構成スヘク集會許可ノ權能アル官吏カ故ナク議員候補者ノ政見發表演說ノ爲ニスル集會ヲ許可セサルカ如キ警察官吏カ行政執行法ヲ濫用シテ選擧人ヲ檢束スルカ如キハ職權ヲ濫用シテ選擧ノ自由ヲ妨害スルノ適例ナリト云フヘシ

（二）選擧人ニ對シ被選擧人ノ氏名ノ表示ヲ强要スル官吏、吏員ヲ處罰スル規定ヲ設ケタルコト

本條ハ新ニ第三項ヲ設ケ官吏又ハ吏員ニシテ選擧人ニ對シ其ノ投票セントシ又ハ投票

シタル被選擧人ノ氏名ノ表示ヲ强要シタル場合ニ於テハ三月以下ノ禁錮又ハ百圓以下ノ罰金ニ處スル旨ノ規定ヲ設ケタリ蓋シ官吏吏員カ選擧人ヲシテ投票セントシ又ハ投票シタル被選擧人ノ氏名ヲ表示セシムルカ如キハ無記名投票ノ精神ヲ沒却スルノミナラス之ニ因ツテ選擧干涉ノ端ヲ發シ弊害續出スルノ虞アルカ故ニ刑罰ヲ以テ之ニ莅ミ嚴ニ之ヲ防過シ選擧ノ祕密ヲ保チ其ノ公正ヲ期セントスルナリ而シテ本罪ノ成立スルカ爲ニハ表示ヲ强要スルコトヲ要件トスルカ故ニ單純ニ表示ヲ求メタル場合ハ犯罪ヲ構成セサルモノトス

（三）本條第一項ノ刑罰ヲ改正シタルコト

舊法ハ二月以上二年以下ノ輕禁錮ニ處シ五圓以上百圓以下ノ罰金ヲ附加スト規定シタルモ改正法ハ之ヲ二年以下ノ禁錮又ハ三百圓以下ノ罰金ニ處スト改メタリ

【問答】（一）大正六年二月十九日刑乙第一〇七六號法務局長通牒

問　選擧運動主腦者ニ於テ投票管理者又ハ選擧ニ關係アル役場吏員ニ對シ文書ヲ以ヲ各選擧每ニ其ノ投票シタル候補者ノ氏名ヲ投票終了後直ニ選擧事務所ニ通報

方ヲ依賴シタルニ之ニ應シ通報シタリトセハ管理者又ハ役場吏員ハ法第八十九條ノ所謂「選擧人ノ投票シタル被選擧人ノ氏名ヲ表示シタル」ニ又其ノ依賴者ハ法第九十六條ノ「敎唆」ニ該當スルヤ否

答　本問ノ場合ニ於テハ選擧人ノ投票シタル被選擧人ノ氏名ヲ知リ投票終了後直ニ之ヲ選擧事務所ニ通報シタルモノト認メ得ヘキニ於テハ夫々貴問ノ通ノ犯罪ヲ構成ス若シ然ラスシテ依賴ヲ受ケタル者ノ臆測シタル結果ヲ報告シタルニ止マルトキハ犯罪ヲ構成セス

（二）　大正九年四月廿六日刑甲第七〇六號刑事局長通牒

問　地方ニ於テハ村長及村會議員等協議ノ上一定ノ議員候補者ヲ選ヒ村内ノ各有權者ヲシテ全村一致ノ名ノ下ニ該候補者ニ投票セシコトヲ强要シ右候補者以外ノ運動ニ對シテハ暗ニ妨害ヲ爲スノ弊風アリ斯ル場合ニ於テ村長ハ其職權ヲ濫用シテ選擧ノ自由ヲ妨害シタリト謂フヲ得ヘキヤ

答　然リ

問　（三）　大正九年五月十九日刑甲第四一〇八號刑事局長通牒

警察官カ營業上監督ヲ爲スヘキ有權者ニ對シ某候補者ニ投票センコトヲ勸誘シ有權者カ之ヲ承諾シタルトキハ法第八十九條第二項ノ適用アリヤ

答　本問ノ場合ハ職權濫用タルノ虞アリト雖未タ以テ選擧ノ自由ヲ妨害シタルモノト認ムルコトヲ得ス

（四）　大正九年五月十九日刑乙第四一〇八號刑事局長通牒

問　同一選擧區ニ於テ甲乙二人ノ各異リタル政派ニ屬スル候補者アル場合ニ官吏又ハ吏員カ選擧人ニ對シ單ニ何レノ政派ニ投票セントスルカノ表示ヲ强要シ又ハ選擧人ノ政黨上ニ於ケル主義ノ表示ヲ强要シタルトキハ法第八十九條第三項ノ罪ヲ構成スルヤ

答　本修ノ場合ハ被選擧人ノ氏名ヲ特定シ得ヘキヲ以テ其表示ヲ强要スルハ法第八十九條第三項ノ罪ヲ構成スヘシ

（五）　大正九年四月廿六日刑甲第七〇六號刑事局長通牒

問　檢事カ選擧事犯ノ罪ノ現行犯人ヲ取調フルニ當リ被選擧人ノ氏名ヲ表示セシメタルトキハ法第八十九條第三項ノ適用アリヤ

答　現行犯タルト非現行犯タルトヲ問ハス犯人ヲシテ被選擧人ノ氏名ヲ表示セシメタルニ過キサル場合ハ問答書其一第五問答ノ如ク第八十九條第三項ノ適用ナシト雖苟モ其表示ヲ强要スルノ行爲アルトキハ其適用アリ

（六）大正九年四月九日刑甲第六一五號刑事局長通牒

問　選擧事務ニ關係アル官吏吏員等カ第八十八條第一、二號ノ違反行爲ヲ爲シタルコトノ職權濫用ニ基因スル場合ニ於テ選擧自由妨害ノ事實アル以上ハ第八十九條第二項違反トシテノミ處罰スヘキモノナルヤ將タ同法第五十四條ヲ適用處斷スヘキモノナルヤ

答　新法第八十九條第三項ハ第八十八條各號ニ對スル特別規定ナルヲ以テ本問ノ場合ニ於テハ第八十九條第二項ノミヲ適用スヘキモノトス

問　（同上）選擧立會人又ハ監視者カ故意ニ其職務ノ執行ヲ怠リ選擧ノ自由ヲ妨害

スル結果ヲ生セシムルモ或ハ選擧人ニ對シ投票所又ハ選擧會場以外ノ場所ニ於テ投票シタル被選擧人ノ氏名表示ヲ强要スルモ第九十九條若クハ第八十九條第一項ニ該當スル場合ニアラサレハ之ヲ罰スルコト能ハサルヤ

答　然リ但シ監視者ハ官吏ナルヲ以テ第八十九條第二項第三項ノ適用ヲ生ス

問　(同上)　現行犯ノ場合ニ於テ被告人ヲ訊問スル際被選擧人ノ氏名ヲ表示セシムルハ犯罪ノ成否ニ至大ノ關係アリ此場合ニ於テハ尙且ツ罰則第八十九條第三項ノ適用ヲ受クルモノナリヤノ疑アリ

答　被告人ノ訊問ニ關シ必要ナル行爲ニ付テハ第八十九條第三項ノ適用ナシト解ス

問　(同上)反對派ノ選擧運動ヲ妨害スル目的ヲ以テ車馬等ヲ借切リ又ハ持主ヲ買收シテ貸與若クハ需用ヲ拒絶セシムルカ如キ行爲ニ對シ第八十八條第二號ノ選擧運動ヲ妨ケタルモノト解シ得ヘキヤ

答　然リ

【判例】(一)　投票表示罪ノ成立

村會議員選擧罰則違犯事件(大正六(れ)第二三二七號大正六、一一、二九、判決)

因テ案スルニ衆議院議員選擧法（以下單ニ選擧法ト稱ス）第八十九條ハ選擧事務ニ關係アル官吏吏員其他所定ノ者カ選擧人ノ投票シタル被選擧人ノ氏名ヲ表示シタル所爲ヲ處罰スル規定ニシテ選擧事務ニ關係ヲ有スル者カ開票以前ニ於テ投票セラレタル被選擧人ノ氏名ヲ表示スルハ法ノ精神トナス選擧ノ祕密ヲ侵ス所以ナレハ上叙ノ所爲ヲ禁止スルモノトス故ニ前示法條ハ開票ニ因リテ投票セラレタル被選擧人ノ氏名カ表示セラレタル以後ニ於テ復其適用ナキコトハ論ヲ俟タス

（二） 開票後ニ於ケル投票ノ開示

町村會議員選擧罰則違犯事件（大正六（れ）第二三二七號大正六、一一、二九、第二刑事部判決）

衆議院議員選擧法（以下單ニ選擧法ト稱ス）第八十九條ハ選擧事務ニ關係アル官吏、吏員其他所定ノ者カ選擧人ノ投票シタル被選擧人ノ氏名ヲ表示シタル所爲ヲ處罰スル規定ニシテ選擧事務ニ關係ヲ有スル者カ開票以前ニ於テ投票セラレタル被選擧人ノ氏名ヲ表示スルハ法ノ精神ト爲ス選擧ノ祕密ヲ侵ス所以ナレハ上叙ノ所爲ヲ禁止スルモノトス故ニ前示法條ハ開票ニ因リテ投票セラレタル被選擧人ノ氏名カ表示セラレタル以後ニ於テハ復タ其適用ナキコト論ヲ俟タス然ルニ原判決ニ於テ公訴事實トシテ說示シアル材會議員選擧ニ付選擧長タル被告朝尾實カ被告平尾平太郎等ノ要求ニ應シ開票後ニ於テ落選者堀江兵市ニ對スル投票全部ヲ開示シ以テ同人ニ投票シタル選擧人ノ氏名ヲ認知シ得ヘキ狀態ニ措キタル所爲ハ選擧法第八十九條規定ノ場合ニ該當セサルハ勿論寧ロ選擧人ノ氏名ヲ推知セシムル所爲ニシテ選擧法其他ノ法令ニ於テ之ヲ處罰スル規定存セサルヲ以テ公訴ニ係ル被告實等ノ所爲ハ犯罪ヲ構成セス從テ被告等ノ所爲ヲ敎唆シタル被告兵太郎等ノ所爲モ亦罪ト爲ラス

第九十條　投票所又ハ選擧會場ニ於テ正當ノ事由ナクシテ選擧人ノ投票ニ關渉シ又ハ被選擧人ノ氏名ヲ認知スルノ方法ヲ行ヒタル者ハ一年以下ノ禁錮又ハ二百圓以下ノ罰金ニ處ス（同上ヲ以テ本項中改正）

法令ノ規定ニ依ラスシテ投票函ヲ開キ又ハ投票函中ノ投票ヲ取出シタル者ハ三年以下ノ禁錮又ハ五百圓以下ノ罰金ニ處ス（同上）

【要旨】（一）　舊法ノ開票所ヲ改メテ選擧會場ト爲シタルコト

小選擧區制ヲ採用シ選擧會場ニ於テ開票手續ヲ爲スコトニ改正シタル結果ニ外ナラス

（三）刑罰ヲ改正シタルコト

舊法ニテハ第一、二項共ニ一月以上一年以下ノ輕禁錮又ハ十圓以上百圓以下ノ罰金ヲ科シタルモ改正法ニ於テハ第一項ノ罪ヲ一年以下ノ禁錮又ハ二百圓以下ノ罰金ニ改メ第二項ノ罪ハ三年以下ノ禁錮又ハ五百圓以下ノ罰金ニ改ム

【回答】（一）大正六年二月十九日刑乙第一〇七六號法務局長通牒

問　自ラ被選擧人ノ氏名ヲ書スルコト能ハサルモノハ投票ヲ爲スコトヲ得サルハ法第三十八條第二項ノ明示スル所ナリト雖モ若シ是等無筆者ニシテ投票所ニ於テ内密ニ他人ニ代筆セシメテ投票シタル場合之カ依頼ニ應シテ代筆シタル者ノ行爲ニ對スル制裁ナキカ如シ

答　貴問ノ通制裁ナシ

（二）大正九年五月十九日刑乙第四一〇八號刑事局長通牒

問　選擧長タル郡長カ豫メ有權者數人ト共ニ某候補者ニ投票センコトヲ申合セ互ニ

其中合ニ違反セサルコトヲ示ス爲メ投票用紙ニ書クヘキ被選擧人ノ氏名ノ書體ヲ一定シ置キ而シテ該郡長カ後日選擧會ニ於テ右有權者カ果シテ之ヲ實行シタルヤ否ヲ檢シ以テ右數人ノ投票シタル被選擧人ノ氏名ヲ認知シタル場合ハ法第九十條ニ所謂被選擧人ノ氏名ヲ認知スル方法ヲ行ヒタル者ニ該當スルヤ

答　然リ

（三）　大正九年四月九日刑甲第六一五號刑事局長通牒

問　選擧事務ニ關係アル官吏吏員等カ投票所ニ於テ第九十條第一項ノ犯罪ヲ行フニ當リ被選擧人ノ氏名表示ヲ强要シタル事實アルトキハ第九十條第一項違反トシテノミ處罰スヘキモノナルヤ將タ刑法第五十四條ヲ適用處斷スヘキモノナルヤ

答　第九十條第一項ハ專ラ場所ニ重キヲ置キ同條所定ノ場所ニ於テ所定ノ行爲ヲ爲シタル者ハ其人又ハ方法ノ如何ヲ問ハス重ク處罰スヘキ旨ヲ定メタルモノナルヲ以テ本問ノ場合ニ於テハ第九十條第一項ノミヲ適用スヘキモノトス

【判例】　（一）　第九十條ノ罪ノ成立

案スルニ村會議員選擧ニ際シ選擧立會人タル者カ候補者甲某ニ投票スルコトヲ承諾シタル各選擧人ヲシテ投票用紙ニ記載シタル被選擧人ノ氏名ヲ自己（立會人）ニ認知セシムヘキ方法ヲ講シ以テ豫期ノ投票ヲ確實ナラシメンコトヲ圖リ其各選擧人ニ對シ投票所ニ於テ被選擧人ノ氏名ヲ記載シタル投票用紙ヲ折リ疊マス持行クコトヲ他人ニ依賴シテ申傳ヘ之ヲ諾シタル各選擧人ニ於テ申傳ノ趣旨ニ從ヒ選擧期日投票所ニ於テ投票用紙ニ被選擧人ノ氏名ヲ記シ之ヲ折リ疊マスシテ立會人ノ前ニ持行キ認知セシメタルトキハ此場合ニ各選擧人ハ元來叙上ノ行爲ニ出ル意嚮ナキニ拘ラス之ヲ誘導シテ投票所ニ於テ特ニ被選擧人ノ氏名ヲ記シタル投票用紙ヲ折疊マスシテ立會人ノ前ニ持行カシメ立會人ノ認知ニ供セシメタルモノナルヲ以テ他人ニ依賴シ選擧人ヲシテ叙上ノ行爲ニ出テシメタル者及依賴ノ趣旨ヲ選擧人ニ傳ヘ選擧人ヲシテ右行爲ニ出テシメタル者ハ皆衆議院議員選擧法第九十條ノ投票所ニ於テ正當ノ事由ナクシテ被選擧人ノ氏名ヲ認知スルノ方法ヲ行ヒタル者ニ該當シ選擧人カ叙上ノ行爲ヲ爲スニ付キ任意承諾

ヲ爲シタルコトハ選擧ノ公正ヲ害スル危險アル行爲ヲ處罰シ選擧人ノ利益侵害ヲ要件トセサル同法條ノ犯罪ノ成立ニ消長ナキモノトス故ニ原判決カ上叙趣旨ノ事實ヲ認メテ依賴者タル稻田淸作ノ行爲ヲ同法條ニ問擬シタルハ正當ニシテ被依賴者タル各被告人ノ行爲モ同シク同法條ノ罪ノ正犯ニ該當スルモノトス故ニ此點ニ關シ犯罪ノ不成立ヲ主張スル論旨ハ理由ナシ

（二）　被選擧人ノ氏名ヲ認知スル方法ヲ行フノ時期

衆議院議員選擧法違犯事件（大正四、（れ）第二六三七號大正四、一一、六、判決）

衆議院議員選擧法第九十條第一項ハ投票ノ適法ナル開披ニ至ル迄ノ間投票所又ハ開票所ニ於テ被選擧人ノ氏名ヲ認知スル方法ヲ行ヒタルモノハ選擧人カ投票ヲ認メ之ヲ投票所ニ投入ノ前被選擧人ヲ認知センカ爲メナルト其後ニ於テ開票ニ至ル迄ニ之ヲ認知センカ爲メナルトヲ問ハス等シク處罰スヘキ法意ナリト解セサル可ラス本件原判決ノ認定事實ニ依レハ被告鷹藏留吉ハ投票所ニ於テ選擧人カ投票ノ爲メ被選擧人ノ氏名ヲ認ムル際之ヲ認知センカ爲メ不正ナル投票所ノ設備ヲ爲シタル事實ニ外ナラサレハ原

裁判所カ之ニ對シ衆議院議員選擧法ノ右條項ヲ適用處斷シタルハ相當ニシテ原判決ハ擬律錯誤ノ違法アルコトナシ

縣會議員選擧罰則違犯事件（大正七、（れ）第一七二〇號大正七、七、八、第二刑事部判決）

村會議員選擧ニ際シ選擧立會人タル者カ候補者甲某ニ投票スルコトヲ承諾シタル各選擧人ヲシテ投票用紙ニ記載シタル被選擧人ノ氏名ヲ自己（立會人）ニ認知セシムヘキ方法ヲ講シ以テ豫期ノ投票ヲ確實ナラシメンコトヲ圖リ其各選擧人ニ對シ投票所ニ於テ被選擧人ノ氏名ヲ記載シタル投票用紙ヲ折リ疊マス持行クコトヲ他人ニ依賴シテ申傳ヘ之ヲ諾シタル各選擧人ニ於テ申傳ノ趣旨ニ從ヒ選擧期日投票所ニ於テ投票用紙ニ被選擧人ノ氏名ヲ記シ之ヲ折リ疊マスシテ立會人ノ前ニ持行キ認知セシメタルトキハ此場合ニ各選擧人ハ原來叙上ノ行爲ニ出ル意嚮ナキニ拘ハラス其ノ之ヲ誘導シテ投票所ニ於テ被選擧人ノ氏名ヲ記シタル投票用紙ヲ折疊マスシテ立會人ノ前ニ持行カシメ立會人ノ認知ニ供セシメタルモノナルヲ以テ他人ニ依賴シ選擧人ヲシテ叙上ノ行爲ニ出テシメタル者及依賴ノ趣旨ヲ選擧人ニ傳ヘ選擧人ヲシテ右行爲ニ出テシメタル者ハ皆

衆議院議員選擧法第九十條ノ投票所ニ於テ正當ノ事由ナクシテ被選擧人ノ氏名ヲ認知スルノ方法ヲ行ヒタル者ニ該當シ選擧人カ叙上ノ行爲ヲ爲スニ付キ任意承諾ヲ爲シタルコトハ選擧ノ公正ヲ害スル危險アル行爲ヲ處罰シ選擧人ノ私益侵害ヲ要件トセサル同法條ノ犯罪ノ成立ニ消長ナキモノトス故ニ原判決カ叙上趣旨ノ事實ヲ認メテ依賴者タル稻田淸作ノ行爲ヲ同法條ニ問擬シタルハ正當ニシテ被依賴者タル各被告人ノ行爲モ同シク同法條ノ罪ノ正犯ニ該當スルモノトス

（三）　第九十條第一項ノ犯罪ノ構成

郡會議員選擧罰則違犯事件（大正九、(れ)第一四八八號大正九、九、一〇、宣告）

衆議院議員選擧法第九十條第一項ノ規定ハ選擧ノ公正及ヒ祕密ヲ保持スルノ目的ニ出テタルモノナルコト疑ヲ容レサルノミナラス該規定ニハ被選擧人ノ氏名ヲ認知スルノ方法ヲ行ヒタル者トアリテ之ニ依リテ開票前ニ被選擧人ノ氏名ヲ認知シタル事實アルヲ必要トスル趣意ノ見ルヘキモノナキニ徵スレハ苟モ原制度ノ如キ方法（或投票紙ノ一端ニ朱肉又ハ墨肉ヲ以テ指紋ヲ付シ被選擧人ノ氏名ヲ認知ス）ニ依リテ或ル選擧人

ノ投票シタル被選擧人ノ氏名ヲ知リ得タル以上ハ其認知ノ時期及ヒ場所カ右方法施行ノ時期及場所ト全然同一ナルト否トヲ問ハス從テ選擧ニ關スル犯罪行爲トシテ之ヲ處罰スル當然ナリト解スルヲ相當トス

（四）第九十條正當ノ事由ノ意義

村會議員選擧罰則違犯事件（大正一〇、（れ）第二一七五號大正一一、三、一一、宣告）

被告ハ居村村會議員選擧投票所ニ於テ專ラ選擧長トシテ選擧事務ニ從事中同議員一般選擧有權者七名ニ對シ各別ニ投票用紙ヲ交付スルニ當リ候補者某ニ投票セシメ同人ヲシテ當選セシムル目的ヲ以テ同人ノ氏名ヲ記載シタル各名札在中ノ封筒ヲ投票用紙ト共ニ交付シタルモノナルヲ以テ其行爲ハ衆議院議員選擧法第九十條第一項ニ所謂投票所ニ於テ正當ノ事由ナクシテ選擧人ノ投票ニ關涉シタルモノト謂ハサルヲ得ス蓋シ選擧長カ村會議員候補者ノ氏名ヲ記載セル名札在中ノ封筒ヲ選擧人ニ交付スルカ如キハ縱令所論ノ如ク其慣行ニ基ク協議ノ結果ニ出テ且ツ豫メ選擧人ニ於テ其議ニ參加シタリトスルモ投票所ニ於テ投票ノ自由公正ヲ保持スル目的ニ成レル同條項規定ノ精神ニ

スルモノナルカ故ニ所論ノ事情ハ同條項ニ所謂正當ノ事由ト爲スニ足ラス

第九十一條　投票管理者、選擧長、立會人若ハ選擧監視者ニ暴行若ハ脅迫ヲ加ヘ又ハ選擧會場若ハ投票所ヲ騷擾シ又ハ投票、投票函其ノ他關係書類ヲ抑留、毀壞、奪取シタル者ハ四年以下ノ禁錮ニ處ス（同上ヲ以テ本項改正第二項削除）

【要旨】（一）　舊法第九十一條第一項ノ規定ヨリ開票所及開票管理者ノ文字ヲ削除シタルコト

是レ改正法カ小選擧區制ヲ採用シ開票ニ關スル手續ハ選擧會ニ於テ之ヲ爲スコトトナリタル結果ニ外ナラス

（二）　舊法第二項ノ規定ヲ削除シ之ヲ第九十二條ニ纏メタルコト

舊法第二項ハ多衆ヲ嘯聚シテ選擧職員ニ暴行ヲ加ヘタル場合等ヲ處罰スルノ規定ナレトモ此ノ如キ騷擾ノ性質ヲ有スル犯罪ハ之ヲ一括シテ第九十二條ニ規定スルヲ相當トシ之ヲ第九十一條ヨリ削除シタリ

（三）　選擧職員ニ對スル脅迫ヲ處罰スル規定ヲ設ケタルコト

舊法ハ投票管理者選擧長立會人若クハ選擧監視者ニ暴行ヲ加ヘタル場合ヲ處罰スルモ此等ノ者ニ脅迫ヲ加ヘタル場合ヲ處罰セス此ノ如ク暴行ノミヲ處罰シ脅迫ヲ看過スルハ彼是權衡ヲ失スルカ故ニ改正法ニ於テハ脅迫ヲ加ヘタル場合ヲモ處罰スルコトト爲シタリ

（四） 刑罰ヲ改正シタルコト

舊法ハ四月以上四年以下ノ輕禁錮ヲ以テ律シタレトモ改正法ハ短期ノ制限ヲ廢シ四年以下ノ禁錮ニ處スルコトニ改メタリ

【回答】（一） 大正九年四月二十六日刑甲第七〇六號刑事局長通牒

問 法第八十八條第九十一條ノ暴行脅迫罪及第九十一條ノ投票函ノ毀壞强奪第九十二條ノ犯罪等ニ於テハ刑法ノ暴行脅迫强盜騷擾等ノ法條ヲモ引用シ同法第五十四條ヲ適用處斷スヘキヤ

答 本問ニ揭クル罪ハ刑法ニ對スル特別罪ナルヲ以テ刑法第五十四條ヲ適用處斷スヘキモノニアラス

（二）大正九年五月十九日刑乙第四二〇八號刑事局長通牒

問　法第八十八條第九十一條ノ暴行脅迫罪及第九十一條ノ投票函ノ毀壊強奪第九十二條ノ犯罪等ニ於テハ刑法ノ暴行脅迫強盜騷擾等ノ法條ヲモ引用シ同法第五十四條ヲ適用處斷スヘキヤ

答　本條ニ揭クル罪ハ刑法ニ對スル特別罪ナルヲ以テ刑法第五十四條ヲ適用處斷スヘキモノニアラス

【判例】　第九十一條犯罪ノ構成

郡會議員選擧違犯事件（大正九、（れ）第三二〇號大正九、三、三〇、宣告）

改正前ノ衆議院議員選擧法第九十一條第一項ニ規定スル選擧會場投票所若クハ開票所ヲ騷擾スル罪ハ一人若クハ數人カ規定ノ場所ニ於ケル靜謐狀態ヲ攪亂シ選擧會又ハ投票若ハ開票ノ平穩ニ施行セラルルコトヲ妨害スルニ因リ成立シ多衆ノ參加ヲ必要トセス而シテ多衆集會シ前揭ノ罪ヲ犯シタルトキハ同條第二項ノ罪ヲ構成スヘク第一項ノ罪ニ該當セス

第九十二條　多衆聚合シテ第八十八條第一號又ハ前條ノ罪ヲ犯シタル者ハ左ノ區別ニ從テ處斷ス

（同上ヲ以テ全條改正）

一　首魁ハ一年以上七年以下ノ禁錮ニ處ス

二　他人ヲ指揮シ又ハ他人ニ率先シテ勢ヲ助ケタル者ハ六月以上五年以下ノ禁錮ニ處ス

三　附和隨行シタル者ハ五十圓以下ノ罰金又ハ科料ニ處ス

第八十八條第一號又ハ前條ノ罪ヲ犯ス爲多衆聚合シ當該公務員ヨリ解散ノ命ヲ受クルコト三回以上ニ及フモ仍解散セサルトキハ首魁ハ二年以下ノ禁錮ニ處シ其ノ他ノ者ハ五十圓以下ノ罰金又ハ科料ニ處ス

【要旨】（一）　多衆聚合ニ依ル犯罪ヲ本條ニ一括シタルコト

本條ハ舊法第九十一條第二項及第九十二條ヲ併合シ互ニ不備ノ點ヲ補足シ一括シテ多衆聚合ニ依ル犯罪ヲ規定シタルモノニシテ卽チ（一）多衆聚合シテ選擧人議員候補者又ハ選擧運動者ニ對シ暴行若ハ脅迫ヲ加ヘ又ハ之ヲ拐引シタル場合（二）多衆聚合シテ選擧管理者、選擧長、立會人若ハ選擧監視者ニ暴行若ハ脅迫ヲ加ヘ又ハ選擧會場若ハ選擧場ヲ騷擾シ又ハ投票、投票函其ノ他關係書類ノ抑留、毀壞、奪取シタル場合及ヒ

（三）右各罪ヲ犯ス爲多衆聚合シ解散ノ命ニ應セサル場合ヲ處罰ス

（二）　本條ノ處罰ヲ刑法騷擾罪ノ規定ニ準據シテ定メタルコト

本條ハ多衆聚合ニ關スル犯罪ナルヲ以テ刑法騷擾罪ノ規定ニ準據スルヲ相當ト認メ首魁、指揮率先助勢者、附和隨行者ノ區別ヲ設ケ刑罰ノ程度ニ差等ヲ設ケタリ而シテ選擧犯罪ハ熱狂ノ餘リ一時的興奮ニ基因スル場合多キカ故ニ騷擾罪ノ刑ニ比シ法定刑ノ範圍ヲ低減シタリ

【回答】（一）　大正九年五月十九日刑乙第四一〇八號刑事局長通牒

問　法第八十八條第九十一條ノ暴行脅迫罪及第九十一條ノ投票函ノ毀壞强奪第九十二條ノ犯罪等ニ付テハ形法ノ暴行脅迫强盜騷擾等ノ法條ヲモ引用シ刑法第五十四條ヲ適用處斷スヘキヤ

答　本問ニ揭クル罪ハ刑法ニ對スル特別罪ナルヲ以テ刑法第五十四條ヲ適用處斷スヘキモノニアラス

（二）　大正九年四月九日刑甲第六一五號刑事局長通牒

問　第九十二條ノ犯罪ハ刑法騷擾罪ノ特別規定ト見做スヘキモノナル可シ果シテ然リトセハ多衆聚合シテ第八十八條第二號ノ往來妨害ノ犯罪ヲ爲スコトアルモ同號違反トシテノミ罰スヘキモノナルヤ將タ多衆聚合妨害ノ如キハ其自體カ暴行若クハ脅迫ト認ムヘキ行爲ナルヲ以テ第八十八條第一號及第九十二條ノ適用ヲ爲スヘキモノナルヤ

答　多衆聚合シテ往來妨害ヲ爲スモ此事實ノミニテハ暴行若クハ脅迫ヲ爲シタルモノト謂フコトヲ得サルヲ以テ此場合ハ第八十八條第二號ノ犯罪ヲ構成スルノミ別ニ暴行若クハ脅迫ノ事實アルトキニ於テ始メテ第九十二條第一項ヲ適用シテ處斷スヘキモノトス

第九十三條　選擧ニ關シ銃砲、槍戟、刀劍、竹槍、棍棒其ノ他人ヲ殺傷スルニ足ルヘキ物件ヲ攜帶シタル者ハ二年以下ノ禁錮又ハ三百圓以下ノ罰金ニ處ス（同上ヲ以テ本項中改正）

警察官吏又ハ憲兵ハ必要ト認ムル場合ニ於テ前項ノ物件ヲ領置スルコトヲ得

【要旨】（一）何人ト雖モ本條違犯ノ罪ノ主體ト爲リ得ヘシ

舊法第九十三條ハ犯罪ノ主體ヲ選擧人、議員候補者及選擧運動者ニ限定シタルモ本條ノ所定ノ行爲ノ如キハ何人ニ對シテモ之ヲ禁止スルヲ以テ立法ノ當ヲ得タルモノト爲シ廣ク何人ニ對シテモ之ヲ處罰スルコトト爲セリ

（二）　刑罰ヲ改メタルコト

舊法第九十三條ハ二年以下ノ輕禁錮又ハ五圓以上二百圓以下ノ罰金ニ處スト規定シタルモ改正法ハ二年以下ノ禁錮又ハ三百圓以下ノ罰金ヲ科スルコトト爲シタリ

【回答】　大正九年四月九日刑甲第六一五號刑事局長通牒

問　選擧運動上又選擧權行使上必要ニ應シ使用スル意思ヲ以テ銃砲、刀劍等ヲ携帶スル以上ハ其目的ノ自衛ニアルト否トヲ問ハス又平素携帶ノ習慣アルト否トヲ問ハス又其現行ト非現行トヲ問ハス第九十三條ノ犯罪トシテ處罰スヘキモノナルヤ

答　然リ

問　（同上）　選擧法第九十三條ニ選擧人議員候補者及選擧運動者ニシテ選擧ニ關シ

銃砲、槍戟、刀劍、竹槍、棍棒其他人ヲ殺傷スルニ足ルヘキ物件云々トアリ此棍棒ナル文字ハ普通人ノ携帶スル「ステッキ」ノ類ヲモ包含スルヤ否ヤ

答 普通人ノ携帶スル「ステッキ」ノ類ヲ包含セス

問（同上）衆議院議員選擧法ハ大正八年五月法律第六十號ヲ以テ改正セラレ同附則ニ於テ本法ハ次ノ總選擧ヨリ之ヲ施行スルトアルヲ以テ總選擧以前ニ於テ未タ新法ニ據ル有權者ナルモノナシ此間ニ於テ今後ノ總選擧ニ際シ候補者タラントスルモノ將來選擧有權者タルヘキ資格アルモノニ對シ金錢物品ノ供與ヲ爲シ或ハ饗應接待シタル場合ニ之ニ對シ孰レノ法規ヲ適用スヘキヤ

答 次ノ總選擧ヨリ之ヲ施行ストハ次ノ總選擧選擧日ヨリ施行ストノ意味ニ非ス次ノ總選擧ニ關係シ本法ヲ適用ストノ意味ト解ス從テ質疑ノ事項ニ關シテハ改正選擧法ヲ適用スヘキモノトス

第九十四條 前條記載ノ物件ヲ携帶シテ選擧會場若ハ投票所ニ入リタル者ハ三年以下ノ禁錮又ハ五百圓以下ノ罰金ニ處ス（同上ヲ以テ改正）

【要旨】（一）舊法第九十四條中開票所ヲ削除シタルコト
是レ小選擧區制採用ノ結果ニ外ナラス
（二）刑罰ヲ改メタルコト
舊法ノ刑ヲ改メ三年以下ノ禁錮又ハ五百圓以下ノ罰金ニ處スルコトト爲シタリ
第九十五條　選擧ニ關シ氣勢ヲ張ルノ目的ヲ以テ多衆集合シ若ハ隊伍ヲ組ミテ往來シ又ハ煙火、篝火、松明ノ類ヲ用ヰ若ハ鐘鼓、法螺、喇叭ノ類ヲ鳴ラシ旗幟其ノ他ノ標章ヲ用ウル等ノ所爲ヲ爲シ警察官吏ノ制止ヲ受クルモ仍其ノ命ニ從ハサル者ハ六月以下ノ禁錮又ハ百圓以下ノ罰金ニ處ス（同上）
【要旨】舊法ノ刑ヲ改メテ六月以下ノ禁錮又ハ百圓以下ノ罰金ニ處スト規定シタル外何等實質的改正ナシ
第九十六條　演說又ハ新聞紙、雜誌、引札、張札ノ他何等其ノ方法ヲ以テスルニ拘ラス第八十七條第八十八條第九十條乃至前條ノ罪ヲ犯サシムル目的ヲ以テ人ヲ煽動シタル者ハ一年以下ノ禁錮又ハ二百圓以下ノ罰金若ハ科料ニ處ス但シ新聞紙、雜誌ニ在リテハ仍其ノ編輯人及實際編輯

ヲ擔當シタル者ヲ罰ス（同上）

【要旨】（一）本條ノ罪ヲ煽動罪ト爲シタルコト

舊法ハ第八十九條乃至第九十五條ノ所爲ヲ爲サシムル目的ヲ以テ人ヲ敎唆シタル者ハ其ノ各條ニ依リ處斷スル旨ヲ規定スルヲ以テ茲ニ所謂敎唆トハ刑法ニ所謂敎唆ト同シク被敎唆者ノ實行ヲ待ツヘキモノナリヤ或ハ又敎唆行爲自體ヲ以テ犯罪ト爲スモノナルヤニ付キ疑ヲ生スルノミナラス單ニ敎唆行爲ヲ罰スルノミニテハ取締ヲ徹底セシムルニ缺クル所アルカ故ニ廣ク煽動ヲ處罰スルノ適切ナルヲ認メ本條ノ罪ヲ改メテ煽動罪ト爲シ煽動自體ニ因リテ犯罪成立スルノ趣旨ヲ明ニシタリ而シテ煽動ノ結果被煽動者ニ於テ第八十七條第八十八條第九十條乃至第九十五條ノ犯意ヲ生シ犯罪ヲ實行シタル場合ニ於テハ煽動者ハ刑法敎唆ノ原則ニ照シテ制裁ヲ受クヘキモノトス之レ第九十六條カ一ノ補充的規定ナルカ爲ノ當然ノ論結ナリト謂ハサルヘカラス

（二）買收行爲、選擧妨害行爲、利害關係ノ利用ニ依ル誘導威逼等ノ煽動行爲ヲ處罰スルコト舊法ニ於テハ此等不正行爲ノ煽動ヲ處罰セスト雖モ此等ノ煽動モ亦選擧ノ公正ヲ蠧毒スルモノニシテ嚴ニ之カ防遏ヲ爲スノ必要アリト認メ改正法ニ於テハ第八十七條第八十八條ノ煽動ヲモ處罰スルノ規定ヲ設ケタリ

（三） 刑罰ヲ改メタルコト

舊法ニ於テハ其ノ各條ニ依リテ處斷スト規定スレトモ煽動行爲ニ科スルニ其ノ各本條ノ刑ヲ以テスルハ稍苛酷ニ失スルノミナラス煽動行爲自體ヲ犯罪トシテ處斷スルニ付テハ一律ニ其ノ刑ヲ定ムルヲ適當トスルカ故ニ改正法ニ於テハ一年以下ノ禁錮又ハ二百圓以下ノ罰金若クハ科料ニ處スト規定シタリ科料ノ刑ヲ設ケタルハ煽動行爲中ニハ極メテ輕微ナルモノアルヘキヲ豫想シタル結果ナリトス

【問答】（一） 大正九年五月十九日乙刑第四一〇八號刑事局長通牒

問 議員候補者又ハ運動者カ選動者又ハ議員候補者ニ對シ有權者ヲ買收スヘキコトヲ慫慂シテ其買收ノ用ニ供スル準備金ヲ授受シタル場合ニ於テ被慫慂者カ其慫慂ニ因リ買收ノ決意ヲ爲シ又ハ既存ノ決意ヲ助長シ若ハ何等ノ效果ナカリシト

答 ニ拘ハラス法第九十六條ノ煽動罪ニ該當スルヤ
犯罪ノ煽動トハ其方法ノ何タルヲ問ハス相手方ヲシテ中正ノ判斷ヲ失シテ犯意ヲ創造セシメ又ハ既存ノ犯意ヲ助長セシムヘキ勢ヲ有スル意思表示ヲ謂ヒ其結果カ相手方ニ影響ヲ及ホシタルヤ否ハ本罪ノ成否ニ關係ナシ從テ本罪ノ場合ニ於テハ買收資金ヲ交付シタルト否トニ拘ハラス其所謂慫慂ニシテ前記ノ趣旨ニ適合スルニ於テハ煽動罪ヲ構成スト斷スヘシ

（二） 大正九年四月九日刑甲第六一五刑事局長通牒

問 第九十六條ニ掲ケタル各本條ノ教唆罪ヲ特ニ輕ク罰ス可キ理由ナク竝ニ第八十九條ヲ列記セサリシ點ヨリ考フレハ本條ノ所謂煽動罪ハ教唆罪ヲ成立セサル場合ニ於ケル特別規定ニシテ人ヲシテ犯罪ヲ決意實行セシメタル事實アル場合ニ於テハ刑法教唆例ヲ適用スヘキモノナルヤ

答 然リ

答 （同上） 第九十六條但書署名編輯人等ノ責任罰規定ハ煽動罪ニ於テノミ適用ア

ルモノニシテ敎唆罪ヲ以テ論スル場合ニ於テハ共謀非實ナキ限リハ處罰スルコト能ハスト解スヘキヤ

答　本問編輯人ノ責任ニ關スル規定ハ煽動罪ニノミ適用セラルルモ編輯人カ實際敎唆罪ヲ犯シタル場合ニ於テハ敎唆ニ關スル規定ヲ適用スヘキハ勿論ナリ

【判例】　第九十六條但書ノ解釋

衆議院議員選擧法違犯事件（大正九(れ)第二四四〇號大正九、一二、二二、宣告）

衆議院議員選擧法第九十七條ニハ當選ヲ妨クルノ目的ヲ以テ演說又ハ新聞紙雜誌等ニ議員候補者ニ關シ虛僞ノ事項ヲ公ニシタル者ハ云々新聞紙雜誌ニ在リテハ前條但書ノ例ニ依ルト規定シ同法第九十六條但書ニハ新聞紙雜誌ニ在リテハ仍ホ其編輯人及實際編輯ヲ擔當シタル者ヲ罰スト規定セルヲ以テ第九十七條本文ノ罪ノ成立スルニハ當選妨害ノ目的ヲ有シ且議員候補者ニ對シ公ニシタル事項カ虛僞ナルコトノ認識アルヲ必要トスルモ同條但書ノ場合ニ於テハ本文虛僞事項ノ掲載セラレタル新聞紙雜誌ノ編輯人及實際編輯擔當者ハ如上目的及認識ノ有無ニ關セス單ニ編輯人トシ署名シ若クハ現

實編輯事務ヲ擔當シタルノ故ヲ以テ本文ノ實行正犯者ト同シク處斷セラル可キモノト解セサル可ラス

第九十七條 當選チ妨クル目的チ以テ演說又ハ新聞紙、雜誌、引札、張札其ノ他何等ノ方法チ以テスルニ拘ラス議員候補者ニ關シ虛僞ノ事項チ公ニシタル者ハ二年以下ノ禁錮又ハ三百圓以下ノ罰金ニ處ス新聞紙、雜誌ニ在リテハ前條但書ノ例ニ依ル(同上)

【要旨】本條ニ付テハ罰ヲ改メタルニ過キス卽チ舊法ニ於テハ六月以下ノ輕禁錮ニ處シ五十圓以下ノ罰金ヲ附加ストアリタルヲ二年以下ノ禁錮又ハ三百圓以下ノ罰金ニ處スト改メタリ

【問答】(一) 大正四年三月四日親發第二六號山口地方裁判所檢事正問合

當管內ニ於テ發行スル長門新聞大正四年三月三日第八百八十一號紙上「ハガキ集」欄內ニ左ノ記事揭載有之候處該記事中「私利ヲ貪リ權門ニ阿諛スルノ徒云々」ナル言辭ハ衆議院議員選擧法第九十七條ニ所謂「事項」ニ該當スルモノナリヤ否ヤニ付別紙兩說ノ如ク疑議相生シ候間至急電報ヲ以テ何分ノ御回答相煩シ度候也

豊浦郡有權者ヘ警告ス大岡育造ノ如キ老獪ナル古狸ニ一票タリトモ投スルノ輩ハ邦家ノ爲ニ不忠實漢ナリ警戒セヨ彼ハ只管甘言佞辯ニツトムルトモ當選ノ曉ハ末ハ野トナレ山トナレ主義ナリ私利ヲ貪リ權門ニ阿諛スルノ徒權門術策ニ巧妙ナル山師的下劣漢ナリ彼輩ノ如キモノヨリモ農學士ニシテ温厚篤實ノ雜賀信三郎氏ヲ我等ノ選良トシテ一票ヲ投スルニ吝ナル勿レ

(甲說)

衆議院議員選擧法第九十七條ニ所謂「事項」ハ刑法第二百三十條ニ所謂「事實」ト同一義ニ解釋スヘキモノナルコトハ虛僞ナリヤ否ヤヲ判定シ得ヘキ事項ニ限定シタルニ依リテ明カナリ故ニ私利ヲ貪リ若クハ權門ニ阿諛スルト云フカ如キ言辭ハ一種ノ抽象的觀念ヲ表示シタルニ止リ毫モ具體的ニ事實ヲ表示シタルモノト做ス能ハサルノミナラス斯ル場合ニ於テハ果シテ眞實ニ反スルモノナリヤ否ヤヲ判定スルニ由ナキヲ以テ侮辱罪ノ成立スヘキハ格別之ヲ以テ選擧法ニ違背スルモノト解スルヲ得

ス

（乙説）略ス

「大正四年三月八日法務局長電報回答」

長門新聞記事ニ付三月四日附問合ノ件ハ甲説ヲ相當ナリト思考ス

（二）大正四年四月十五日根室地方裁判所檢事正電報問合

情ヲ知ラサル署名編輯人ハ衆議院議員選擧法第九十七條末段ニ依リ他ノ被告人ト共犯トシテ管轄シ得ルヤ電信ニテ回答ヲ請フ

「大正四年四月十六日法務局長電報回答」

昨日電報問合ノ件ハ共犯トシテ管轄シ得ルモノト思考ス

（三）大正八年九月二十七日記祕第三九號ヲ以テ岡山檢事正問合

同月三十日電報ヲ以テ回答

（選擧法罰則解釋疑義ノ點問合ノ件）

罰則第九十七條ノ所謂虛僞ノ事項ヲ公ニシタル者云々ハ左記事實ニ適用スルコトヲ得

ルヤ
某候補者選擧事務所ニ於テ多數ノ有權者及若干ノ運動者ヲ某料理店ニ召集シ其ノ立候補ヲ傳フルト共ニ五十錢相當ノ晝食ヲ饗應シ其費用ハ事務所會計ニ於テ支拂ヲ爲シタル違反事實アリテ全然虚僞ノ事實ヲ具體的ニ檢事局ニ申告セリ
右取調ノ結果申告者ヲ發見シ推問セシ處申告者ハ某候補者ノ勢力隆々タルヲ惡ミ其當選ヲ妨害スル目的ヲ以テ虚僞ノ事實ヲ揑造シテ密告ヲ爲シタルモノナリ之ニ由テ檢事ノ出動ヲ促シ某候補者選擧事務所ニ一大打擊ヲ蒙ラシムル考ナリキ云々ト自白セリ
此事實ニ對シ適用上左ノ疑問ヲ生セリ（省略）
第三說　罰則違反ハ成立セスト雖モ其事務所ニ於テ其費用ヲ支辨シテ饗應シタリト虚僞ノ事實ヲ申告シタルモノナレハ誣告罪ヲ構成スヘシ其事務所ト指定スレハ即其事務所ノ主體及運動員等ヲ特定シ得ヘキ程度ナルヲ以テ特定人ヲ誣告シタリト謂フヲ得ヘケレハナリ

右何レヲ可トスヘキヤ差懸タル事案有之候間電報ニテ御回示被下度候

「同月三十日電報回答（刑事局長）」

九月二十七日附（問合ノ件）右ハ第三説ヲ可トス

【判例】（一） 議員候補者ノ意義

縣會議員選擧罰則違犯事件（大正六（れ）第一〇八五號大正六、五、二八、第二刑事部判決）

衆議院議員選擧法第九十七條ニ所謂議員候補者トハ自ラ議員候補者タルコトヲ宣言シ又ハ自己ヲ候補者トシテ外部ニ發表スル其他ノ行爲ヲ爲シタル者若クハ他人ヨリ議員候補者トシテ推薦ヲ受ケタル者ヲ指稱スルカ故ニ上叙ノ如ク自己紹介若クハ推薦ノ行爲アリタル以上ハ未タ所論ノ如ク選擧運動ニ着手セサル以前ニ於テモ仍ホ議員候補者ト稱スルヲ妨ケス

衆議院議員選擧法違犯事件（大正一〇（れ）第一二〇五號大正一〇、九、一四、宣告）

選擧ニ際シテ立候補ノ意思ヲ有シ且ツ他人ヨリ議員候補者トシテ推薦セラレタル者ノ如キハ衆議院議員選擧法ニ所謂議員候補者中ニ包含スルモノト解スルヲ以テ選擧ノ公

正ヲ期スル同法ノ趣旨ニ適合スルモノトス

（二） 第九十七條ニ所謂虚僞ノ事項ノ意義

衆議院議員選擧法違犯事件（大正九（れ）第二四四〇號大正九、一二、二二、宣告）

所謂衆議院議員選擧法第九十七條ニ所謂虚僞ノ事項中ニハ直接議員候補者自身ニ關スル事項ノミナラス間接事項ト雖モ苟モ其事項カ候補者ニ關連シ之ヲ公表スルコトカ候補者ノ議員當選ヲ妨クルニ至ルヘキ性質ノモノナル以上ハ總テ之ヲ包含スルモノト解スルヲ相當トス

（三） 虚僞ノ事項ノ公布

衆議院議員選擧法違犯事件（明治四一（れ）第一一〇八號明治四二、二、一、判決）

依テ案スルニ如何ナル手段ニ依ルヲ問ハス當選ヲ妨ケンカ爲メ議員候補者ニ關シテ虚僞ノ事項ヲ公ニシタルトキハ衆議院議員選擧法第九十七條ニ依リ處罰セラルヘキ犯罪ハ完全ニ成立スルモノタルコト辯ヲ俟タス而シテ右法條ハ所謂當選ヲ妨クルノ目的カ如何ナル觀念ヨリ胚胎シタルヤノ點ニ付テハ何等制限スル所ナキカ故ニ苟クモ原判決

所認ノ如ク被告ニ於テ衆議院議員候補者木檜三四郎ノ當選ヲ妨ケンカ爲メ新聞紙ヲ以テ同人ニ關シ虚僞ノ事項ヲ公ニシタル以上ハ其當選ヲ妨クルノ目的カ同人ノ人格下劣ニシテ衆議院議員タル品位ナク國民ノ代表タルニ適セストノ觀念ヨリ生シタルモノト假定スルモ右ハ毫モ本件犯罪ノ成立ヲ妨クヘキ原因ト爲ラサルモノトス況ンヤ本件被告カ右三四郎ノ當選ヲ妨クルノ目的ハ前掲ノ觀念ヨリ生シタルモノニアラスシテ畢竟被告ト右同人トノ間新聞事業ニ關シ互ニ不快ノ念ヲ抱キ居タル點ヨリ胚胎シタル事實ナルコト原判決事實理由說明ノ趣旨ニ徵シテ明カナルニ於テオヤ故ニ本論旨ハ理由ナシ

（四）　虚僞ノ事項ノ內容

縣會議員選擧罰則違犯事件（大正六（れ）第一〇八五號大正六、五、二八、第二刑事部判決）

衆議院議員選擧法第九十七條ノ罪ハ當選ヲ妨害スル目的ニ於テ口頭又ハ文書其他ノ方法ヲ以テ議員候補者ニ關シテ虚僞ノ事項ヲ公示スルニ因リテ成立スルヲ以テ其公示シタル虚僞ノ事項カ性質上當選妨害ノ虞アルモノナルコトヲ要スルヤ論ヲ俟タス當選ト

何等交渉ヲ有セサルニ於テハ其行爲ハ當選妨害ノ目的ニ出テタルモノト謂フヘカラス本罪ハ成立セサルモノトス然レトモ原判決ノ認定セル事實ニ據レハ被告カ新聞紙上ニ於テ縣會議員候補者田中猪作ニ關シテ公示シタル虛僞ノ事項ハ田中猪作ハ憲政會ノ公認候補者トシテ名乘ヲ揚ケ居レトモ實ハ然ラス同人ハ自ラ後藤内相ト特別關係アルカ故ニ當選スル迄カ憲政會ノ公認候補ニシテ當選後ハ憲政會ニ與セスト言明シタルコトアリト云フニ在リ讀者ヲシテ直チニ田中猪作ハ節操ヲ二三ニスル反覆恒ナキ陋劣漢ニシテ縣政ニ參與セシムルノ人物ニ非ストノ念ヲ抱カシメ因リテ憲政會派ニ屬スル選擧有權者ノミナラス一般選擧有權者ヲシテ其人格ニ慊焉トシテ同人ニ投票スルヲ躊躇セシムルニ足ルヲ以テ右虛僞ノ事項ハ當選ヲ妨害スルノ虞アルモノト謂ハサルヘカラス既ニ然リトスレハ判示虛僞ノ事項カ當選ヲ妨害スヘキ性質ヲ有スルコトヲ說示セサルモ右虛僞ノ事項ヲ公示セルハ田中猪作ノ當選ヲ妨クル目的ニ出テタルコトヲ認ムルニ妨ケアルコトナケレハ本論旨ハ理由ナシ

衆議院議員選擧法違犯事件(大正六(れ)第二二四三號大正六、一〇、一八、第二刑事部判決)

原判決ノ認ムルカ如ク新聞紙ノ編輯人タル被告人カ衆議院議員選擧ニ際シ政戰大勢鈴木派ノ陋策ト題シ御本尊鈴木氏モ何等政見ラシキモノヲ發表セス增田氏ハ既ニ當擧圏ヲ超ヘ居ル故增田氏ノ投票ヲ分配サレタキ旨低頭平身シ心アル人々ハ其見識ノ卑劣ナルニ呆レ果テ居ル旨ノ反對派憲政會所屬候補者鈴木富士彌ニ關スル虚僞ノ記事又ハ井上派ノ檢擧ト題シ憲政會井上派ノ運動員ハ買收ニ着手シタルヲ發見サレ拘引セラレタル旨ノ反對派憲政會所屬候補者井上剛一ニ關スル虚僞記事ヲ新聞紙ニ掲載シテ之ヲ世ニ公ニスルニ於テハ叙上各反對候補者ハ自己ニ不利益ナル事實ヲ傳播セラルル結果トシテ其當選ヲ妨害セラルヘキハ當然ノ事理ナルヲ以テ原判決ニ於テ右虚僞ノ記事ヲ以テ各候補者ノ當選ヲ妨害スヘキモノト認メタルハ正當ナリ論旨ハ理由ナシ

衆議院議員選擧法違犯事件(大正六(れ)第二二二六號大正六、一一、三、第三刑事部判決)

衆議院議員選擧法第九十七條ニ所謂議員候補者ニ關スル虚僞事項ナルモノハ所論ノ如ク必スシモ候補者自身ノ言動若クハ候補者ニ責任ヲ負ハシムヘキ行爲ニ關スル虚僞事項ノミヲ云フモノニアラスシテ苟クモ候補者ニ關係ヲ及ホスヘキ事項ニシテ之ヲ公表

スレハ候補者ノ當選ヲ妨害スルニ至ルヘキ性質ヲ有スル虚僞ノ事項ハ總テ包含セラルヘキ趣旨ナルコト當院判例ノ認ムル所ナリ原判決ニ依レハ被告ハ磯田粂三郎ノ當選ヲ妨害スルノ目的ヲ以テ其發行兼編輯ニ係ル新聞紙上ニ於テ嘗テ選擧區タル奈良市ノ預金者ニ多大ノ損害ヲ與ヘ又經營困難ノ爲メ解散シタル銀行ノ重役又ハ行員カ粂三郎ノ運動ノ指揮畫策ノ任ニ當リ若クハ有力ナル運動員ト爲リタルコトナキニ其之レアルモノノ如ク虚僞ノ事項ヲ掲ケタルモノニシテ選擧區民ニ信望ヲ失スルモノカ其選擧運動ヲ爲スト云フカ如キハ延テ累ヲ候補者ニ及ホシ其當選ノ妨害ト爲ルハ當然ノ事理ナルヲ以テ右掲載事項ハ候補者ニ關係ヲ及ホシ之レカ公表ハ當選ヲ妨害スルニ足ルモノト云ハサル可ラス從テ原判決ノ擬律ハ相當ニシテ論旨ハ理由ナシ

市會議員選擧罰則違犯事件（大正八（れ）第六四七號大正九、四、二五、第一刑事部判決）

上告趣意書第一點原判決ニヨレハ被告ノ所爲ヲ「酒井泰ノ當選ヲ妨クルノ目的ヲ以テ……小森七兵衛推薦演說會ニ於テ他山ノ石我玉ヲ磨ク等ノ演題ノ下ニ右酒井泰ニ關シ同人ノ貧困ハ實ニ想像以上ニシテ同人ハ其有スル電話ヲ擔保トシテ小坂梅吉ヨリ這回

ノ選擧運動費ヲ融通シ居レルモノナル旨ノ虚僞ノ事項ヲ演說シ以テ之ヲ公ニシタルモノナリ」ト認定シ市制第五十一條竝ニ衆議院議員選擧法第九十七條ニヨリ之ヲ處斷シタリ依テ右衆議院議員選擧法第九十七條ヲ閲スルニ「當選ヲ妨クルノ目的ヲ以テ…虚僞ノ事項ヲ公ニシタル者ハ云々」トアリテ本件犯罪ノ當選ヲ妨クルノ目的ニ出テタルコトヲ其成立ノ必要條件ト爲セルナリ既ニ當選妨害ノ目的ニ出テタルヲ要スル以上ハ其ノ公ニシタル事項自體ニ於テ當選ヲ妨害シ得ル能力アルヲ要スルヤ必セリ然ルニ右認定ニヨレハ單ニ同人ノ貧困ハ想像以上ニシテ同人ハ其有スル電話ヲ擔保トシテ小坂梅吉ヨリ選擧運動費ヲ融通シ居レル者ナル旨ヲ演說シタルニ過キスシテ如斯ノ事項ハ社會ノ同情ヲ得ルコソスレ斷シテ當選妨害ノ力ヲ有スルモノニ非ルヲ以テ右法條ノ犯罪ヲ構成スルモノニ非サル也果シテ然ラハ原判決ハ罪トナラサル事實ニ基キ被告ヲ處罰シタル不法アルヲ免レサル也ト云フニ在リ○然レトモ原判決カ認メタル被告カ判示東京市會議員ノ選擧ニ際シ京橋區選出同議員候補者酒井泰ノ當選ヲ妨クルノ目的ヲ以テ判示日時場所ニ於テ公ニシタル判示虚僞ノ事項ハ候補者酒井泰ノ當選ヲ妨害ス

ルモノト謂ハサルヘカラス蓋シ同人ニシテ被告所說ノ如ク貧困者ナリトセムカ縱令同人カ市會議員ニ當選スルモ或ハ其體面ヲ汚スカ如キ行爲ヲ爲シ若クハ日々ノ生活ニ逐ハレ又他ヲ顧ミルノ遑ナク爲メニ其職務ヲ完全ニ盡スコトヲ得サルヘシトノ念慮ヲ選擧人ニ生セシメ候補者酒井泰ニ投票スルコトヲ躊躇セシムルニ至ルハ數ノ免レサル所ナレハナリ然ラハ原審カ判示被告ノ所爲ヲ市制第四十條第一項衆議院議員選擧法第九十七條ニ該當スルモノト認メ同法條ニ問擬シタルハ至當ナリ

（五）　虛僞ノ他人ノ思想又ハ意見ノ公表

衆議院議員選擧法違犯事件（大正四（れ）第八三二號大正四、五、七、判決）

上告趣意書第二點原判決ハ第一、「代議士ニ成ツテカラ家モ屋敷モ賣ル程度ノ貧乏シタカラ今一度再選シテ貰ヒ度イトノ泣言ヤラ愚痴ヲ公衆ノ面前テ臆面モナク饒舌ツタ」第二、「一面ニ八木ハ代議士ニ成ツタラ金儲ケカ出來ル考テアツタノテアル」第三、「僅カニ縣會議員テモ……ダモノ況ンヤ代議士ニ於テヲヤテナ態鷹式テアツタ」ナル三句ヲ以テ之レニ該當スルモノト認メタルモノノ如シ然レトモ（中略）第二、第三句ハ筆者カ八木候補ヲ想像シテ之ヲ記載シタルニ過キスシテ何等虚僞事項ノ發表アルニアラス云々ト云フニアレトモ○他人ノ思想若クハ意見ト雖モ之ニ關シテ虚僞ノ事項ヲ公表スルニ於テハ衆議院議員選擧法第九十七條ニ所謂虚僞ノ事項ヲ公ニシタルモノニ該當シ必スシモ具體的事項ヲ表示スルコトヲ要セサルモノトス

（六）　議員候補者自身ニ關セサル虚僞ノ事項ノ公表

衆議院議員選擧法違犯事件（大正四（れ）第一七五二號大正四、八、一四、判決）

衆議院議員選擧法第九十七條ニ所謂當選ヲ妨クル目的ヲ以テ云々議員候補者ニ關シ云々虚僞ノ事項ヲ公ニシタル者トアルハ直接議員候補者自身ニ關スル事項ノミナラス間接事項ト雖モ苟モ其事項カ候補者ニ關連シ之ヲ公表スルコトカ候補者ノ議員當選ヲ妨クルニ至ルヘキ性質ノモノナル以上ハ總テ之ヲ包含スルモノト解スルヲ相當トス所論原判決認定事實ニ依レハ被告ハ議員候補者原本大三郎ヲ推薦シタル飯塚棟太郎ノ署名ヲ使用シ其推薦ヲ取消ス旨ノ廣告ヲ新聞紙ニ掲載セシメ之ヲ公表シタルモノニシテ候補者ノ推薦ヲ取消スカ如キハ候補者其人ニ多少ノ短所アルコトヲ暗示スルト同時ニ其

信用ヲ薄弱ナラシムル因ト爲ルヘク當選ノ妨害ヲ豫期シ得ヘキ事項ト云フモ不可ナル處ナキノミナラス被告カ右大三郎ノ當選ヲ妨クル目的ヲ以テ推薦取消廣告ヲ掲載セシメタルモノナルコトハ所論原判文證據説明中被告第三回豫審調書ノ供述記事ニ徴シ之ヲ認ムルニ難カラサルヲ以テ原判決ハ毫モ論旨ノ如キ擬律錯誤ノ違法アルコトナク又理由不備ノ不法アルコトナシ

（七）　當選妨害ノ罪ノ成立

村會議員選擧法違犯及脅迫事件（大正六（れ）第二四〇一號大正六、一一、九、判決）

所論原判決ノ認定事實ハ乃チ被告カ當選ヲ妨クルノ目的ヲ以テ議員候補者ニ關シ多數ノ有權者ニ虚僞ノ事項ヲ言觸ラシタリト云フニ外ナラスシテ其方法ノ如何ハ固ヨリ衆議院議員選擧法第九十七條ノ問フ所ニ非サルヲ以テ同條ノ犯罪事成ニ於テ缺クル所ナク本論旨ハ理由ナシ

（參照）　原判示事實

被告磯五郎ハ東京府北豐多摩郡國分寺村村會議員選擧ニ際シ豫テ同村戸倉新田ニ於ケル右議員

豫選會ニ於テ平野常吉カ二級候補者ニ推薦セラレタルトコロ其當選ヲ妨クル目的ヲ以テ常吉カ候補ヲ辭シタルコトナキヲ知リナカラ右四月九日同村戸倉新田及ヒ平兵衞新田ノ有權者島田丑太郎外數名ヲ訪問シ常吉ハ候補タルコトヲ辭シタリトノ旨ヲ告ケ議員候補者常吉ニ關スル虛僞ノ事項ヲ公ニシタルモノナリ

（八）　第九十七條ノ犯意

衆議院議員選擧法違犯事件（大正四（れ）第一四六八號大正四、七、二、判決）

衆議院議員選擧法第九十七條ノ罪ハ當選ヲ妨害スル目的ヲ以テ議員候補者ニ關スル虛僞ノ事項ヲ公ニスルニ因リテ成立スルカ故ニ同罪ノ成立スルニハ當選妨害ノ目的ト議員候補者ニ關シ公ニシタル前項カ虛僞ナルコトノ認識トノ存在ヲ必要トスルヤ論ヲ俟タス故ニ新聞紙ニ依リテ議員候補者ニ關シ虛僞ノ事項ヲ公ニシタル場合ニ於テ現實ニ右記述ノ通信編輯又ハ掲載ノ任ニ該リタル者ニ對シテ其罪ヲ論セントスルニハ如上要件ノ存在ヲ證明セサルヘカラス然レトモ新聞紙ニ署名シタル編輯人ハ當該記事ノ虛僞ナルコトヲ認識シタルト否ト又當選妨害ノ目的ヲ有シタルト否トヲ論セス其記事ヲ掲

載シタル新聞紙ノ署名編輯人タルノ理由ヲ以テ選擧法第九十七條末段及ヒ同第九十六條但書ニ依リ第九十七條ノ實行正犯ト同シク處斷セラルヘキモノトス

（九）　虛僞ノ事項ヲ公ニスルノ意義及方法

郡會議員選擧違犯事件（大正四(れ)第三二三〇號大正五、一、三一、判決）

衆議院議員選擧法第九十七條ノ犯罪ハ其手段方法ノ如何ヲ問ハス當選ヲ妨害スル目的ヲ以テ議員候補者ニ關シ虛僞ノ事項ヲ公ニスルニ因テ成立スルモノニシテ同條ニ所謂「公ニシ」トハ虛僞ノ事項ヲ不定若クハ多數ノ人ニ對シ告白スルノ謂ナリトス而シテ原判決認定事實ハ要スルニ被告ハ郡會議員候補者圓谷平造ノ當選ヲ妨クル目的ヲ以テ大正四年九月二十七日城南村役場ニ於ケル候補選定交涉委員會席上ニ於テ村長及交涉委員等ニ對シ右平造カ候補ヲ辭退セス從テ同人ヨリ候補辭退發表ノ權限ヲ委任セラレタルコトナキニ拘ハラス之ヲ委任セラレタル旨詐リ擅ニ平造ノ候補辭退ヲ公言シ尋テ村長酒井坦三郎ニ託シ交涉委員五名ノ名義ヲ以テ圓谷候補カ候補ヲ辭退セシ旨ノ事項ヲ記載セル謄寫摺三十餘枚ヲ作成シ同村有志ニ配付セシメ以テ虛僞ノ事項ヲ公ニシタ

ルモノナリト云フニ在リテ被告ハ當選妨害ノ目的ヲ以テ先ツ候補選定交渉委員會ノ席上ニ於テ村長及交渉委員等ニ言語ヲ以テ虛僞ノ事項ヲ告ケ尋テ村內有志ノ者ニ謄寫摺三十餘枚ヲ配付シ之ヲ通告シタルモノ卽チ虛僞ノ事項ヲ多數ノ人ニ告白シタルモノナレハ被告ニ於テ前記第九十七條ノ罪責ヲ免ルルヲ得サルモノトス

第九十八條　選擧人ニ非サル者投票ヲ爲シタルトキハ一年以下ノ禁錮又ハ二百圓以下ノ罰金ニ處ス（同上ヲ以テ全條改正）

氏名ヲ詐稱シ其ノ他詐僞ノ方法ヲ以テ投票ヲ爲シタル者又ハ投票ヲ僞造シ若ハ其ノ數ヲ增減シタル者ハ二年以下ノ禁錮又ハ三百圓以下ノ罰金ニ處ス

選擧事務ニ關係アル官吏、吏員、立會人又ハ監視者前項ノ罪ヲ犯シタルトキハ三年以下ノ禁錮又ハ五百圓以下ノ罰金ニ處ス

【要旨】（一）　舊法第九十八條第一項ノ「選擧人タルコトヲ得サル者」ヲ「選擧人ニ非サル者」ニ改メタルコト

舊法ノ如ク「選擧人タルコトヲ得サル者」ト謂フトキハ選擧權ヲ有スルモ投票ヲ爲シ

得サル者例ヘハ被選擧人ノ氏名ヲ書スルコト能ハサル者（衆議院議員選擧法第三十八條第二項）ノ如キヲ包含スルモノト解釋セラルル虞アルカ故ニ改正法ハ選擧人ニ非サル者ト改メ此ノ如キ者ヲ包含セサルコトヲ明瞭ニシタリ

（二）詐僞ノ方法ヲ以テ投票ヲ爲シタル者ヲ處罰スル規定ヲ設ケタルコト

舊法第九十八條第一項後段ハ單ニ氏名ヲ詐稱シテ投票ヲ爲シタル場合ヲ處罰スルニ過キサレトモ詐欺ノ方法ヲ以テ投票ヲ爲スカ如キモ亦之ヲ取締ル必要アルヲ以テ改正法ニ於テハ氏名ヲ詐稱シ其ノ他詐僞ノ方法ヲ以テ投票ヲ爲シタル者ヲ處罰スルコトト爲シタリ

（三）投票ノ僞造及投票ノ數ノ增減ヲ處罰スル規定ヲ設ケタルコト

從來衆議院議員選擧ニ關スル事犯ニ付テハ獨リ衆議院議員選擧法ニ依ル取締アリタルニ止ラス尚舊刑法第二編第四章第九節（公選ノ投票ヲ僞造スル罪）ノ適用アリタル（刑法施行法第二十五條參照）然レトモ此ノ如ク事犯ノ一部ノ取締ヲ舊刑法ノ規定ニ待ツカ如キハ立法ノ當ヲ得タルモノニアラサルカ故ニ衆議院議員選擧法ノ改正ニ際シテハ

宜シク公選ノ投票ニ關スル舊刑法ノ規定ヲ本法ニ移スヲ可トセサルヘカラス而シテ舊刑法第二編第四章第九節ハ第二百三十三條乃至第二百三十六條ノ四箇條ヨリ成リ其中第二百三十四條ハ投票買收行爲ニ關シ本法第八十七條ノ規定ヲ以テ足レルカ故ニ本法ニ移ス必要アルモノハ其ノ餘ノ三箇條ニ過キス而シテ此等ノ法文ノ孰レモ投票ノ僞造及投票數ノ增減ニ關スルモノナルカ故ニ改正法ニ於テハ第九十八條中ニ此等ノ事犯ニ關スル規定ヲ設ケタリ而シテ舊刑法ノ規定ヲ本法ニ移シタル以上ハ舊刑法ノ規定ハ之ヲ衆議院議員選擧事犯ニ適用セラルルコトナキカ故ニ改正法ニ於テハ「明治十三年第三十六號布告刑法第二編第四章第九節ハ衆議院議員ノ選擧ニ關シテハ之ヲ適用セスト」ノ規定ヲ設ケタリ（第百十二條參照）

（四）　刑罰ヲ改メタルコト

舊法ハ選擧人タルコトヲ得サル者投票ヲ爲シタルトキハ「一月以上二年以下ノ輕禁錮ニ處シ十圓以上百圓以下ノ罰金ヲ附加ス」ト規定シタルモ改正法ハ一年以下ノ禁錮又ハ二百圓以下ノ罰金ニ改メタリ

【同答】（一）大正九年四月九日刑甲第六一五號刑事局長通牒

問　第九十八條ノ選擧人ニ非サル者トハ第三十七條但書ノ場合ヲ除ク外ハ選擧權ノ有無ニ拘ラス選擧人名簿ニ登錄セラレサル者ト解スヘキヤ

答　第九十八條ノ選擧人ニ非サル者トハ第三十七條但書ノ場合ヲ除ク外選擧人名簿ニ登錄ナキモノ及同名簿ニ登錄アルモ實質上選擧權ヲ有セサルモノヲ云フ

（二）大正九年四月二十六日刑甲第七〇六號刑事局長通牒

問　被選擧人ノ氏名ヲ書スル能ハサル者投票用紙ノ交付ヲ受ケ型紙ヲ用ヒ被選擧人ノ氏名ヲ表出シ投票ヲ爲シタルトキハ法第九十八條第二項ノ詐僞ノ方法ヲ以テ投票シタリト謂フヲ得ヘキヤ

答　本問ノ場合ハ第九十八條第二項ニ詐僞ノ方法ヲ以テトアルニ該當セスト雖無筆者ニ於テ型紙使用ノ投票ヲ無效ナリト信シ且選擧長カ之ヲ有效ト爲スコトアルヘキヲ豫想シタルトキハ投票ノ數ヲ增減シタルモノト謂フヘシ

問　（同上）選擧權ヲ有セサル子カ選擧人タル親ノ名義ヲ以テ投票ヲ爲シタルトキ

ハ第九十八條ノ違反ナリト信ス如何

答　第九十八條ノ違反ナリ

【判例】（一）情ヲ知ラサル選擧無權利者ヲ利用シタル間接正犯

衆議員議員選擧法違犯事件（大正四（れ）第一四七八號大正四、六、二八、判決）

原判決ノ認定スル事實ニ依レハ被告ハ曾テ職務上衆議院議員選擧人名簿ヲ作製シタル際過テ選擧權者中西熊次郎ノ登錄ヲ脫漏シタル爲メ同人ヲシテ選擧權ヲ行使スルヲ得サルニ至ラシムヘキヲ憂慮シ該名簿及關係書類ヲ僞造變造行使シテ其情ヲ知ラサル右熊次郎ヲシテ遂ニ投票ヲ爲サシメタルモノナレハ其所爲タルヤ該選擧法第九十八條中所謂選擧人タルコトヲ得サル者ニシテ投票ヲ爲シタル罪ヲ間接ニ實行シタルモノナルヲ以テ原判決カ被告ニ擬スルニ同條ノ罪ヲ以テシ尙ホ同法第百二條ヲ適用シタルハ正當ナリ

（二）第九十八條ノ罪ノ共同正犯ト實行行爲

衆議院議員選擧法違犯事件（大正四（れ）第一四一四號大正四、七、二三、判決）

衆議院議員選擧法第九十八條ノ罪ノ如キハ數人ノ共謀者カ其一部ノ者ヲシテ之レカ實行ノ任ニ當ラシメタルトキハ其一部ノ者ハ自己ノ犯意ノミナラス共同者全體ノ犯意ヲ遂行シ又其以外ノ者ハ右一部ノ者ニ依リテ各自己ノ犯意ヲ遂行シタルモノト謂ハサルヘカラサルヲ以テ同條後段ノ罪ニ付キ氏名ヲ詐稱シテ投票ヲ爲シタルモノハ一人ナリトスルモ爾餘ノ共謀者モ亦刑法第六十條ニ所謂二人以上共同シテ犯罪ヲ實行シタルモノトシテ處罰スヘキハ當然ニシテ敎唆又ハ從犯ヲ以テ論スヘキモノニアラス故ニ論旨ニ掲ケタルト同一ノ事實ヲ認メテ共謀者タル被告三名ニ對シ前示法條ヲ適用シタル原判決ハ正當ナリ

町村會議員選擧罰則違犯事件（大正六（れ）第一七一八號大正六、八、二七、第二刑事部判決）

原判旨ニ依レハ被告等ハ小田貞次郎外二名ト共謀シ貞次郎ニ於テ氏名ヲ詐稱シテ投票ヲ爲シタルモノナレハ犯罪實行ノ任ニ當リタルモノハ貞次郎一名ニシテ被告等ハ之ニ

共同シタルコト明カナリ凡ソ數人ノ共謀者中一人カ犯罪實行ノ任ニ當リタルトキハ其行爲ハ共同者全體ノ犯意ヲ遂行シタルモノナレハ共謀者ハ刑法第六十條ニ所謂二人以上共同シテ犯罪ヲ實行シタルモノトシテ處斷セラルヘキモノトス原判決ハ前叙犯罪事實ニ付キ所論ノ法條ヲ適用シ被告等ヲ處罰シタルハ正當ナリ

（三） 第九十八條後段ノ適用範圍

縣會議員選擧罰則違犯事件（大正五（れ）第二四〇二號大正五、一一、二五、判決）

上告趣意書第一點衆議院議員選擧法第九十八條後段ノ規定ハ罪ノ主體カ選擧權者ナル場合ニ適用サルヘキモノニシテ被告永吉ノ如ク選擧權ヲ有セサルモノノ所爲ニ對シテハ同法條前段ノ規定ヲ適用處斷スルヲ正當トスヘク此點ニ關シ第二審判決ハ事實ノ認定法律ノ適用何レモ其當ヲ得サルモノニシテ到底破毀ヲ免レスト云フニ在レトモ〇違所論選擧法第九十八條後段ノ規定ハ犯罪ノ主體カ選擧權ヲ有スル者ナルト否トヲ問ハス氏名ヲ詐リ正當選擧權者ノ如ク裝ヒテ投票ヲ爲ス場合ニ適用スヘキモノナリ

（四） 氏名ヲ詐稱シテ投票ヲ爲シタル行爲ト選擧錄ニ虛僞ノ記載

ヲ爲シタル行爲トノ關係

町村會議員選擧罰則違犯事件（大正六（れ）第一七一八號大正六、八、二七、第二刑事部判決）

氏名ヲ詐稱シテ投票シタル行爲ト選擧錄ニ虛僞ノ記載ヲ爲シタル行爲トハ各犯罪ノ性質上互ニ手段タリ若クハ結果タル關係ヲ有スルモノニアラス隨テ刑法第五十四條第一項後段ニヨリ牽連犯ヲ以テ處斷スヘキモノニアラス原判決カ判示行爲ニ對シ同法條ヲ適用セス各獨立シタル犯罪トシテ併合罪ノ規定ヲ適用シタルハ正當ナリ

（五） 第九十八條第二項ノ詐僞ノ方法ノ意義

衆議院議員選擧法違犯事件（大正九（れ）第一八九五號大正九、一〇、一五、宣告）

衆議院議員選擧法第九十八條第二項ニ所謂詐僞ノ方法トハ其上文ニ「氏名ヲ詐稱シ其他」トアルヲ直ニ承ケタル文詞ナレハ氏名詐稱以前ニ於テ投票管理者ヲ詐罔シ正當ニ投票ヲ爲シタル如ク信セシムヘキ諸般ノ不正手段ヲ汎稱スト解スヘキモノトス

衆議院議員選擧法違犯事件（大正九（れ）第一八九五號大正九、一〇、一五、宣告）

衆議院議員選擧法第九十八條第一項ニ規定セル詐僞ノ方法ヲ以テ投票ヲ爲シタル罪ハ選擧人タル身分若クハ其他ノ資格ニ因リ構成スル罪ニ非サルモノトス

（六） 投票數ノ增減ノ意義

村會議員選擧罰則違犯事件（大正一〇（れ）第一八四〇號大正一一、一、二〇、宣告）

投票ノ有效ナルコト明瞭ニシテ全然反對ノ見解ヲ認容スル餘地ナキモノニ付罔ヒテ之ヲ無效ナリト決シ惹テ其ノ投票ニ付被選擧人ノ得タル票數ヲ減少スル結果ヲ致スニ於テハ選擧長タル者ノ行爲ハ投票ノ數ヲ減シタルモノトシテ町村制第三十七條第一項ノ準用ニ依ル衆議院議員選擧法第九十八條第三項第二項ニ該當スルモノト謂フヘク獨リ有形的ニ投票數ニ付不正ノ計算ヲ爲スニ因リ其ノ數ヲ減スルノミヲ以テ同條項ニ該當スルモノト爲スヘカラスト雖然レトモ之ト異リ投票ノ有效又ハ無效ニ付疑義アリテ解釋ノ餘地ヲ存スル場合ニハ之ヲ決スルコトカ選擧長ノ職權ニ因ル裁量ノ範圍ニ屬シ選擧長ニ於テ之ヲ有效ト決スルモ將タ之ヲ無效ト決スルモ皆適法ナル職權ノ行使ニ外ナラサルヲ以テ其行爲ハ同條ニ規定スル投票數增減ノ罪ヲ構成スルコトナキモノトス

（七）不正ノ手段ニ依リ投票ノ數ヲ增減シタル場合

公選投票僞造事件（大正六（れ）第二八八〇號大正七、二、一六、第三刑事部判決）

上告趣意書第一點原判決ハ「被告大吉ハ……選擧當日午後同村役場ニ於テ自ラ選擧長トシテ一級選擧ヲ執行スルニ當リ其投票用紙中ノ四枚ノ欄外ニアロ、カイ、ナイ等ノ細字ヲ記入シアル事ヲ熟知シ乍ラ反對派ノ投票ヲ減少スル目的ヲ以テ之ヲ適式ノ用紙ナルカ如ク裝ヒ政友派所屬選擧人ナル宮本繁藏龜谷竹松中田榮藏森脇定次郎ノ四名ニ夫々交付シ同人等ヲシテ之ヲ使用シテ投票ヲ爲サシメ同日開票ノ際右四票現ハレタルニ付キ其ノ中ノ一票ニ關シ選擧立會人タル高尾增隆龜田龜二森脇定次郎森本久太等ニ其有效無效ニ付キ可否半スルヤ該細字ハ當該選擧人ノ記入シタル者ニアラサルニ拘ラス選擧長トシテ右細字ハ選擧人ニ於テ爲シタル他事ノ記入ナリトシ爾餘ノ投票ハ立會人ヲシテ同樣他事記入アルモノト認メシメ何レモ右他事記入無キハ有效タルヘキ投票ヲ無效ナリト決定シ反對派ノ得票ヲ減少シ云々」ト判示シ之ヲ舊刑法二百三十五條ニ問擬處斷シタリ然レトモ（中略）詐欺的行爲ヲ以テ選擧人ニ投票セシメタルモノニ該當シ町村制第三十七條ヲ以テ準用スヘキ衆議院議員選擧法第八十八條第二號ヲ以テ處斷スヘキモノナルニ原判決ハ事茲ニ出スシテ舊刑法第二百三十五條ヲ適用處斷シタルハ擬律錯誤ノ違法アルモノニシテ破毀スヘキモノトスト云フニ在レトモ原判示事實ニ依レハ被告ハ選擧長トシテ一級選擧ヲ施行スルニ當リ反對派ノ投票ヲ減少セシムル目的ヲ以テ不正ノ手段ヲ施シ選擧人宮本繁藏外三名ノ投票ヲ無效ナラシメ以テ有效ナルヘキ投票ノ總數ヨリ四票ヲ減少スルニ至ラシメタルモノニシテ其所爲ハ舊刑法第二百三十五條ノ罪ヲ構成スヘキモノトス所論衆議院議員選擧法第八十八條第二號ハ投票ノ數ヲ增減シタル場合ニ適用スヘキモノニアラサルヲ以テ原判決カ被告ノ所爲ヲ舊刑法第二百三十五條ニ問擬シタルハ相當ニシテ論旨理由ナシ

第九十九條 立會人正當ノ事故ナクシテ本法ニ定メタル義務ヲ缺クトキハ五十圓以下ノ罰金ニ處ス（同上ヲ以テ本項中改正）

【要旨】 刑罰ヲ整理シタル外何等實質ヲ變更セス

【回答】 （一） 大正九年四月二十一日甲第二七號鹿兒島檢事正問合

郡制中郡會議員ノ選擧ニ付テハ市町村會議員選擧ニ關スル罰則ヲ準用ストアリ又市制町村制及ヒ府縣制中各議員ノ選擧ニ付テハ衆議院議員選擧ニ關スル罰則ヲ準用ストアリ其所謂衆議院議員選擧ニ關スル罰則ハ右各制制定當時ノモノニ限リ指稱スル義ニ候ヤ將又衆議院議員選擧罰則其後ニ至リテ改正セラルルニ於テハ其改正ノ分ヲ準用スル義ニ候ヤ目下當局ニ於テ客年十月中ノ郡會議員選擧ニ付選擧權ヲ有セスシテ投票シタル事件繫屬シ居候處若シ前者ノ如シトセハ今後之ヲ處斷スルニ新舊比照ノ必要ナク若シ又後者ノ如シトセハ其必要有之（中略）而シテ一面長崎控訴院ニ於テハ梶原景藏外二名縣會議員選擧違犯事件ニ付本月十四日前者ノ主義ニ依リ裁判ヲ爲シタル實例有之旁以テ聊疑義相生候條至急何分ノ御囘答相成度候

「大正九年五月二十三日刑事局長電報囘答」

問合ノ件ハ最近ノ判決例ニ依リ新舊比照スルヲ要ス

（二）　大正九年五月五日金澤檢事正電報問合

候補者甲ノ運動者乙ニ於テ有力者丙ノ承諾ナキニ拘ラス不正ニ丙ノ名刺ヲ印刷シテ

丙ノ使ト詐リ有權者ニ配付シ投票ヲ勸誘シタル所爲ハ刑法第一六七條ノ署名僞造ト爲ラサルカ電信ニテ折返シ回答アリタシ

「大正九年五月五日刑事局長電報回答」

電報御問合ノ件貴見ノ通リ

第百條　第九十九條及第九十四條ノ罪ヲ犯シタル場合ニ於テハ其ノ携帶シタル物件ヲ沒收ス

（同上）

【要旨】　實質的改正ナシ

第百一條　當選人其ノ選擧ニ關シ本章ニ掲クル罪ヲ犯シ刑ニ處セラレタルトキハ其ノ當選ヲ無效トス（同上）

【要旨】　舊法ニハ選擧ニ關スル犯罪ニ依リ刑ニ處セラレタルトキトアリタルヲ改メテ本章ニ掲クル罪ヲ犯シ云々ト爲シ其適用ノ範圍ヲ明瞭ナラシメタリ

第百二條　本章ニ掲クル罪ヲ犯シタル者ニシテ罰金ノ刑ニ處セラレタルモノニ在リテハ其ノ裁判確定ノ後五年間、禁錮以上ノ刑ニ處セラレタルモノニ在リテハ其ノ裁判確定ノ後刑ノ執行ヲ終ル迄又ハ刑ノ時效ニ因ル場合ヲ除クノ外刑ノ執行ノ免除ヲ受クル迄ノ間及其ノ後五年間選擧權及被選擧權ヲ有セス禁錮以上ノ刑ニ處セラレタルモノニ付其ノ裁判確定ノ後刑ノ執行ヲ受クルコトナキニ至ル迄ノ間亦同シ(同上ヲ以テ全條改正)

前項ノ規定ハ第十一條第三號ノ規定ニ該當スル者ニハ之ヲ適用セス

【要旨】(一)　選擧犯罪ニ依リ處刑セラレタル者ハ裁判所ノ宣告ヲ待ツコトナク當然一定ノ期間選擧權被選擧權ヲ失ハシムルコト

舊法ハ選擧ニ關スル犯罪ニ依リ刑ニ處セラレタル者ハ裁判所ノ宣告ヲ以テ二年以上八年以下ノ期間內選擧權被選擧權ヲ失ハシムル旨ヲ規定シタルモ裁判ノ實際ニ於テハ五年間ヲ禁止スルモノ大部分ヲ占ムルノ情況ナルヲ以テ改正法ハ此ノ點ヲ參酌シ裁判ノ宣告ヲ待ツコトナク當然一定ノ期間選擧權被選擧權ヲ失ハシムルコトト爲シタリ

(二)　禁止期間

禁止期間ノ始期終期ニ付テハ場合ヲ別ケテ之ヲ說明セサルヘカラス

イ　罰金ノ刑ニ處セラレタル者

罰金ノ刑ニ處セラレタル者ハ常ニ其ノ裁判確定ノ時ヨリ滿五年間選擧權及被選擧權ヲ禁止セラル

ロ　禁錮以上ノ刑ニ處セラレタル者

禁錮以上ノ刑ニ處セラレタル者ニ付テハ六年以上ノ懲役又ハ禁錮ニ處セラレタル者ト六年未滿ノ懲役又ハ禁錮ニ處セラレタル者トニ區別シ前者ニ付テハ姑ク措キ後者ニ付テハ原則トシテ裁判確定ノ後刑ノ執行ヲ終ル迄ノ間及其ノ後五年間選擧權及被選擧權ヲ禁止セラル然レトモ之ニ對シ左ノ二個ノ例外アリ

（1）刑ノ執行ノ免除ヲ受ケタル場合

此ノ場合ニ於テハ裁判確定ノ後刑ノ執行ノ免除ヲ受クル迄ノ間及其ノ後五年間禁止セラル現行法制上刑ノ執行ヲ免除セラルル場合ハ（一）外國ニ於テ確定判決ヲ受ケタル行爲ニ付更ニ處罰スル場合（刑法第五條參照）（二）刑ノ時效ニ因ル場合（刑法第十八條參照）（三）特赦ニ因ル場合（恩赦令第五條本文參照）ナリトス而シテ（一）ノ場合ハ衆議院議員選擧專犯ニ付テハ其ノ適用ヲ想像スル能ハス

(二)ノ場合ニ付テハ法律カ刑ノ執行ヲ受クルコトナキニ至リタル場合ノ期間ニ依ラシメタルヲ以テ結局茲ニ刑ノ執行免除ヲ受ケタル場合トシテ取扱フヘキハ特赦ノ場合ノミナリトス

(2) 法令ノ規定ニ依リ刑ノ執行ヲ受クルコトナキニ至リタル場合

此ノ場合ニ於テハ裁判確定ノ後刑ノ執行ヲ受クルコトナキニ至ル迄ノ間禁止セラル茲ニ刑ノ執行ヲ受クルコトナキニ至ル場合ノ主ナルモノハ(一)大赦アリタル場合(恩赦令第三條第一號)(二)特赦アリタル場合(同令第五條但書)(三)刑ノ執行猶豫ノ言渡ヲ取消サルルコトナクシテ猶豫ノ期間ヲ經過シタル場合(形法第二十七條)及(四)刑ノ時效期間ノ滿了(形法第十八條)ノ場合等ニシテ裁判確定ノ時ヨリ其ノ事由發生ノ時迄選擧權ヲ禁止セラルルモノトス

選擧權及被選擧權ノ禁止期間ニ關シテ注意スヘキハ選擧罰則ニ依リ六年以上ノ懲役又ハ禁錮ニ處セラレタル者ハ終身選擧權及被選擧權ヲ有セサルコト是レ第百二條第二項カ前項ノ規定ハ第十一條第三號ノ規定ニ該當スル者ニハ之ヲ適用セスト規定セルニ徵

シ明瞭ナル所ナリ元來第十一條第三號ハ六年ノ懲役又ハ禁錮以上ノ刑ニ處セラレタル者ハ終身選擧權及被選擧權ヲ有セサルコトヲ規定シ其處刑ノ原因カ選擧犯罪タルト否トヲ區別セサルヲ以テ第百二條第二項ノ規定ハ無用ナルニ似タリト雖モ若シ第二項ノ規定ヲ存セサルニ於テハ選擧犯罪ニ因リ處刑セラレタルモノハ其ノ刑期ノ如何ニ關セス第百二條ノ規定ヲ以テ刑罰期間ヲ律スルモノト解セラルルノ虞アルヲ以テ特ニ第二項ヲ規定シ此ノ如キ議論ヲ惹起スルノ餘地ナカラシメタルナリ

（三）　併合罪ノ場合ト第百二條ノ適用

選擧法違犯ノ罪ト他ノ刑罪法令違犯ノ罪ト倶發シ一個ノ併合罪ヲ定ムル場合ニ於テ刑法第四十七條第十條ノ規定ニ依リ選擧法違犯ノ罪ヲ重シトスル場合ニ付テハ論ナキモ他ノ刑罰法令違犯ノ罪ヲ重シトシテ之ニ基キ併合罪ヲ定メタル場合ト雖其刑ヲ以テ選擧法違犯ノ罪ヲモ處斷スルモノナルカ故ニ第百二條ノ適用ヲ受クルニ防ナシ（大正四年(れ)第三二一九號大正五年、一、二九、第三刑事部判決參照）

【判例】（一）　第百二條ノ法意

縣會議員選擧罰則違犯事件（大正九（れ）第八七九號大正九、五、一七、宣告）

府縣會議員選擧罰則違犯事件ニ付刑ノ言渡ヲ受ケタル者ニ對シ府縣制第四十條ニ依リ大正八年法律第六十號ニ因ル改正前ノ衆議院議員選擧法第百二條ヲ準用シテ選擧人及被選擧人タルコトヲ禁スルハ其目的同制第六條所定ノ選擧人及被選擧人タルコトヲ全然禁スルニ在ルヲ以テ其犯罪カ府會議員ノ選擧ニ關シ行ハレタルト縣會議員ノ選擧ニ關シ行ハレタルトニ依リ其制裁ヲ異ニスヘキモノニアラス原判決カ本件ニ付被告ニ對シ五年間府縣會議員ノ選擧人及被選擧人タルコトヲ禁止シタルハ正當ナリ

（二）　禁止スヘキ選擧權及被選擧權ノ種類

村會議員選擧罰則違犯事件（大正二（れ）第一九三一號大正二、一二、一三、判決）

町村制第三十七條衆議院議員選擧法第百二條ノ法意ハ選擧ニ關シ法規ニ違犯セル者ハ將來其選擧ト同種ノ選擧ニ關シ選擧權及ヒ被選擧權ノ行使ヲ禁止スルニ在ルコト明カナルヲ以テ第一審判決カ本件村會議員選擧罰則ニ觸レタル被告藤内以下三名ニ對シ選擧人及ヒ被選擧人タルコトヲ禁スト言渡シタルハ村會議員ノ選擧人被選擧人タルコト

ヲ禁スル趣旨ナルコト明白ニシテ原判決所論ノ說明ハ此趣旨ヲ明カニシタルモノニ過キサルカ故ニ其理由ハ毫モ控訴棄却ノ主文ト齟齬スルモノニアラス

（三）　判示期間ノ起算點

衆議院議員選擧法違犯事件（大正六（れ）第一二〇三號大正六、六、九、第三刑事部判決）

所論判示ノ禁止期間ハ言渡刑期滿了ノ翌日ヨリ起算スヘキモノナルコト法律ノ解釋上明白ニシテ特ニ判決中之ヲ明示スルコトヲ要スルモノニアラサルヲ以テ論旨理由ナシ

（註）　第二審判決ハ禁錮刑ヲ言渡シタルモノ

第百三條　本法ニ依リ處罰スヘキ犯罪ハ六箇月ヲ以テ時效ニ罹ル

【要旨】　本條ハ選擧法違犯罪ニ對スル公訴時效ヲ規定シタルモノニシテ舊法ニ對シ何等改正ヲ加ヘタル所ナシ而シテ本條ハ公訴時效ノ期間ニ付キ刑事訴訟法ノ原則規定ヲ變更スルニ過キス其ノ時效ノ起算點ニ付テハ何等特別ノ規定ヲナササルヲ以テ犯罪ノ行爲ノ日ヨリ之ヲ起算スヘキコト何等疑ヲ容ルル餘地ナシ（大正七年（れ）第七六九號大正七年四月二十五日第二刑事部判決參照）

罰則ノ改正ニ牽聯シテ一言セサルヘカラサルハ選擧事犯ニ依ル當選人ノ處罰カ選擧手續ニ如何ナル影響ヲ及ホスヘキヤヲ注意セサルヘカラサルコト是ナリ舊法ニ於テハ當選人カ選擧ニ關スル罰則ニ依リ處罰セラレタル結果無效トナリタルトキハ次點者ヲ以テ之ヲ補充スル旨ヲ規定セルヲ以テ（舊法第七十條參照）適法ナル次點者ノ存セサル場合ハ格別其ノ現存スル場合ニ於テハ更ニ選擧ヲ實施スルノ繁累ヲ避クルコトヲ得タレトモ改正法ニ於テハ絕對ニ次點者補充ノ主義ヲ排斥シタル結果此ノ如キ場合ニ於テハ下ニ述フルカ如キ三個ノ例外ノ場合ヲ除ク外原則トシテ必ス其欠缺シタル當選人ヲ補塡スル爲ニ再選擧ノ手續ヲ施行セサルヘカラス例外ノ第一ハ得票數同シクシテ年齡又ハ抽籤ニ依リ後順位トナリタル者カ當然選擧人トナル場合ナリ（改正法第七十條第二項參照）例外ノ第二ハ當選人其當選ヲ辭シタルニ由リ已ニ再選擧ノ期日ヲ告示シタル後ニ至リ曩ニ當選ヲ辭シタル者選擧犯罪ノ爲ニ有罪ノ判決ヲ受ケ當選無效トナリタル場合ナリ此ノ場合ハ改正法第七十四條第一項ニ所謂同項ニ掲クル事由ノ一ニ該當スル場合ニシテ其欠缺セル當選人ニ付同項所定ノ他ノ事由ニ依リ已ニ再選擧ノ期日ヲ告

示シタル場合ニ該當スルカ故ニ特ニ選擧犯罪ニ依リ處罰セラレタルコトヲ原因トシテ再選擧ヲ行フコトナシ例外ノ第三ハ議員辭職若ハ退職シタルニ由リ已ニ補闕選擧期日ヲ告示シタル後ニ至リ曩ニ辭職退職シタル者選擧犯罪ニ依リ有罪ノ判決ヲ受ケ其ノ當選無效トナリタル場合之ナリ此場合ハ同第七十四條第一項ノ同項ニ揭クル事由ノ一ニ該當スル場合ニ於テ其ノ欠缺セル當選人ノ補塡ニ付同第七十八條第四項ノ規定ニ依リ已ニ選擧ノ期日ヲ告示シタル場合トアルニ該當スルヲ以テ特ニ選擧犯罪ニ依リ處罰セラレタルコトヲ原因トシテ再選擧ヲ行フノ要ヲ見サルナリ此ノ如ク僅少ナル例外ノ場合ヲ除ク外選擧犯罪ニ依ル處罰ノ爲ニ當選無效ニ歸シタル場合ニ於テハ常ニ再選擧ヲ施行セサルヘカラサルカ故ニ自今此ノ如キ原因ニ基キ再選擧ヲ施行スルノ機會ハ從前ニ比シ著シク增加スヘク從テ又再選擧ニ伴ヒ選擧事犯ノ數モ自ラ多キヲ免レサルヘシ茲ニ於テカ候補者又ハ當選人ノ選擧事犯ニ對シテハ深ク思ヲ此點ニ費シ克ク事態ノ輕重ヲ甄別シテ起訴不起訴ノ判斷ニ愼重ナルヲ期スヘク苟モ其ノ措置ニ輕躁ナルカ如キハ嚴ニ之ヲ警メサルヘカラス

再選擧ニ關スル說明ヲ爲スノ機會ニ於テ議員ノ補闕手續ヲ考究スルノ要アリ舊法時代ニ於テハ選擧ノ日ヨリ一箇年以內ニ議員ニ闕員ヲ生シタルトキハ次點者ヲ以テ補充シ次點者ナキトキ又ハ選擧ノ日ヨリ一箇年以內ニ議員ニ闕員ヲ生シタル場合ニ於テハ補闕選擧ヲ施行シ來リタリト雖モ（舊法第七十八條參照）改正法ニ於テハ得票數同クシテ年齡又ハ抽籤ニ依リ當選人ト爲リタル議員闕員トナリタル場合ニ於テ年齡又ハ抽籤ニ依リ後順位トナリタル者ヲ以テ補充スル場合（改正法第七十八條第二項但書第三項參照）ノ外常ニ必ス補闕選擧ヲ行フヘク闕員ヲ生シタル時期ノ如何ヲ區別セサルカ故ニ改正法ノ下ニ於テハ從來ニ比シ補闕選擧ヲ行フノ機會多カルヘキナリ之レ選擧違犯ノ檢擧ニ從事スルモノノ正ニ留意セサルヘカラサル所ナリトス

【同答】　大正九年四月二十六日刑甲第七〇六號刑事局長通牒

問　法第九十一條ノ投票、投票函强奪第九十二條ノ首魁ノ如キ重罪ニ付テモ其時效ハ第百三條ニ依ルヘキヤ

答　然リ

【判例】 公訴時效ノ起算點

衆議院議員選擧法違犯事件（大正七（れ）第七六九號大正七、四、二五、第二刑事部判決）

上告趣意ハ第八點衆議院議員選擧法第百三條ノ公訴時效ハ選擧當日ヨリ起算スヘキモノニシテ若シ其選擧當日前ニ犯サレタル場合ハ其犯行ノ日ヨリ起算スヘキモノトス然ラハ本件選擧ハ大正四年三月二十五日ナルヲ以テ爾來六ケ月以上ヲ經過シタル後ニ提起セラレタル本件ニ對シ有罪ノ言渡ヲ爲シタル原判決ハ違法ナリト云フニ在リ然レトモ衆議院議員選擧法第百三條ハ同法違犯罪ノ公訴ノ時效ヲ六ケ月ト定メタルニ止マリ其起算點ニ付キ特別ノ規定ヲ爲ササルカ故ニ同法違犯罪ノ公訴時效ハ刑事訴訟法第十條ニ依リ犯罪行爲ノ當日ヨリ其期間ヲ起算スヘキモノナルコトハ論ヲ俟タサル所云々

第十二章　補　則

第百四條　選擧ニ關スル費用ニ付テハ勅令ヲ以テ之ヲ定ム

第百五條　選擧ニ關スル訴訟ニ付テハ裁判所ハ他ノ訴訟ノ順序ニ拘ラス速ニ其ノ裁判ヲ爲スヘシ

第百六條　郡長ヲ置カサル地ニ於テハ本法中郡ニ關スル規定ハ島司北海道廳支廳長其ノ他郡長ニ

準スヘキ者ノ管轄區域ニ、郡長ニ關スル規定ハ島司北海道廳支廳長其ノ他郡長ニ準スヘキ者ニ、郡役所ニ關スル規定ハ島廳北海道廳支廳其ノ他郡役所ニ準スヘキモノニ之ヲ適用ス(同上)

市制第六條ノ市又ハ沖繩縣若ハ北海道ノ區ニ於テハ本法中市ニ關スル規定ハ區ニ、市長ニ關スル規定ハ區長ニ、市役所ニ關スル規定ハ區役所ニ之ヲ適用ス

町村制ヲ施行セサル地ニ於テハ本法中町村ニ關スル規定ハ町村ニ準スヘキモノニ、町村長ニ關スル規定ハ町村長ニ準スヘキ者ニ、町村役場ニ關スル規定ハ町村役場ニ準スヘキモノニ之ヲ適用ス

第百七條 立會人指定ノ時刻ニ至リ參會セサルトキ又ハ參會シタルモ中途ヨリ定數ヲ缺キタルトキハ投票管理者、選擧長ハ臨時ニ選擧人ノ中ヨリ立會人ヲ選任スヘシ(同上ヲ以ヲ中改正)

第百八條 選擧人名簿ニ關スル訴訟、選擧訴訟及當選訴訟ニ付テハ本法ニ規定シタルモノヲ除クノ外總テ民事訴訟ノ例ニ依ル

第百九條 本法ニ於ケル直接國稅ノ種類ハ勅令ヲ以テ之ヲ定ム

第百十條 北海道及沖繩縣ニ於テ本法ノ規定ヲ適用シ難キ事項ニ付テハ勅令ヲ以テ別段ノ規定ヲ

設クルコトヲ得

第十三章　附　則

第百十一條　本法ノ適用ニ付テハ明治十三年第三十六號布告刑法ノ重罪ノ刑ニ處セラレタル者ハ六年ノ懲役又ハ禁錮以上ノ刑ニ、同法ノ禁錮ノ刑ニ處セラレタル者ハ六年未滿ノ懲役又ハ禁錮ノ刑ニ處セラレタル者ト看做ス（大正八年法律第六十號ヲ以テ改正）

【判例】（一）　大正八年法律第六〇號ノ施行時期

縣會議員選擧罰則違犯事件（大正九(れ)第二六八號大正九、五、八、宣告）

明治三十三年法律第七十三號衆議院議員選擧法第百十一條ニ本法ハ次ノ總選擧ヨリ之ヲ施行ストアリ又大正八年法律第六十號ノ同法改正規定附則ニ本法ハ次ノ總選擧ヨリ之ヲ施行トアルハ皆法例第一條ノ例外規定ニシテ次ノ總選擧ヨリト云フハ總選擧ノ時ヨリ施行スルモノトセハ總選擧ノ時ハ總選擧ヲ行フ期日ニ在ルモノト云フヘク總選擧ヲ行フニ先チタル衆議院解散ノ時若クハ衆議院議員ノ任期ノ滿了ノ時ノ如キハ總選擧ノ時ナリト謂フヘカラス又總選擧期日ヲ定ムル勅令公布ノ時ノ如キモ亦總選擧ノ時ナ

リト謂フヘカラス或ハ總選擧ヲ行フ必要ヲ生シタル時ヲ以テ施行期ニ入ルモノト爲シ從テ解散又ハ任期滿了ノ時ヲ以テ之ニ該當スルモノト爲ス見解ナキニアラサルモ要スルニ總選擧ヨリ施行ストノ規定ヲ以テ單ニ時ニ關スルモノトセハ總選擧ノ時卽チ總選擧ヲ行フ期日トスルヲ正當トスヘク總選擧ノ必要ヲ生スル時ト爲スハ中ラス然レトモ總選擧ノ期日ニ至ラサレハ施行セラレサルモノトセハ或規定ノ運用ヲ妨ケテ遂ニ期日ニ於ケル總選擧ヲ行フ能ハサルニ至ルヘキヲ以テ畢竟前揭衆議院議員選擧法ハ一般的ニ次ノ總選擧ノ期日ヨリ施行スルモ總選擧ノ準備タルヘキ諸般ノ命令規定其他選擧運動等ニ關スル禁止規定ハ右期日前ニ於テ施行力ヲ生スルモノト爲スヲ以テ法ノ精神ニ適合スルモノト謂フヘク明治三十三年法律第七十三號衆議院議員選擧法ノ解釋ニ關スル本院明治三十五年（れ）第一七四〇號事件竝ニ同年（れ）第一六三五號事件ノ判決モ亦之ト趣旨ヲ同シクスルモノトス故ニ大正八年法律第六十號同法改正規定附則ニ本法ハ次ノ總選擧ヨリ施行ストアルモ亦同一趣旨ナリト解スルヲ以テ妥當トス故ニ大正八年法律第六十號ノ改正規定ハ同法公布後ノ直近ノ總選擧期日タル大正九年五月十日

ニ對シテハ府縣制第四十條ニ依リ衆議院議員選擧法罰則ヲ準用スヘキ事犯ニ對シテハ施行力ヲ有セサルモノトス

（二）選擧人及被選擧人タルコトヲ禁スル處分ノ言渡ノ要否

衆議院議員選擧法違犯事件（大正九(れ)第一九七四號大正九、一一、一五、宣告）

被告ノ所爲ハ一箇ノ行爲ニシテ衆議院議員選擧法違犯ノ點ハ改正衆議院議員選擧法第八十七條第一項第五號ニ該當シ府縣會議員選擧罰則違犯ノ點ハ新舊兩法比照ノ結果府縣制第四十條舊衆議院議員選擧法第八十七條第一項第一號ニ該當スルヲ以テ之ヲ處斷スヘキ刑ヲ定ムルニハ刑法第五十四條第一項前段ニ依リ重キ改正衆議院議員選擧法ニ則ルヘキモ府縣會議員ノ選擧人及ヒ被選擧人タルコトヲ禁止スルハ處分トシテ刑罰ニ屬セサルヲ以テ該處分ハ本件ニ於テ之カ言渡ヲ爲スヲ要スルモノトス

第百十二條 明治十三年第三十六號布告刑法第二編第四章第九節ハ衆議院議員ノ選擧ニ關シテハ之ヲ適用セス（同上）

第百十三條 本法ハ東京府小笠原島並北海道廳根室支廳管內占守郡、新知郡、得撫郡及色丹郡ニハ當分ノ內之ヲ施行セス（同上ヲ以テ追加）

大審院検事局決議

大審院檢事局決議（大正六年決議）

【問】一　選擧運動者ニ對シ投票買收方ヲ寄託シテ其必要ナル買收資金ヲ授受シタル場合ノ處分如何

但シ其運動者ニ對スル報酬的利益ヲ包含セスト認ムル場合

【決議】犯罪成立セス

【問】二　選擧運動者ニ對シ日當トシテ或一定ノ金額ヲ給與シ其內ニテ便宜車馬賃飲食料等ノ支拂ヲモ爲サシムル行爲ハ第八十七條第一項（第一號）ニ該當スルヤ

【決議】日當トシテ金錢ヲ給與スルモ其實質カ實費ノ辨償ニ過キサル場合ハ罪ト爲ラスト雖モ實費以外ニ多少ナリトモ報酬ノ意ヲ包含セシメテ給與シタルモノナルトキハ第八十七條第一項（第一號）ニ該當スルモノトス而シテ日當トシテ一定ノ金額ヲ給與シタル場合ニ於テハ實際上報酬ノ意ヲモ包含スルモノト認メラルル場合多カルヘシ

【問】三　某職人ニ運動ヲ依頼シ運動ニ要スル實費以外ニ尚職業上平常其ノ者ノ得ヘキ賃銀高ニ當ル金額ヲ支給シタルトキハ如何

【決議】第八十七條第一項（第一號）ノ運動者ニ金錢ヲ供與シタル場合ニ該當ス

【問】四　候補者カ運動者ニ對シ後日精算ヲ要セストノ意味ヲ以テ請負的ニ或一定ノ金額ヲ給與スル行爲ハ罪ト成ルヤ

【決議】其交付シタル金額カ實費ヲ超ヘ報酬ノ趣意ヲモ包含スルモノト認メ得ヘキトキハ第八十七條第一項第一號ニ該當スヘシト雖モ實費ノ額ヲ超ヘサルトキハ運動者ニ於テ之ヲ節約シテ得タル剩餘金ヲ返辨スルヲ要セサル場合ニ於テモ犯罪成立セス

【問】五　金錢ヲ得テ候補ヲ辭退シタル場合ニ其者カ有權者ナル場合如何右金錢ノ授受行爲ハ單ニ辭退ノ代償ニ過キサルトキハ第八十七條第一項（第一號）ヲ適用スヘキ限ニアラサル樣解セラル如何

【決議】金錢ノ授受カ單ニ辭退ノ代償ニ過キサルトキハ其者カ偶マ有權者ナリトスル

モ第八十七條第一項第一號ニ該當セス從テ罪ト爲ラス但辭退ノ事實以外ニ金錢ヲ與ヘタル者ノ爲メニ選擧人ニ對シテ投票ヲ勸誘シ若クハ推薦ノ意ヲ含メル演説ヲ爲ス等選擧ニ關シテ利益ナル或行動ヲ採ルヘキ約旨ノ下ニ金錢ヲ授受シタルモノト認ムヘキ事實伴フトキハ運動者ニ金錢ヲ供與シ竝ニ供與ヲ受ケタル場合ニ該當スヘシ

【問】六　自己以外ノ議員候補者ノ選擧運動者タルヘキ虞アル者ヲ豫メ買收シテ選擧運動ニ全ク干與セシメサルコトアリ斯ノ如キ場合ハ第八十七條第一項（第一號）ニ該當スト認メ得ルヤ

【決議】該當セス從テ本問ノ場合ハ罪ト爲ラス

【問】七　前項處罰ノ途ナシト假定セハ其ノ運動者已ニ運動ヲ開始シ居リシトキ之ヲ買收シテ其運動ヲ中止セシメタル場合ハ如何

【決議】第八十七條第一項（第一號）ノ運動者ニ對シ金錢ヲ供與シ又ハ其申込ヲ爲シタル場合ニ該當ス

【問】八　知名ノ人ノ筆跡ヲ有權者又ハ運動者ニ供與シタルモノ又ハ候補者自ラ有權者又ハ運動者ノ依賴ニ應シテ其供提シタル絹地又ハ紙ニ揮毫シ與ヘタルトキハ之ヲ犯罪トシテ檢擧スヘキヤ

【決議】筆跡又ハ揮毫カ財産上ノ價値ヲ有スル場合ハ第八十七條第一項（第一號）ニ該當スルヲ以テ檢擧スルコトヲ得

【問】九　選擧有權者ニ對シ候補者又ハ運動者ヨリ假令端書又ハ繪端書一枚ノ微品ニテモ供與シタル以上ハ犯罪ト認メテ檢擧スヘキヤ

【決議】第八十七條第一項（第一號）ノ其他ノ利益ノ供與ニ該當スルヲ以テ一般的ニ配付シタルカ如キ場合ニ於テハ事情ニ依リ檢擧スルコトヲ得

【問】一〇　新聞紙ヲ無代ニテ選擧人ニ配付シタル場合卽チ左記事例ノ如キ場合ニハ犯罪成立スルヤ

一　候補者カ自己ノ政見ヲ掲載セル新聞紙ヲ配付シタルトキ

二　一月又ハ二月間引續キ配付シタルトキ

三　某政派ノ機關新聞社カ候補者推薦廣告ヲ掲ケテ購讀者以外ノ有權者ニ配付シタルトキ

四　販路擴張ノ意味ヲ裝ヒ無代進呈トシテ配付シタルトキ

【決議】單ニ政見ヲ掲載シタル印刷物ヲ配付スルノミノ意味ナリト認メ得ル場合ハ利益ノ供與ト認ムルヲ得サルヲ以テ犯罪成立セス從テ第一ノ場合ハ通常罪ト爲ラス第二第三第四ノ場合ハ利益ノ供與ト認メ得ラルル場合多カルヘシト雖モ要スルニ配付日數ノ長短又ハ政見發表ニ關スル文詞ノ分量ノ如何ニ拘ハラス單ニ政見ヲ知ラシムル目的ニ出テ利益ヲ與フル趣旨ヲ包含セサルヤ否ヤニ依リ犯罪ノ成否ヲ決スヘキモノトス

【問】一一　候補者カ自己ノ政見ヲ著述シタル印刷物ニシテ市場ニ販賣シアル冊子ヲ有權者ニ無償配付シタル場合ノ處分如何

【決議】前項決議ノ趣意ニ依ル

【問】一二　職務供與ノ申込ニ關シ左ノ如キ場合如何

一　職務供與ノ權能ナク且ツ之ヲ客觀的ニ見テ其權能ナシト認メラルル者ノ行爲ナル場合

二　實際ハ職務供與ノ權能ナキモ供與ヲ實現シ得ル「プロバビリチー」アル者ト認メ得ラルル場合

三　汝ノ伜ニ職務ヲ供與セント申込ミタル場合（處罰シ得ルトセハ何ニ據ルカ）

【決議】第一及第二ノ場合ニ付テハ職務ノ供與ヲ申込ミタル事實アル以上ハ職務供與ノ權能ノ有無又ハ職務ノ供與ヲ實現シ得ルモノト認メ得ヘキ事情ノ存否ニ拘ハラス第八十七條第一項（第一號）ノ職務ノ供與ヲ申込ミタル者トアルニ該當ス
第三ノ場合ハ第八十七條第一項（第三號）ニ所謂選擧人ノ利害關係ヲ利用シタルモノニ該當ス

【問】一三　罰則第八十七條ノ所謂申込ハ對手人ニ於テ通告ヲ受クルヲ要スルヤ
事例ノ一、買收金爲替券封入ノ郵便物ヲ發送未着ノ場合（但有權者其情ヲ知ラサル場合）

其ノ二、特定ノ有權者ニ對シ交付スヘク其情ヲ知ラサル使者ニ寄託シタル場合（但同上）
其ノ三、包括的ニ或ル部落ノ有權者ヲ特定シ買收金ヲ區長若クハ組長ニ交付シタル場合（但其區長若クハ組長ノ有權者タラサル場合）
其ノ四、有權者ニ交付スヘク其家族ニ買收金ヲ寄託シタル場合

【決議】申込カ對手人ニ到達シタルコトヲ要ス從テ第一第二ノ事例ハ罪トナラス第三ノ事例ニ於テハ區長若クハ組長カ有權者ノ代理人ト認メ得ヘキ事實アルトキハ第八十七條第一項（第一號）ノ金錢ノ供與ニ該當スヘキモ然ラサレハ罪トナラス又第四ノ事例ニ於テハ其實際ノ事情ニ依リ本人ニ申込ミノ到達シ若クハ本人ニ金圓ヲ交付シタルト同一ニ認メ得ヘキ場合ノ外犯罪成立セス

【問】一四　左ノ如キ事例ノ場合ハ第八十七條第一項（第二號）ニ該當スルヤ
事例ノ一、選擧爲（依賴ヲ受ケタル運動者ニアラス又有權者ニモアラス唯各所ノ事務所ヲ訪問シ選擧界ノ狀況ヲ物語リ有利ノ運動ヲ爲スモノヽ如

ク裝ヒ徘徊スルモ其實飮食ヲ目的トスル者）ニ事務所ニ於テ豫メ用意シ置タル辨當ヲ供與スル場合

其ノ二、選擧運動者ニ對シ食時每ニ多少酒肴ヲ供スル場合

其ノ三、候補者ノ政見ヲ聽クヘク懇親會ヲ開キ其ノ候補者ヲ饗應シタル場合

其ノ四、選擧後當選者若クハ其代表者カ選擧人及運動者等ノ家族又ハ選擧ニ關係ナキ朋友等ヲ招待シ祝宴會ヲ催ス場合

【決議】第一、第三、第四ノ事例ハ第八十七條第一項（第二號）ニ該當セス第二ノ事例ハ事實上ノ程度問題トス但第四ノ事例ニ於テモ選擧人又ハ運動者本人ヲ招待スルモ其實選擧人又ハ運動者ニ對シ選擧ニ關スル謝意ヲ表スルニアルカ如キ特殊ノ事情アルトキハ犯罪成立スヘシ

【問】一五　投票所ヘ狩出シ來ル爲メ選擧人ヲ訪問シ自己ノ乘行キタル車馬ニ同乘シ來リタル場合ノ處分如何

【決議】第八十七條第一項（第二號）ノ車馬ノ供給ニ該當ス

【問】一六　八十七條第一項(第二號)中ニアル代辨ノ意義如何卽チ一時ノ立替ノ如キ包含スルヤ

【決議】一時ノ立替ハ代辨ノ好適例ナリト認ム但立替名義ノ下ニ支拂ヲ爲スモ之カ辨償ヲ受ケサル趣意ナルトキハ第八十七條第一項（第一號）ノ利益ノ供與ニ該當スヘシ

【問】一七　旅費又ハ休泊料ノ代辨ハ選擧會場、開票所若クハ投票所ニ往復スル爲メニ爲ス場合ニアラサレハ第八十七條第一項(第二號)ニ該當セサルヤ又旅費及休泊所ノ代辨ハ選擧人ノ爲メニスル場合ニアラサレハ本號ニ該當セサルヤ

事例ノ一、選擧ニ關シ演說會若クハ懇談會等開催ニ際シ來集シタル有權者ノ休泊料等ヲ代辨シタル場合

其ノ二、選擧運動者ノ旅費又ハ休泊料ヲ代辨シタル場合

【決議】旅費又ハ休泊料ノ代辨ハ選擧會場、開票所又ハ投票所ニ往復スル爲メ及選擧

人ノ爲メニスルトキニ於テノミ本號ニ該當スヘキモノトス從テ事例ノ場合ハ孰レモ本號ノ適用ヲ受ケストモ雖モ第一ノ事例ノ場合ハ其事情如何ニ依リ第八十七條第一項（第一號）ノ其他ノ利益ノ供與又ハ同（第二號）ノ接待ニ該當又第二ノ事例ノ場合ハ運動ニ關スル實費ノ範圍ヲ超ユルトキハ亦其他ノ利益ノ供與ニ該當スヘシ

【問】一八　第十七條第一項（第三號）ノ「其ノ他利害ノ關係」トハ有形的若クハ例示セル用水、小作、債權ニ類似セル利害關係ノミヲ謂フモノナリヤ將又職務婚姻等人事的利害ヲモ包含スルヤ

【決議】有形無形ヲ問ハス例示ニ類似セルト否トヲ論セス選擧人又ハ其ノ關係アル社寺、學校、會社、組合、市町村等ニ對スル一切ノ利害關係ヲ包含スルモノトス從テ職務婚姻等人事的利害ノ誘導モ第三號ニ該當ス

【問】一九　選擧人ニ對シ公私ノ職業ヲ授與セラレムコトヲ斡旋スヘク又ハ關係町村ノ社寺佛閣ノ資格昇騰或ハ鐵道敷設、港灣修築ノ問題ニ盡力スヘク若クハ各種

ノ補助金請願等ノ運動ヲ爲スヘキ旨ヲ以テ誘導シタル場合ノ處分如何

【決議】 鐵道敷設、港灣修築ノ問題云々ニ付テハ單ニ政治上ノ意見トシテ發表シタルニ過キサルトキハ犯罪ヲ構成セス其他ノ場合ハ第八十七條第一項（第三號）ニ該當ス

【問】 二〇 第八十八條（第一號）及第九十一條ノ暴行ハ直接ニ選擧人又ハ選擧吏員ノ身體ニ對スル場合ノミニ限ルヤ

事例 財産又ハ家族ニ對シ暴行ヲ爲シタル場合

【決議】 本條ノ暴行トハ本人ノ身體ニ對スル場合ノミヲ謂フ但事例ノ場合ハ本人ニ對スル脅迫ノ罪ヲ構成スルコトアルヘク又多衆聚合シテ犯ストキハ本人ノ身體ニ對スル暴行ナラサルモ刑法第百六條ニ該當スヘシ

【問】 二一 第八十八條（第一號）ノ拐引トハ詐言ヲ以テ誘引スルヲ要スルヤ

事例ノ一、他派ニ奪取セラレンコトヲ慮リ有權者ノ承諾ヲ得テ投票所ニ同行シタル場合

其ノ二、自派贊成ノ有權者ヲ前日ヨリ一定ノ場所ニ集合セシメ置キ翌朝投票所ニ同行シタル場合

【決議】拐引トハ必スシモ詐言ヲ用キテ誘引スルコトヲ要セス脅迫ノ程度ニ達セサル勢威ヲ示シ其他諸般ノ方法ニ依リテ誑惑セシメ一定ノ場所ニ誘致スル場合ヲ總稱スルモノトス事例ノ場合ハ他ニ何等ノ事實ナキニ於テハ拐引ニ該當スルモノト言フヲ得スト雖モ斯ノ如キ場合ニ於テハ實際上拐引ト認ムヘキ事情ノ伴フコト多カルヘシ

【問】二二　第八十八條第一號ノ脅迫ハ刑法第二百二十二條ノ脅迫ノ意義ト同一ニ解スヘキヤ

【決議】第八十八條第一號ノ場合ニ於テハ其ノ內容タル害惡ハ刑法脅迫ノ罪ニ於ケルカ如ク必スシモ本人若ハ親族ニ對スルモノナルコトヲ要セス

【問】二三　村內ノ交際上絕交理由ノ正當ナル事情ニ基キ爲シタル村省キハ第八十八條第一號ノ所謂脅迫ニ該當セサルヤ

【決議】「村省キ」ニ付キ正當ノ理由アル場合ト雖モ選擧ニ關シテ之ヲ利用シタルトキハ第八十八條第一號ノ脅迫又ハ第三號ノ威逼ニ該當スヘシ

【問】二四　小作料又ハ借地料ヲ暴騰セシメ若クハ解約セント脅迫スル行爲ハ第八十八條第一號ニ該ルヤ又ハ同條第三號ニ該ルヤ(脅迫ト威逼トノ區別)

【決議】被告者ノ意思ニ及ホスヘキ影響ノ程度如何ニ依リ或ハ脅迫ト爲リ或ハ威逼ト爲ルヘク要スルニ各個ノ具體事實ニ依リ決スヘキモノナリト雖モ本問ノ如キ場合ハ實際上概ネ威逼ニ該當スルナルヘシ

【問】二五　第八十八條(第二號)往來ノ便ヲ妨クル行爲ハ選擧權行使妨害ノ事實發生ヲ要件トセサルヤ

【決議】往來ノ便ヲ妨ケタル結果ヲ生シタルコトヲ必要トス

【問】二六　故意ニ沿道ノ舟車悉皆若クハ電車ノ全部ヲ買切リタル事實ハ第八十八條(第二號)ノ往來妨害ニ包含スルヤ

【決議】選擧ニ關シテ故意ニ之ヲ行ヒ選擧人ニ對シ往來ノ便ヲ妨ケタルトキハ本號ニ

該當スヘシ

【問】二七 詐欺ノ手段ヲ以テ選擧權ノ行使ヲ妨害スル罪ハ特定ノ選擧人ニ對スルニアラサレハ成立セサルヤ

【決議】特定ノ選擧人ニ對スルヲ要セス但選擧權ヲ行使スルニ當リ現實ニ妨害ヲ與ヘタルコトヲ要ス

【問】二八 選擧事務ニ關係アル吏員ニシテ投票所閉鎖後ニ於テ選擧人ノ投票シタル被選選人ノ氏名ヲ表示シタル場合仍ホ第八十九條ヲ以テ罰スルヤ

【決議】投票所閉鎖ノ前後又ハ開票ノ前後ヲ問ハス第八十九條ニ該當スルモノトス

【問】二九 第八十九條ニ云々選擧人ヲ投票シタル被選擧人ノ氏名ヲ表示シタル者トアル者トアルハ選擧人ト被選擧人トノ氏名ヲ併セテ表示シタル場合ノミヲ謂フヤ或ハ被選擧人ノ氏名ノミヲ表示セル場合ヲモ指稱スルヤ

【決議】選擧人ト被選擧人トノ氏名ヲ併セテ表示シタル場合ノミナラス被選擧人ノ氏名ノミヲ表示シタル場合ヲモ指稱スルモノトス但開票後ニ於テハ既ニ公ニセラ

レタル被選擧人ノ氏名、投票數等ヲ表示スルハ罪ト爲ラス從テ開票後ニ於テハ選擧人ト被選擧人トノ氏名ヲ併セテ表示シタル場合ニ於テ本條ノ適用ヲ見ルコト多カルヘシト雖モ各投票所ニ於ケル被選擧人ノ氏名ヲ表示シタルカ如キ場合ハ選擧人ノ氏名ヲ併セテ表示セサルモ本條ヲ適用シテ處罰スヘキモノトス（五十五條第二項參照）

【問】三〇　第九十條ノ正當ノ理由ナクシテ投票ニ關渉トハ選擧人ノ自由意思ヲ阻害スルヲ要件トスルヤ

事例　投票所ニ於テ他人ノ投票ニ關シ協議又ハ勸誘ヲ爲シタル場合（選擧法第四十九條參照）

【決議】選擧人ノ自由意思ヲ阻害スルヲ要セス從テ事例ノ場合ハ法文ニ投票ニ關渉トアルニ該當スルモノトス

【問】三一　第九十一條及第九十二條ノ騷擾罪ニ選擧會場、開票所若クハ投票所ノ閉鎖ノ前後ヲ問ハス成立スルヤ

【決議】閉鎖ノ前後ヲ問ハス各其ノ事務取扱中（投票所ニ付テハ投票函、投票録及選擧人名簿ヲ開票管理者ニ發送スル迄（四十二條參照）開票所ニ付テハ開票ノ結果ヲ選擧長ニ報告スル迄（六十一條參照）選擧會ニ付テハ選擧錄完成ニ至ル迄（六十七條參照））ニ於テハ本條ノ犯罪成立スルモノトス

【問】三二　選擧演說會開催ノ場合ニ於テ合圖トシテ爲ス煙火打揚ハ仍ホ第九十五條ニ違背スルヤ

【決議】選擧ニ關シ氣勢ヲ張ルノ目的ヲモ有スルモノト認メ得ヘキトキハ第九十五條ノ適用ヲ免レサルモノトス

【問】三三　第九十六條ノ敎唆ハ各本條規定ノ結果ヲ生セサルモ仍ホ之ヲ處罰スルヤ

【決議】本條ノ罪ノ成立ニハ敎唆ノ行爲アルヲ以テ足リ結果ノ發生ヲ必要トセス

【問】三四　第八十六條乃至第八十八條及第九十條第九十八條等ノ敎唆ハ如何ニ處分スヘキヤ

【決議】敎唆ニ關スル刑法ノ規定ヲ適用シテ處斷スヘキモノトス

本問列記ノ各條ノ場合ノミナラス第九十六條ノ行爲ヲ敎唆シタル場合亦同シ

【問】三五　第九十七條ノ虚僞ノ事項中ニハ誇張的事實ノ吹聽若クハ流布モ仍ホ包含スルヤ

事例　誇張的ニ人身攻擊ノ目的ヲ以テ其非行ヲ潤色論難スル場合

【決議】事實ヲ誇張シタル場合ト雖モ其程度ニ依リ法文ニ虚僞ノ事項トアルニ該當スヘシ

大審院判決例
大審院檢事局決議
司法省質疑問答
衆議院議員選擧罰則（終）

附録

選擧訴訟及當選訴訟ニ關スル大審院判決要旨

選擧訴訟及當選訴訟ニ關スル大審院判決要旨

目次

選擧訴訟及當選訴訟ニ關スル大審院判決要旨

一　選擧訴訟ニ關スル判決要旨

一、衆議院議員選擧法第百八條ハ選擧訴訟ニ付テハ民事訴訟法中其ノ性質上準用ヲ許サヽル規定ヲ除キ他ノ規定ハ總テ之ヲ準用スルノ法意ナリ故ニ從參加ヲ爲スノ權能ヲ與ヘタル民事訴訟法第五十三條ノ如キモ亦該訴訟ニ準用スヘキモノトス（三五、一、一四判決）

一、選擧長ニ屬スル權利ノ如キハ固ヨリ選擧長タル資格ニ專屬スルモノニシテ其ノ資格ヲ有スル者ニ非サレハ之ヲ行フコトヲ得サルヤ勿論ナレハ民事訴訟法第五十八條ノ規定ノ如キハ之ヲ選擧訴訟ニ準用スヘキモノニ在ラス（三五、一、一四判決）

一、當選者ノ選擧訴訟若ハ當選訴訟ノ判決其ノ他選擧ニ關スル處罰ノ結果當選ノ無效ニ屬スルニ依テ始メテ其ノ議員タル資格ヲ失ヒ從テ之ニ屬スル權利ヲ失フニ止マリ選擧訴訟ノ提起アリタルカ爲直ニ資格ニ屬スル權利ヲ失フモノニ在ラス（三五、一一、一四判決）

一、選擧訴訟ニ於テ選擧無效ナリト確定スルトキハ當選者ハ其議員タルノ權利ヲ喪

失スルヲ以テ卽其訴訟ニ關シ權利上利害ノ關係ヲ有スル第三者ナリトス（三五、八、一一、判決）

一、選擧訴訟ノ判決ニ依リ選擧無效ト爲リタルトキハ地方長官ハ當選證書ヲ取消スヘキモノナレハ其ノ判決ノ結果カ當選者ニ法律上直接ノ效力ヲ及ホスコト明確ナルヲ以テ該訴訟ニ於ケル當選者ハ民事訴訟法第五十三條ニ所謂權利上利害ノ關係ヲ有スルモノニ該當ス（三六、六、二判決）

一、衆議院議員選擧ニ於テ投票人員百四名ニ對シ投票ノ數百五票アリタル場合ト雖モ當選ノ結果ニ異動ヲ及ホササルコトノ明確ナル限ハ其ノ選擧ヲ無效ト爲スヘキモノニ在ラス（三七、一二、一六判決）

一、衆議院議員ノ選擧訴訟ニ於テ選擧長タル知事カ被告ト爲リタル場合ニ其ノ指定セル官吏ハ自ラ知事代理トシテ訴訟行爲ヲ爲スコトヲ得ルモ知事代理カ更ニ他ノ代理人ヲ任命シテ訴訟行爲ヲ爲サシムルコトヲ得ヘキ明文ナケレハ衆議院議員選擧法第百八條民事訴訟法第六十三條ニ依リ辯護士ヲ以テ訴訟代理人トシ之ヲ爲サシムルノ外法律ノ許ササル所ナリトス（三八、七、一〇判決）

一、衆議院議員選擧法第八十條ニ所謂選擧ノ效力ニ關シ異議アル場合トハ選擧ニ瑕疵アルコトヲ爭フ場合ヲ指稱ス從テ補闕選擧ニ依リ選擧セラレタル者カ總選擧ノ際選擧セラレタル議員ノ補闕ヲ爲スコトヲ得ルヤ否ノ如キ爭訟ハ之ニ包含セス（四〇、一、二二判決）

一、法令ニ於テ一定ノ期間内ニ申立ヲ爲スヘキ旨ヲ規定シタルトキハ特別ノ規定アラサル限リ其ノ申立ハ期間内ニ當該官憲ニ到達スルコトヲ要ス（四一、五、二六判決）

一、衆議院議員ノ選擧人名簿ニ脱漏又ハ誤載アルコトヲ發見シタル選擧人カ町村役場ヲ經由シテ郡長（北海道ニ在リテハ支廳長）ニ申立書ヲ提出スル場合ニハ必ス法定ノ期間内ニ其ノ郡長又ハ支廳長ニ到達スヘキ用意アルコトヲ要ス（四一、五、二六判決）

一、選擧訴訟ハ其ノ目的選擧ノ效力ヲ爭フニ在ルヲ以テ原告カ其ノ訴ノ原因トシテ選擧權ナキ者ノ無效投票及被選擧人ノ何人タルヲ確認シ難キ無效投票ヲ以テ有効ナリトシ當選人ト爲スヘカラサル者ヲ當選人ト爲シタルコトヲ主張シ以テ選擧ノ效力ヲ爭フハ不適法ニアラス（四二、二、一九判決）

一、衆議院議員選擧法第四十六條ハ公ノ秩序ニ關スル規定ニシテ何人カ隨意ニ被選擧人ノ氏名ヲ陳述スルモ其ノ效ヲ有セサレハ裁判所モ亦其ノ陳述ヲ取捨スヘキ限リニ在ラス(判決四二、一二、一〇)

一、衆議院議員選擧法第四十六條ノ規定ハ選擧人トシテ投票ヲ行ヒタル者カ實際選擧權ヲ有スルト否トヲ分タス之ヲ適用スヘキモノナリ(判決四二、一二、一〇)

一、選擧訴訟ニ於ケル訴ノ原因タル事實ノ提出ニ付テハ何等ノ制限ナキヲ以テ最初提出シタル原因ニ代フルニ他ノ原因ヲ以テスルモ或ハ更ニ新ナル原因ヲ加フルモ自由ナリトス從テ一旦三十日ノ法定期間内ニ訴ヲ提起シタルトキハ其ノ進行中ハ縱令法定期間經過後ト雖訴ノ原因ヲ變更シ又ハ新ナル原因ヲ追加スルコトヲ得ヘキモノトス(判決大正三、二、一三)

一、衆議院議員選擧法第八十五條第一項供託法第一條ニ依リ供託ヲ爲シタル場合ニ於ケル供託者ト金庫トノ關係ハ所謂供託契約ニ基ク私法的法律關係ナルヲ以テ供託法第八條第二項ニ依リ供託原因ノ消滅シタルコトヲ理由トシテ供託物ノ取戻ヲ請求スル權利ハ一種ノ債權ナリトス(判決大正四、二、一五)

一、衆議院議員選擧ノ投票用紙ノ印影ハ或ハ鮮明ヲ缺キ或ハ完全ナラスシテ一見直ニ當該廳府縣ノ印章タルコトヲ認識シ得サルモ之ヲ熟視シテ其ノ印章ノ押捺シアルコトヲ認識スルコトヲ得ル以上ハ違式ノモノニ在ラス（大正四、一、一八判決）

一、衆議院議員選擧法第八十條第一項ニ依リ選擧人ノ提起スル選擧訴訟ハ選擧ノ一部又ハ全部ノ無效宣言ヲ求ムルモノニシテ選擧ノ規定ニ違背シタルコトカ當選ノ結果ニ異動ヲ及ホスノ虞アル場合ニ限ルモノトス（大正四、一二、一四判決）

一、衆議院議員選擧法第八十一條第一項ニ所謂當選ノ結果ニ異動ヲ及ホスノ虞アル場合トハ當選人ト定メラレタル者ノ當選ニ付立言シタルモノナレハ同法第七十八條第一項ニ依ル補充當選ニ影響ヲ及ホスノ虞アル場合ヲ包含セサルモノトス（大正四、一二一四、判決）

一、衆議院議員選擧法第八十條第一項第八十二條第一項ニ所謂控訴院トハ當該選擧ノ行ハレタル地ヲ管轄スル控訴院ヲ指スモノトス（大正四、一二、二八判決）

一、衆議院議員選擧ノ效力ニ關スル異議ノ訴ハ選擧人ニ非サレハ之ヲ提起スルコトヲ得ス從テ當該選擧ニ於ケル選擧人タル事實ハ同訴訟ノ理由アラシムルニ缺クヘカラ

サルモノナルヲ以テ原告ヨリ之ヲ主張シ且立證スヘキモノトス（大正五、三、一七判決）
一、衆議院議員選擧法第八十條第一項ニ所謂選擧ノ日ハ同第二十八條第七十四條第一項若ハ第七十八條第三項等ノ規定ニ依リ定メラレタル選擧ノ期日ハ卽選擧ノ行ハルヘキ日ヲ指稱スルモノトス（大正五、九、一八判決）
一、衆議院議員選擧法第八十條ニ依リ選擧長ニ對シ選擧訴訟ヲ提起スルニハ單ニ當該選擧區ニ於テ選擧人トシテ選擧權ヲ有スルヲ以テ足リ現ニ投票ヲ爲シタルコトヲ必要トセス（大正五、一一、二七判決）
一、原告甲カ市部乙ハ郡部ノ選擧ノ效力ニ關シ選擧長ヲ被告トシ同一性質ノ事實上及法律上ノ原因ニ基キ衆議院議員選擧法第八十條ニ於ケル選擧訴訟ニ依ル投票無效ノ宣言ノ請求ヲ爲ストキハ右原告ハ總テ同法第百八條ニ依リ民事訴訟法第四十八條第三號ノ共同訴訟人ニ該當スルモノトス（大正五、一一、二七判決）
一、衆議院議員選擧人カ民事訴訟法第四十八條第三號ニ依リ共同シテ一箇ノ訴ヲ以テ選擧訴訟ヲ爲ス場合ニ於テハ選擧法第八十五條第一項ニ依ル保證金ハ一箇ノ訴ニ對

スルモノヲ供託スルヲ以テ足レリトス（大正五、一一、二七 判決）

一、衆議院議員選擧カ投票記載所ナル卓子ノ目隱枠板ニ選擧候補者ノ氏名ヲ記載セルモノヲ發見シ管理者ハ直ニ之ヲ取替ヘ又之ト前後シテ投票所内ニ選擧候補者用名刺散布シアルヲ發見シテ收去シタルモ入場選擧人多數ノ目擊スル所ト爲リタルカ如キ事實ノ下ニ行ハレタル場合ニ於テモ直接法令ノ規定ニ違背セサルハ勿論之ヲ有效トスルモ選擧法規ノ精神ニ背戻スル所ナキモノトス（大正六、九、一二 判決）

一、衆議院議員選擧法第四十七條ハ投票管理者カ投票所ノ秩序ヲ保持スヘキ職責ヲ規定シ同法第四十九條ハ投票所ノ秩序ヲ紊ル者アル場合ニ於テ投票管理者ノ處置方法ヲ規定シタルモノニシテ孰レモ選擧人ヲシテ安全ニ選擧權ヲ行使スルコトヲ得セシメ以テ選擧ノ自由公正ヲ確保スル精神ニ出テタルモノトス（大正六、九、一二 判決）

一、衆議院議員選擧法第四十九條所定ノ紊亂行爲アリタルトキト雖其ノ紊亂ノ程度カ選擧ノ自由公正ヲ阻害スルノ著シキ場合ニ非サレハ選擧ノ效力ヲ防ケサルモノトス（大正六、九、一二 判決）

一、衆議院議員選擧法第百八條ハ選擧訴訟及當選訴訟ニ付テハ純然タル訴訟手續ニ屬スルモノト否トヲ問ハス選擧法ニ特別規定アルモノノ外悉ク民事訴訟法ヲ適用スヘキ法意ナリトス從テ里程猶豫ノ爲ニスル出訴期間ノ伸長ニ關シ別段ノ規定ナキ衆議院議員選擧法ニ在リテハ此ノ點ニ付民事訴訟法第百六十七條ノ規定ヲ適用スル趣旨ト認ムルヲ相當トス（大正六、一二、二〇判決）

一、衆議院議員選擧法第八十一條第一項ニ所謂「當選ノ結果ニ異動ヲ及ホスノ虞アル場合」トハ異動ヲ及ホスヘシト思料セラルル場合ヲ意味スルモノニシテ具體的當選者カ當選者タラス落選者カ當選者ト爲ルノ結果ヲ惹起スヘキ事情ノ存在ヲ必要トスルハ勿論ナリトス（大正六、一二、六判決）

一、衆議院議員選擧法第八十一條第一項ニ所謂當選ノ結果ニ異動ヲ及ホス虞アル場合トハ選擧ノ規定ニ違背シテ爲シタル無效投票ヲ控除スルノ結果當選者タル資格ヲ失フヘキ者ヲ生スル虞アルカ如キ場合ヲモ指稱スルモノトス（大正六、一二、六判決）

一、如上ノ事實アルトキハ當然選擧ノ全部又ハ一部ノ無效ヲ宣言スヘキモノニシテ特定ノ當選者ニ對スル無效ヲ宣言スヘキモノニ非サレハ當選者中當選ノ結果ニ影響ヲ及ホス虞ナキ者ト然ラサル者トヲ區別シ其ノ影響ヲ受クヘキ當選者ニ對スル關係ニ於テノミ無效ヲ宣言スヘキモノニ在ラス（大正六、一二、六判決）

一、選擧訴訟ニ於テ衆議院議員選擧法第八十一條第一項ニ該當スルモノト認メタルトキハ縱令當選訴訟ノ提起セラレサル場合ト雖裁判所ハ選擧ノ全部又ハ一部ノ無效ヲ判決スルコトヲ得ルモノトス（大正六、一二、六判決）

一、衆議院議員選擧法第八十一條第一項ノ當選ノ結果ニ異動ヲ及ホス虞アルヤ否ヲ判定スルニハ或選擧區ニ於ケル各當選者及落選者ノ得票數ヨリ無效投票數ヲ控除シテ其ノ殘餘ノ得點數ヲ比較シ當選者カ落選シ又ハ落選者カ當選者ト爲ルヘキ事情ナキヤヲ判定シテ之ヲ決スヘキモノトス（大正六、一二、六判決）

一、衆議院議員選擧法施行令第七條及同法第二十條ノ規定ハ選擧人名簿ノ正確ヲ期スルカ爲該名簿ノ確定前豫メ選擧人ヲシテ該名簿ノ脫漏又ハ誤載ノ有無ヲ檢シ同法第二十一條ニ依ル修正申立ノ機會ヲ得セシムルノ趣意ナリトス（大正六、一二、一三判決）

一、郡長市長村長カ如上ノ法令ニ違背シ縱覽場所ノ告示ヲ遲延シ又ハ縱覽期間ヲ短縮シタルトキハ選擧人カ選擧權ヲ有スルニ拘ラス名簿ニ脱漏又ハ誤載セラレタル結果之ヲ行使シ得サル場合ニ於テノミ當該選擧人ニ對シ名簿確定ノ效力ヲ有セスト雖選擧人トシテ選擧人名簿ニ登錄セラレアル者ニ對シテハ該名簿ハ何等確定ノ效力ヲ失フヘキモノニ在ラス（大正六、一二、一三判決）

一、縱令甲地ノ選擧人ヲシテ乙地ノ投票所ニ於テ投票ヲ爲サシメタル事實アリトスルモ此ノ事實ハ單ニ其ノ選擧人ノ投票ヲ無效ナラシムル理由タルニ止マリ毫モ他ノ選擧ノ自由公正ヲ害スルモノニ非サレハ其ノ他ノ投票マテモ無效ナラシムルモノニ在ラス（大正六、一二、一三判決）

一、衆議院議員選擧法施行令第十一條ニ違背シ不完全ナル設備ヲ爲シタル場所ニ於テ投票ヲ爲サシメタル選擧ハ違法ニシテ衆議院議員選擧法第八十一條第一項ニ所謂選擧ノ規定ニ違背シタルモノトス（大正六、一二、二六判決）

一、然レトモ衆議院議員選擧法第八十一條第一項ハ選擧ノ規定ニ違背シタル選擧ト雖事實上選擧ノ自由公正ヲ害スル程度ニ至ラサルトキハ之ヲ無效ト爲ササル法意ナリ

トス（大正六、一二、二六判決）

一、選擧人ノ投票ヲ爲スニ當リ現ニ其ノ投票ヲ窺覗スル者アリテ投票ノ祕密カ破レタリト認ムヘキ事實ナキ以上ハ其ノ選擧ハ之ヲ無效トナスヘキモノニ在ラス（大正六、一二、二六判決）

一、衆議院議員選擧法第四十二條ハ閉鎖シタル投票函及其ノ內容ニ送致ノ途中異變ヲ生スルカ如キ事故ノ發生ヲ豫防センカ爲ニ特ニ送致ノ方法ヲ鄭重ニシタルモノニ外ナラサレハ其ノ規定ニ違背シ送致ノ途中一時投票管理者及立會人ノ管理ヲ離脱シタルノ一事ヲ以テ當然其ノ投票函在中ノ投票ヲ無效トシ又之ニ異變ヲ生シタルモノト看做スヘキ法意ニ在ラス（大正七、一二、九判決）

一、投票函送致ノ途中一時管理ヲ離脱シタルモ之カ爲ニ其ノ投票函ノ外部及內部ニ何等ノ異變ヲ生シタルコトナキ事實明白ナル場合ニ於テハ其ノ投票函在中ノ投票全部ニ異變ナキモノト認ムルヲ相當トス從テ其ノ投票ノ計算點檢ハ投票函ノ送致方法ニ如上ノ違法ナキ場合ト同一ニ爲スヘキモノトス（大正七、一二、九判決）

一、衆議院議員選擧法第四十四條ハ不可抗力ノ爲投票ヲ爲スコト能ハサルカ若ハ投票函ノ紛失其ノ他ノ理由ニ因リ開票管理者ニ於テ投票ノ點檢ヲ爲シ其結果ヲ選擧長ニ報告スルノ不可能ナル場合ニ關シ事實上全然投票ヲ爲スコトヲ得ス又ハ之ヲ爲スモ結局之ヲ爲ササルトキト等シキ結果ヲ生スル場合ヲ規定シタルモノニシテ第六十四條第二項ニ規定セル場合ト區別スヘキモノトス（大正七、七、六判決）

一、選擧手續ノ違法ト投票ノ瑕疵ハ有權者ノ投票ヲ無效ナラシメ當選人ノ規定ニ付之ヲ計算スルコトヲ得サラシムルノ點ニ於テハ其ノ結果ヲ問ハスト雖投票ノ瑕疵ハ單ニ其ノ投票ノ無效ヲ惹起スルニ止マリ其ノ投票ヲ爲シタル有權者ヲシテ更ニ再ヒ投票ヲ爲サシムルノ問題ヲ生セサルニ反シ選擧手續カ違法ナルトキハ所謂選擧ノ全部又ハ一部ノ無效ヲ惹起スヘク無效ト爲リタル選擧ノ部分ニ付更ニ選擧ヲ行ヒ有權者ヲシテ投票ヲ行ハシムルノ必要ヲ生スルモノトス（大正七、七、六判決）

一、衆議院議員選擧法第六十四條第二項ハ選擧ノ全部又ハ一部無效ト爲リタル場合ニ於ケル效果如何ノ問題ニ關スルモノニシテ選擧法ニ定ムル手續違背ノ爲選擧ノ一部カ無効ト爲リタル場合殊ニ司法裁判所ノ判決ノ結果無効ト爲リタル場合ニ於テ其ノ無効ト爲リタル部分ニ付更ニ選擧ヲ行ヒ有權者ヲシテ投票ヲ爲サシメ他ノ投票ト相俟テ當選人ヲ確定スルコトヲ要スルモノト解釋スルヲ相當トス（大正七、七、六判決）

一、選擧ノ一部無効カ總選擧ニ際シテ生シタルトキハ來ルヘキ一部ノ選擧ハ總選擧ノ一部トシテ行ハルヘク又其ノ無効カ補闕選擧ノ際ニ生シタルトキハ之カ爲メニ爲ス選擧ハ補闕選擧ノ一部ニシテ總選擧又ハ補闕選擧以外ノ特殊ノ選擧ニ屬スルモノニ在ラス（大正七、七、六判決）

一、地方長官カ再選擧ヲ命スルノ時期ニ付テハ選擧會カ選擧法第六十四條ニ依リ報告書ヲ調査スルニ當リ選擧ノ無効ヲ發見シタル場合ニ於テハ直ニ其手續ヲ爲スヘク當選人確定後ニ於テハ司法裁判所ノ無効ヲ宣告スル判決ノ確定シタルトキ地方長官ハ同第七十六條ニ依リ當選證書ノ全部ヲ取消シタル上再選擧ノ手續ヲ爲スヘキモノトス（大正七、七、六判決）

一、選擧ノ一部無効ト爲リタル場合ニ於テ再選擧ヲ行フヘキ範圍ハ其ノ一部無効カ判決ヲ以テ宣告セラレタルトキハ其ノ部分ニ付キ再選擧ヲ行フコトヲ要シ一投票區ノ選擧手續カ違法ニシテ其ノ全部ヲ無效トスルトキノ外其範圍ノ大小廣狹ヲ問ヲヘキモノニ在ラス（大正七、七、六判決）

一、選擧手續ノ違法ニ因ル選擧一部ノ無效判決ニ依リ或開票區ノ投票全部ノ無效ヲ伴フ場合ニ於テハ當選人全部ニ對シ當選證書ヲ取消シタル上再ヒ同開票區一圓ニ選擧ヲ行ハシメ更ニ選擧會ヲ開キテ當選人ヲ定ムヘキモノニシテ無效投票ヲ控除シ選擧區ニ於ケル他ノ有效當票ノミニ付當選人ヲ定ムヘキモノニ在ラス又同選擧區全部ニ互リ再選擧ヲ行ヒ更ニ當選人ヲ定ムヘキモノニ在ラス（大正七、七、六判決）

一、選擧人カ選擧人名簿ニ脱漏又ハ誤載アルコトヲ發見シタル當時其ノ申立ヲ爲サス縱覽期間ヲ經過シタリトスルモ苟モ納稅資格ノ如ク其ノ誤載カ選擧ノ效力ニ影響ヲ及ホス場合ニ在リテハ選擧後選擧人ニ於テ選擧訴訟ヲ提起シテ其ノ效力ヲ爭フコトヲ妨クルモノニ在ラス（大正七、九、三〇判決）

一、衆議院議員選擧法第四十六條ハ何人ヲ選擧シタルヤノ事實ノ公表ヲ防遏シテ選擧權ノ行使ヲ確保シ以テ無記名投票ノ精神ヲ貫徹スルコトヲ期シタルモノナレハ選擧訴訟ヲ審判スルニ當リ人證檢證又ハ鑑定等ノ方法ニ依リテ該規定ノ適用ヲ免レ被選擧人ノ氏名ノ公表ヲ强ユルコトヲ得サルモノトス（大正七、九、三〇判決）

一、選擧法其ノ他ノ法規ニ於テ民事訴訟法第五十四條第二項ノ適用ヲ除外スヘキ何等ノ規定ナケレハ衆議院議員選擧無效訴訟ヲ判斷スルニ當リ右法條ヲ適用シタル判決ハ相當ナリ（大正七、九、三〇判決）

一、衆議院議員選擧人名簿調製當時ニ於テ上告人カ村ニ住所ヲ有セサルコト明ナルトキハ其ノ村ノ選擧人名簿ニ登錄セラルヘキ資格ヲ有セサルヲ以テ上告人ノ該選擧人名簿修正ノ請求ヲ棄却シタル判決ハ正當ナリ（大正八、二、一二判決）

一、衆議院議員選擧法施行令第十四條ノ法意タルヤ專ラ選擧人ニ人違ナカラシメンカ爲ニ投票管理者及投票立會人ヲシテ名簿對照並投票用紙ノ交付手續ヲ監視セシムル旨趣ニ出テタルモノト解スルヲ相當トス（大正九、一〇、一判決）

一、衆議院議員選擧法第三十二條ニ依リ郡市長ヨリ投票立會人ニ選任セラレタル者ハ解任辭任又ハ死亡等ノ事由ニ依リ其ノ資格ヲ喪失スルハ格別然ラスシテ單ニ規定ノ時刻ニ遲參シタル一事ニ依リ當然立會人タル資格ヲ失フモノト謂フヘカラス（大正、九一〇、二七判決）

一、衆議院議員選擧法第百七條ノ規定ハ畢竟投票立會人指定ノ時刻ニ參會セサル爲適法ニ投票ヲ開始スルコトヲ得サルヨリ機宜ノ處置トシテ投票管理者ニ臨時ニ選擧人中ヨリ之カ立會人ヲ選任スヘキコトヲ命シタルモノニ外ナラサルモノニ係リ規定ノ時刻ニ參會セサル立會人ハ直ニ其ノ資格ヲ喪失スルカ爲叙上ノ如キ規定ヲ設ケタルモノニ非サルヲ以テ同條ハ未タ以テ指定ノ時刻ニ遲參シタル投票立會人ハ當然其ノ資格ヲ失フモノト解釋スルノ根據ト爲スニ足ラス（大正九、一〇、二七判決）

一、衆議院議員選擧法施行令第十五條ニハ選擧人誤テ投票用紙ヲ汚損シタルトキハ其ノ引換ヲ請求スルコトヲ得ト規定シアルモ其ノ引換ヲ請求セサル場合ノ制裁ニ付テハ何等ノ規定ナキヲ以テ其ノ汚損シタル投票用紙ヲ用ヒテ投票ヲ爲スモ投票手續ニ違法アリト謂フヲ得サルモノトス（大正九、一二、二三判決）

一、衆議院議員選擧法施行令第十二條第十三條第二十條ハ投票函ヲ開閉スルニハ其外蓋及投票口ニハ鎖鑰ニヨルヘキ旨趣ヲ宣明シ以テ投票函ノ内蓋ヲ鑰ヲ以テ鎖スコトナク紙片ノ封緘ヲ以テ之ニ代ヘ選擧人ヲシテ投票セシムル如キハ該規定ニ違背スルモ事實上選擧ノ自由公正ヲ害スル程度ニ至ラサルトキハ同法第八十一條第一項ニ依リ當選ノ結果ニ異動ヲ及ホス虞アルモノトシテ該選擧ヲ無效ト爲スヘキモノニ在ラス（大正一〇、一、二九判決）

一、投票錄ハ衆議院議員選擧法第四十一條ニ依リ投票管理者之ヲ作リ投票ニ關スル顛末ヲ記載シ投票ノ適法ニ行ハレタルヤ否ヲ明確ニスルモノナレハ前項ノ事實アルニ拘ラス當初ヨリ成規ニ從ヒ鑰ヲ以テ内蓋ヲシタルモノノ如ク記載シタルハ該規定ニ違背スルモ投票カ適式ニ行ハレ選擧ノ自由公正ヲ害セサルヤ否ハ其ノ當時實現シタル事實ニ依リテ決セラルヘク投票錄ノ記載カ眞實ニ適合セサルモノアルカ爲其ノ一事ニ因リテ投票カ適式ニ行ハレス又ハ選擧ノ自由公正ヲ害シタルモノト謂フヲ得サルモノトス（大正一〇、一、二九判決）

一、衆議院議員選擧法施行令第十四條ノ法意タルヤ專ラ選擧人ニ人違ナカラシメンカ爲ニ選擧人ヲシテ其ノ氏名住所ヲ自稱セシメ選擧人名簿ニ對照シタル後投票用紙ヲ交付スヘキコトヲ命シタルモノナレハ投票管理者及投票立會人ノ各自ニ於テ選擧人ヲ熟知シ人違ナキコトノ明白ナル場合ニ於テハ其ノ者ヲシテ住所氏名ヲ自稱セシムル手續ヲ省略シ投票用紙ヲ交付スルモ同條規定ニ違背シタルモノト謂フヲ得サルモノトス（大正一〇、二、二二判決）

一、如上ノ場合ニ於テ裁判所ハ手續ヲ省略シテ投票用紙ヲ交付シタル者ト然ラサル者トノ氏名ヲ一一明示セサルヘカラサルモノニ在ラス（大正一〇、二、二二判決）

一、立會人一名缺員ノ儘四名ノミノ立會ヲ以テ選擧ヲ施行スルカ如キハ衆議院議員選擧法第百七條ニ違背シタルモノナルモ右立會人ノ四名ノ員數タルヤ法律カ要求スル最少限度ノ員數ヲ下ルモノニ在ラス且四名ノ投票立會人ノ立會ニ依テ事實上選擧ノ自由公正ヲ害セサル以上ハ該選擧ヲ無效ナリトスルヲ得サルモノトス（大正一〇、二、二二判決）

一、投票區內ノ一部ト投票所トノ交通カ出水ノ爲ニ斷絕シテ一部ノ有權者カ投票期日ニ投票ヲ行フコトヲ得サル場合モ衆議院議員選擧法第四十四條ニ所謂天災ニ因リ投票ヲ行フコトヲ得サル場合ナリトス（大正一〇、六、二二判決）

一、明治三十四年十月七日内務省令二十九號カ選擧人名簿ノ樣式ヲ示シ大字若ハ小字毎ニ區別シテ之ヲ調製スヘク爲シタルハ專ラ選擧人名簿ノ取扱閲覽又ハ對照ニ便スル爲ノ訓示的規定ニ外ナラサルヲ以テ選擧人名簿カ選擧人氏名ノ「イロハ」順ニテ調製セラレ字毎ニ調製セラレサルモ之カ爲ニ同省令ニ違反セル無效ノ選擧人名簿ナリト謂フヲ得サルモノトス（大正一〇、七、二五判決）

一、衆議院議員選擧法第十八條第四項ニ依リ選擧人名簿ニ記載スヘキ選擧人ノ住所トハ民法ニ所謂生活ノ本據タル一定ノ場所ヲ指稱スルモノト解スルヲ相當トス（大正一〇、七、二五判決）

一、如上住所ヲ表示スルニハ最小自治行政區劃タル市區町村ノ外町名又ハ字名及番地ニ依リ之ヲ特定スルヲ正確トスルヲ以テ選擧人ノ住所トシテ最小自治行政區劃ノミヲ表示スル選擧人名簿ハ正確ナル意義ニ於ケル住所ノ記載ヲ缺クモノト謂ハサルヲ得スト雖字名番地ヲ省略シ最小自治行政區劃名ノミヲ表示スルモ住所以外ノ他ノ記載事項ト相照應セシムルニ於テハ其ノ選擧區內ニ於ケル選擧資格者ニ限リ投票ヲ爲サシメ得ラレサルニ非サルヲ以テ斯クノ如キ住所ノ表示ハ單ニ違式タルニ止マリ當然選擧人名簿ノ無效ヲ惹起スルモノニ非サルモノトス（大正一〇、七、二五判決）

一、投票及選擧會カ適法ニ行ハレタルコトハ投票錄及選擧錄以外ノ證據方法ニ依リテモ之ヲ證明スルコトヲ得（大正一一、二、八判決）

一、投票錄ニ於ケル投票管理者及投票立會人ノ氏名又ハ選擧錄ニ於ケル選擧長ノ氏名カ自署ニ非サルモ選擧ハ無效トナルモノニ在ラス（大正一一、二、八判決）

一、投票錄及選擧錄ハ投票又ハ選擧會ニ關スル事實ヲ證明スル爲メ作成スル記錄ニ過キサルヲ以テ之カ法定ノ形式ヲ具備セサルモ選擧ノ效力ニ影響ヲ及ホスモノニ在ラス（大正一一、二、八判決）

一、投票管理者又ハ投票立會人カ自ラ投票記載所內ニ於ケル選擧人ノ行動ヲ直接ニ監視スルコトナクトモ監視官席竝取締係員席ヲ適當ニ配置シ此等ノ者ト相呼應シテ選擧ノ適法ニ行ハルルヤ否ヲ監視シタル以上ハ投票所ニ投票管理者又ハ投票立會人ノ立會ヲ缺キタルモノト爲スニ足ラス（大正二一、二、二判決）

一、選擧ノ一部無效トナリタル場合ニ於テ再選擧ヲ爲スニハ其ノ無效ト爲リタル部分ニ付之ヲ行フヘキモノニシテ選擧ノ全部ニ亙リテ之ヲ行フヘキモノニ在ラス（大正一一、九、三〇判決）

二　當選訴訟ニ關スル判決要旨

一、衆議院議員ノ選擧人名簿ニ選擧人ノ氏名ヲ誤記シタル場合ト雖該選擧人ハ名簿ニ登録サレサル者ニ非サルヲ以テ其ノ投票ハ有效ナリトス（三九、二、二六判決）

一、衆議院議員選擧法第八條第三號ノ規定ハ家督相續ニ依リ財産ヲ取得シタル者ハ死亡相續ニ因ルト隱居相續ニ因ルトヲ分タス又土地臺帳ノ名義書換ノ如何ヲ問ハサルカ故ニ隱居ニ因リテ相續開始シ而シテ隱居者カ相續財産ノ幾分ヲ留保シタル場合ニハ其ノ留保セサル財産ニ付テハ縦令土地臺帳上依然隱居者ノ名義ナルモ取得セル相

續人ノ納稅シタルモノト看做スヘキ法意ナリ（三九、七、六判決）

一、普通ノ民人ヲ指シテ何將軍ト稱スルカ如キハ其ノ文字自體ニ徵シテ或ハ嘲弄ノ義ヲ寓シ或ハ侮蔑ノ意ヲ含ムコトアリ從テ如上ノ文字ハ衆議院議員選擧法第五十八條第五號但書ノ所謂敬稱ニ在ラス（四二、二、一判決）

一、營業者ハ廢業スルモ其ノ月ノ終迄營業稅ヲ納ムヘキモノナレハ十二月十九日廢業シタル者ハ同月二十日確定シタル選擧人名簿ニ登錄セラレタル當時ニ營業ヲ廢止シタルモ尙引續キ納稅シ衆議院議員選擧法第八條第三號ノ要件ヲ具備シタルモノトス（大正四、一二、三判決）

一、衆議院議員選擧法第十三條第二項ニ所謂政府ノ請負ヲ爲スモノトハ獨リ政府ニ對シ民法上ノ請負ヲ爲ス者ノミナラス政府ヨリ一定ノ報酬ヲ得テ其ノ需用ヲ供給スルコトヲ業トスル世ニ所謂御用達ノ如キ者ヲモ包含スルモノトス（大正四、一二、二八判決）

一、衆議院議員選擧法第十三條第二項ニ所謂政府ノ請負ヲ爲ス者中ニハ同法ノ施行力ヲ有セサル地域ニ於テ我政府ノ請負ヲ爲ス者ヲモ包含スルモノトス（大正四、一二、二八判決）

一、衆議院議員選擧法第三十六條ニ於テ選擧人ハ自ラ被選擧人ノ氏名ヲ記載シト謂ヒ又同第三十八條ニ於テ自ラ被選擧人ノ氏名ヲ書スルト謂フハ選擧人カ被選擧人ノ氏名ヲ表彰スヘキ文字ヲ認識シ獨力ヲ以テ之ヲ投票用紙ニ筆記スルノ義ナレハ筆ヲ他ノ器具ノ型内ニ托シテ被選擧人ノ氏名ノ文字ヲ表現セシムル場合ノ如キハ之ニ包含セサルモノトス（大正五、四、二四判決）

一、選擧人カ筆ヲ紙型切抜ノ輪廓内ニ托シテ被選擧人ノ氏名ノ文字ヲ表現セシメタル投票ハ衆議院議員選擧法第三十八條第二項ニ依リ投票ヲ爲スコトヲ得サル者ノ爲シタル投票ニシテ有效ナルヘキ理由ナケレハ縱令同法第五十八條ニ規定セル無效ノ場合ニ該當セストモ雖亦之ヲ無效ト爲スヘキモノトス（大正五、四、二四判決）

一、檢事ハ當選訴訟ノ口頭辯論ニ立會フニ止マリ其ノ裁判ニ與カルモノニ非サレハ裁判所ヲ構成スル一員ナリト謂フヲ得ス（大正五、一〇、一三判決）

一、衆議院議員選擧法第五十八條第五號ニ所謂他事ヲ記載シタルモノトハ選擧人自ラ他事ヲ記載シタル投票ヲ指稱シタルモノトス從テ被選擧人ノ氏名ノ外ニ數字ヲ記シ

アル投票ト雖其ノ數字カ選擧人ノ記載シタルモノニ非ラサルトキハ他事ヲ記載シタルモノト謂フヲ得ス（大正五、一〇、一三判決）

一、衆議院議員選擧法第三十六條第一項ニ所謂自ラ被選擧人ノ氏名ヲ記載ストハ自筆ニテ之ヲ書スルノ義ナレハ型ヲ用ヒテ被選擧人ノ氏名ヲ記シタル投票ハ無效ナリ（大正五、一〇、一三判決）

一、選擧人カ型ヲ用ヒテ被選擧人ノ氏名ヲ投票ニ記シタレハトテ直ニ被選擧人ノ氏名ヲ書スルコト能ハサル者ト速斷スルヲ得ス（大正五、一〇、一三判決）

一、內務省令ノ規定スル用件ヲ具備セサル用紙ヲ用ヒテ爲シタル投票ハ縱令選擧人カ特別ノ手段ヲ施スニ於テハ容易ニ他人ノ爲被選擧人ノ氏名ヲ透視セラルルコトヲ防止シ得ヘカリシトスルモ衆議院議員選擧法第五十八條第一號ニ所謂成規ノ用紙ヲ用ヒサル投票ニ外ナラサレハ當然無效ニ屬スヘキモノトス（大正五、一一、二七判決）

一、衆議院議員選擧法第三十八條第二項ハ祕密選擧ノ主義ヲ貫徹スルカ爲メ選擧人自ラ被選擧人ノ氏名ヲ書シテ投票ス可ク他人ノ代書ヲ許ササル旨趣ニ出テタルニ過キサレハ如上ノ行爲アリタルカ爲偶々模寫ニ依リ被選擧人ノ氏名ヲ自書スルコトヲ得ル者ヲ生スル虞アレハトテ該條ニ違背スルモノニ在ラス（大正六、九、一二判決）

一、投票ニ記載シアル殿閣下ノ文字ハ殿及閣下ノ文字ヲ重ネテ一箇ノ敬稱トシテ使用シタルモノナレハ衆議院議員選擧法第五十八條第五號但書ニ該當スルモノトス（大正六、一一、一〇判決）

一、投票ニ被選擧人ノ氏名ヲ記載シ之ニ振假名ヲ附スルハ被選擧人ノ何人ナルヤ明瞭ナラシムル爲ニスルコト通常ナレハ斯ル振假名ハ衆議院議員選擧法第五十八條第五號ニ所謂他事ノ記載ニ在ラス（大正六、一一、一〇判決）

一、衆議院議員選擧法施行令第十一條ニ違背シ投票記載場所ノ設備ニ多少不完全ノ點アリトスルモ必スシモ其ノ投票ノ無效ヲ來スヘキモノニ非スト雖其ノ設備極メテ不完全ニシテ選擧法ノ採リタル祕密選擧ノ主義ニ反シ選擧ノ自由公正ヲ害スル程度ニ達スルトキハ其ノ投票ハ何等ノ設備ナキ公ノ場所ニ於テ爲サレタル投票ト同シク全然無效ニ歸スルモノト認ムルヲ相當トス（大正六、一二、六判決）

一、當選ノ有無ヲ確定スルニハ特定ノ投票カ特定候補者ノ得票ニ歸シタルコトヲ確定スルモノナレハ一定ノ投票カ何人ノ得票ニ歸シタルヤ不明ナル場合ニ於テハ到底當選ノ有無ヲ確定スヘキモノニ在ラス（大正六、一二、六判決）

一、選擧ノ規定ニ違背シテ爲シタル投票カ如何ナル場合ニ無效タルヘキヤハ選擧法及附屬法令ノ規定ニ照シ選擧ノ自由公正ヲ害スルヤ否ニ依リ之ヲ判定スヘキモノトス（大正六、一、二六判決）

一、衆議院議員選擧法第五十八條ハ單ニ投票用紙及投票記載方法ニ關シ投票自體ニ依リ無效タルコトヲ知リ得ヘキモノヲ列擧シタルニ止マリ此等投票以外ニ選擧規定ニ違背シタル投票ヲ以テ無效ト爲スコトナシト規定シタルモノニアラス（大正六、一二、六、判決）

一、投票用紙ノ指定欄外ニ其ノ氏名ヲ記載シタル投票ヲ無效トスヘキ旨ノ法規ナケレハ縱令選擧人カ用紙ノ裏面ニ被選擧人ノ氏名ヲ記載スルモ選擧ノ自由公正ヲ害セサル限リ其ノ投票ハ有效ナリトス（大正六、一二、一三判決）

一、衆議院議員ノ選擧ニ關シ選擧有權者ノ爲シタル投票カ有效ニシテ當選人ヲ定ムルニ付之ヲ計算スルコトヲ得ルカ爲ニハ選擧有權者カ選擧法ニ定ムル手續ニ從ヒ適式ニ投票ヲ爲シタルコトト選擧有權者ノ爲シタル投票ニ選擧法上其ノ無效ヲ惹起スヘキ瑕疵ノ存在セサルコトヲ必要トス（大正七、七、六判決）

一、如上ノ場合ニ於テハ衆議院議員選擧法第七十四條ヲ準用シ地方長官ハ選擧期日ヲ定メ豫メ之ヲ告示シ更ニ選擧ヲ行ハシムルコトヲ得ルモノト解スルヲ相當トス（大正七、七、六判決）

一、衆議院議員選擧法第七十條第三項ノ場合ニ於テ選擧訴訟若ハ當選訴訟ノ結果當選無效ノ判決アリタルトキハ其ノ效力カ單ニ當選ノ無效ニ因由スルニ於テハ直ニ同條ノ規定ヲ適用シ當選人ヲ定ムヘク當選ノ無效カ選擧ノ一部無效ニ因由スルトキハ其ノ部分ニ付更ニ選擧ヲ爲シ開票管理者ノ報告ヲ待テ同條ノ規定ヲ適用シ當選人ヲ定ムヘキモノトス（大正七、七、六判決）

一、家督相續ニ因リテ財産ヲ取得シタル者ハ衆議院議員選擧資格ニ關シテハ縱令其ノ財産ニ付未タ納税ヲ爲ササルモ法律上當然被相續人ノ爲シタル納税ヲ以テ自己ノ爲

シタル納税ト看做サルヘキモノトス（大正七、九、三〇判決）

一、被相續人ノ納税カ相續人ノ納税ト看做サルニハ土地臺帳ニ所有名義カ相續人ノ名義ニ變更セラレタル後タルト否トヲ問ハサルモノトス（大正七、九、三〇判決）

一、隱居者ハ土地臺帳ノ所有名義カ變更セラレサル限リ地租條例ノ適用上納税義務者タルコト疑ナシト雖衆議院議員選擧資格ニ關シテハ法律上自己ノ納税ハ相續人ノ納税ト看做サレ自己ハ何等ノ納税ヲ爲スモノニ非サルモノト認メラルヘキヲ以テ隱居ニ因リ選擧資格ヲ喪失スルモノトス（大正七、九、三〇判決）

一、衆議院議員選擧法第三十六條第一項ハ選擧人ヲシテ自己ノ自由ナル手跡ニ依リ獨力ヲ以テ被選擧人ノ氏名ヲ投票用紙ニ記載セシムルノ旨趣ニシテ此ノ規定ニ依ラサル投票ハ同法第五十八條第一項第六號ニ依リ無効ナリトス（大正九、一二、一二判決）

一、型ニ塗墨シ又ハ型ニ筆ヲ托シテ被選擧人ノ氏名ヲ表現セシメタル投票ハ衆議院議員選擧法第三十六條第一項ノ規定ニ適合セサルモノニシテ無效タルヲ免レス（大正九、一一、一一判決）

一、被選擧人ノ氏名ヲ記載スルニ當リ書損シタルヲ訂正スルハ衆議院議員選擧法第五十八條第一項第五號ニ所謂他事記載ニ在ラス（大正九、一二、一二判決）

一、選擧ニ關スル訴訟ニ於テ當事者雙方ノ主張シタル事實ニ依リ其ノ請求ノ當否ヲ決スルコトヲ得ヘキトハ投票其ノ物ヲ實驗スルノ必要ナキモノトス（大正九、一二、一二判決）

一、被選擧人ノ氏名ヲ高橋金次郎又ハ「たかはしきんじろう」若ハ「タカハシキンジロウ」ト書記シタル投票ハ高橋金治郎ヲ指示シタルモノト認メ斯クノ如キ投票若干ヲ同人ノ得票中ニ算入シタルコトヲ選擧長タル相手方カ認ムルトキハ之カ當否ハ投票其ノ物ヲ實驗セスシテ決シ得ヘキモノトス（大正九、一二、一二判決）

一、衆議院議員ノ選擧ニ付其ノ投票面ニ記載シタル被選擧人ノ氏名カ何人ヲ指示スルモノナリヤハ投票面ノ記載ト選擧當時ニ於ケル諸般ノ事情トヲ參酌シテ之ヲ決スルコトヲ妨ケサルモノトス（大正九、一二、一二判決）

一、選擧當時高橋金治郎ハ其ノ選擧區ニ於テ候補者トシテ運動ヲ爲シタルニ反シ高橋金次郎ハ毫モ此ノ事ナカリシ事情ヲ參酌シ高橋金次郎ト書記シタル投票ハ畢竟高橋

金治郎ノ誤記ニ外ナラサルモノト認メ之ヲ同人ノ得票中ニ算入スヘキモノト爲シタルハ至當ナリトス（大正九、一二、一二判決）

一、衆議院議員選擧法竝其ノ附屬法令中被選擧人ノ氏名ヲ表示スル文字ノ種類ニ付何等制限シタル規定ナキヲ以テ選擧人カ投票用紙ニ被選擧人ノ氏名ヲ表示スルニ必スシモ本邦固有ノ文字ニ制限セサルヘカラサルモノト論スルコトヲ得ス從テ輓近羅馬字ヲ用ヒテ自他ノ氏名ヲ記載スル者寡カラサルコトハ顯著ナル事實ニ屬スルヲ以テ衆議院議員ヲ選擧投票スルニ當リテモ羅馬字ヲ用ヒテ被選擧人ノ氏名ヲ記載スルヲ得サルモノニ在ラス從テ羅馬字ヲ以テ記載シタル投票ハ衆議院議員選擧法第五十八條第一項第六號ニ該當セスシテ有效ナリトス（大正九、一一、一二判決）

一、同一被選擧人ノ氏名ヲ重複シテ二列ニ記載シタル場合ニ於テハ選擧人ニ於テ其ノ記載ヲ正シク被選擧人ノ氏名ヲ一層明確ナラシムル爲ニスルコトナキニ非サルモ又其ノ記載自體ニ依リテ或事柄ヲ暗示スル爲ニスルコトナキニ在ラスシテ當該投票カ其ノ何レニ屬スルヤハ事實裁判所ノ自由ナル心證ヲ以テ判斷スヘキ事項ナリトス

（大正九、一二、二三 判決）

一、衆議院議員選擧法第三十六條第一項ハ被選擧人ノ氏名ヲ記載スルハ單一ナルヲ以テ足リ重複セサル旨趣ナリト解スヘキヲ以テ特ニ其ノ記載シタル被選擧人ノ氏名ヲ明瞭ナラシムル爲若ハ其ノ記載ノ誤謬アランコトヲ慮リ其ノ氏名ニ假名文字ヲ附スル等ノ場合ニ於テハ之ヲ無效ト爲スヘキニ非サルモ或事實ヲ暗示スル爲其ノ氏名ヲ並記スルカ如キハ之ヲ禁シタルモノトス（大正九、一二、二三 判決）

一、衆議院議員選擧法第五十八條第一項第五號ニ於テ被選擧人ノ氏名ノ外他事ヲ記載シタル投票ヲ無效ト爲シタルハ如上ノ目的ヲ以テ被選擧人ノ氏名ヲ並記シタル投票ヲモ包含セシムル旨趣ナリト解スルヲ相當トス（大正九、一二、二三 判決）

一、明治三十四年内務省令第二十九號ヲ以テ定メタル投票用紙ノ指定欄内ニ被選擧人ノ氏名ヲ記載セス其ノ表面ニ之ヲ記載シ其ノ用紙ヲ同省令所定ノ如ク五切シ其ノ一端ヲ切目ニ差込ミテ外面ヨリ被選擧人ノ氏名ヲ窺知スルコトヲ得ヘキ場合ニ於テハ其ノ記載方法ハ同省令ノ旨趣ニ違背シタルモノナレトモ衆議院議員選擧法第五十八條ニ掲ケタル投票ノ無效ト爲ルヘキ場合ノ何レニモ該當セサルヲ以テ斯ル投票ハ之カ爲當然無效ト爲ルヘキモノニ在ラス（大正九、一二、二三判決）
一、選擧人カ如上ノ方法ニテ投票用紙ニ被選擧人ノ氏名ヲ記載シタル爲他人ニ其投票ヲ窺覗セラレ選擧ノ祕密ヲ暴露セラレタリト認ムヘキ事實アル場合ニ於テハ選擧手續ヲ無效ト爲ササルヘカラサル結果其ノ投票ハ無效トナルヘキモ選擧人カ相當ノ陰蔽手段ヲ行ヒテ其ノ折込ミタル投票用紙ヲ投票函ニ投入レ何人ニモ選擧ノ祕密ヲ破ラレサリシトキハ其ノ選擧手續ヲ無效ト爲スヘキモノニ非サレハ其ノ投票ハ完全ニ效力ヲ生スルモノトス（大正九、一二、二三判決）
一、衆議院議員選擧法第十三條ニ所謂政府ニ對シ請負ヲ爲ストハ政府ニ對シ民法上ノ請負ヲ爲ス場合ヲ指稱スルハ勿論政府ヨリ一定ノ報償ヲ得テ其ノ需用ニ對シ物品其ノ他ノ供給ヲ爲ス場合ヲ包含スルモノトス（大正一〇、一、一九判決）
一、私設會社カ政府ヨリ補助金ノ下付ヲ受ケ主務官廳ノ命令セル航路ニ於テ旅客貨物ノ運送及郵便物ノ遞送ヲ爲スコトヲ約シ之カ運送行爲ニ從事スルハ同條ノ政府ニ對

ジ請負ヲ爲スニ該當セサルモノトス（大正一〇、一、一九判決）

一、郡會議長ナルモノハ衆議院議員選擧法第五十八條第五號但書中ノ所謂職業ニ該當スルモノト解スルヲ相當トス（大正一〇、一、二六判決）

一、被選擧人ノ氏名ノ外現郡會議長ナル文字ヲ記載シタル投票ハ選擧人ニ於テ選擧當時其ノ被選擧人カ右ノ職ニ在ル者ナルコトヲ指示セムカ爲ニ記載シタルモノナルニ依リ斯ル投票ヲ目シテ被選擧人ノ氏名ノ外他事ヲ記載シタルモノト謂フヲ得サルモノトス（大正一〇、一、二六判決）

一、衆議院議員選擧法第五十八條第五號ニ所謂他事ノ記載トハ其ノ但書ニ規定セル以外ノ總テノ事項ヲ包含スルモノニシテ之ヲ記載シタル選擧人ノ意思如何ニ拘ラサルモノト解スルヲ相當トスルヲ以テ投票ニ「池田龜治君へ」又ハ「池田龜治へ」トアル「へ」ナル文字ハ選擧人ニ於テ同人ヲ選擧スル意思ニテ記載シタルモノナルコトヲ認メナカラ他事ノ記載ナリトシ該投票ヲ無效ト爲シタルハ相當ナリトス（大正一〇、一、二六判決）

一、同條同號ニ所謂他事ノ記載トハ被選擧人ノ氏名以外ニ別箇ノ文字ヲ記載シタル場合ノミヲ指示スルモノニ非スシテ圖形又ハ點ノ如キモノヲ記載シタルトキト雖之ヲ以テ他事ノ記載ト爲スニ妨ケナキモノトス（大正一〇、一、二六判決）

一、文字ヲ抹消スルニ當リ其ノ周圍ニ圓輪ヲ畫クカ如キハ普通ノ事例ニ非サルヲ以テ投票ノ被選擧人氏名ノ上部ニ於ケル龜ナル記載ヲ以テ選擧人ニ於テ或意義ヲ表示セムカ爲記入シタル符合ナリトシ同條同號ニ所謂他事ノ記載ニ該當スルモノト認メタルハ至當ナリトス（大正一〇、一、二六判決）

一、選擧人ニ於テ被選擧人ノ氏名ヲ投票面ニ記載スルニ當リ其ノ中ノ或文字ニ疑ヲ起シ其ノ正確ヲ期スル爲更ニ其ノ文字ヲ記載シタル場合ノ如キハ同條同號ニ所謂他事ノ記載ニ該當セサルモノトス（大正一〇、一、二六判決）

一、投票用紙ニ記載セラレタル「呈」ノ文字ハ被選擧人ノ氏名又ハ之ヲ明瞭ナラシムヘキ文字ニモ在ラス又敬稱ノ類ニモ非サルコト明ナルヲ以テ衆議院議員選擧法第五十八條第五號ニ所謂他事ノ記載ニ該當シ該投票ハ無效ナリトス（大正一〇、一、二七判決）

一、衆議院議員選擧法第五十八條第五號ノ旨趣ハ被選擧人ノ氏名及之ヲ明確ナラシムル文字若ハ敬稱以外ノ他事ノ記載ハ縦令選擧人ニ於テ之ニ依リ投票以外ニ何事カヲ表示セントスルノ意思ニ出テサリシモノトスルモ其ノ記入アルコトニ依リ選擧人ノ何人ナルヤヲ探知スルコトヲ得テ選擧法カ採用シタル無記名投票ノ精神ヲ破壞スルト共ニ選擧ノ自由公正ヲ害スルニ至ルヘキヲ慮リタルニ在リ從テ投票用紙ニ於ケル記載ニシテ苟モ如上法ノ許容セル事項ニ該當セサルモノハ總テ之ヲ他事ノ記載トシテ其ノ投票ヲ無效ト解スルヲ至當トス從テ〆ナル符合ハ縦令封緘ノ意味ニ於テ之ヲ記載シタリトスルモ如上法ノ許容セル事項ニ該當セサルコト明ナルヲ以テ所謂他事ノ記載ヲ爲シタル無效ノ投票ナリトス（大正一〇、一、二七判決）

一、衆議院議員選擧法施行令第十一條ノ規定ニ違背シ投票記載場所ノ設備ニ多少缺クル所アルモ其ノ設備極メテ不完全ニシテ何等ノ設備ナキ公ノ場所ニ於テ爲サレタル投票ト同シク祕密選擧ノ主義ニ反シ選擧ノ自由公正ヲ害スル程度ニ達セサル限リ其ノ投票ヲ無效ト爲スヘキモノニ在ラス（大正一〇、一、二九判決）

一、選擧人名簿調製ノ期日迄引續キ前年度ノ直接國稅三圓以上ヲ納付スル義務アリテ現ニ之ヲ納ムル者ハ衆議院議員選擧法第八條第三號ノ納稅資格ヲ具有スルモノト謂フヘク縱令選擧人名簿調製ノ期日前ナリトモ田租ニ付テハ四期ニ分納スヘキ其ノ納稅期中ナルニ於テハ土地ヲ他ニ賣却シタル爲其ノ當年度ノ租稅ヲ將來ニ於テ納付スヘキ義務ナキニ至ルモ如上納稅資格ニハ影響ナキモノトス(大正一〇、一、二九判決)

一、投票所ノ設備カ衆議院議員選擧法施行令第十一條ニ違背シテ多少其ノ設備ニ缺クル所アルモ選擧人各自カ隱蔽手段ヲ行フ等相當ノ注意ヲ用キ其ノ自由意思ニ基キ投票ヲ爲シタル以上ハ毫モ選擧ノ公正ヲ害セサルヲ以テ該投票ヲ無效ナリト謂フヲ得サルモノトス(大正一〇、二、二二判決)

一、收入印紙賣捌ニ關シテハ郵便切手類賣捌規則ヲ準用スヘキモノニシテ收入印紙賣捌人及收入印紙買受組合總代人ノ政府ニ對スル關係ハ郵便切手賣捌人及郵便切手類賣受組合總代人ノ政府ニ對スル關係ト全然同一ナルヲ以テ衆議院議員選擧法第十三條第二項ニ所謂政府ニ對シ請負ヲ爲ス者ニ在ラスト解スルヲ相當トス(大正一〇、二、二五判決)

一、郵便切手類買受組合總代人ナルモノハ郵便切手賣捌人中ヨリ互選セラルル者ニシテ郵便切手類ヲ政府ヨリ買受ケ之ヲ各賣捌人ニ賣渡ス職責アル者ナルモ此ノ職責タルヤ郵便切手類賣捌規則ニ依リ生スルモノニシテ特ニ政府ヨリ委託ヲ受ケ其ノ結果右職責ヲ負擔スルモノニ在ラス又郵便切手賣捌人ト郵便切手類買受組合總代人トノ間ニ於ケル郵便切手類及其ノ代金ノ授受ニ關スル條件等ハ所轄郵便局長ノ認可ヲ受ケ組合ノ協議ヲ以テ之ヲ定ムヘキモノニシテ之カ爲總代人カ代金割引ノ割合如何ニ依リ多少ノ利益ヲ得ルコトアリトスルモ政府ヨリ報酬ヲ受クルモノト謂フヘカラサルモノトス（大正一〇、二、二五判決）

一、郵便切手賣捌人ナルモノハ單ニ政府ヨリ郵便切手類ヲ法定ノ割引價格ニ依リ買受ケ之ヲ定價ヲ以テ公衆ニ賣捌クモノニ過キスシテ其ノ賣捌ハ政府ノ委託ヲ受ケテ之ヲ爲スモノニ在ラス從テ又割引價格ニ依リ郵便切手類ヲ買受クルハ政府ヨリ報酬ヲ受クル旨趣ノモノニ非サルヲ以テ衆議院議員選擧法第十三條第二項ニ所謂請負ニ該當セサルモノトス（大正一〇、二、二五判決）

一、衆議院議員選擧法第十三條第二項ニ所謂政府ニ對シ請負ヲ爲ス法人トハ法人ノ營業カ主トシテ政府ニ對シ請負ヲ爲スコトヲ目的トスル法人ヲ指稱スルモノニシテ廣ク旅客及貨物ノ運送ヲ營業ノ目的トシ郵便物ノ運送ヲ目的トスルニ非サルトキハ同條項ノ法人ニ該當セサルモノトス（大正一〇、六、二二判決）

一、鐵道船舶郵便法ニ依リ船舶運送業者カ郵便物ヲ運送スルハ政府トノ契約ニ因ルニ非スシテ行政行爲タル郵便官署ノ命令ニ依ルモノナルヲ以テ同法ニ依リ船舶運送業者ニ對シ郵便官署ノ支拂フ運送料ハ契約上負擔スル給付義務ノ報酬ニ非サルモノトス從テ同法ニ依リテ郵便物ヲ運送スルモ衆議院議員選擧法第十三條第二項ニ所謂政府ニ對シ請負ヲ爲シタルモノト謂フヲ得サルモノトス（大正一〇、六、二二判決）

一、衆議院議員選擧法第三十六條ハ選擧人ハ投票用紙ニ被選擧人ノ氏名ヲ記載スヘキ旨規定スルヲ以テ投票用紙ニ氏名ヲ記載スルコトナク單ニ氏又ハ名ノ一方ノミヲ記載シタルトキハ其ノ投票ニ因リテハ被選擧人ノ何人タルヤヲ確認シ得サル無效ノ投票ナリトス（大正一〇、六、二二判決）

一、衆議院議員選擧法第三十六條同法第五十八條第三號等ノ規定ハ被選擧人ノ氏名卽氏及名ヲ倂記スルニ非サレハ當然被選擧人ノ何人ナルヲ確認シ難キモノトシテ斯ル投票ヲ無效ト爲スノ旨趣ナリト解スヘク又其ノ氏名ノ記載アリト認ムヘキ場合ハ之ヲ無效投票ト爲スヘキニ在ラスト雖其ノ投票記載ノ氏名カ之ヲ表ハス爲ニ用ヒタル文字ノ記載又ハ發音ニ於テ之ヲ特定ノ被選擧人ヲ表ハサントシテ誤用セラレタルモノト認メ得ヘキ事情ノ存スル場合ノ外之ヲ特定選擧人ニ對スル投票ト爲スヘキニ在ラスシテ其ノ投票ニ記載ノ文字ヲ以テ表ハサレタル氏名ノ者ヲ以テ被選擧人ト爲シタルモノト解スヘキモノトス（大正一〇、六、二二判決）

附録

選擧訴訟ニ關スル控訴院判決摘錄

一、大正六年四月二十日施行シタル千葉縣安房郡平群村ノ衆議院議員選擧ハ同村役場内ニ於テ行ハレタルカ選擧カ外部ヨリ容易ニ他ノ選擧人ノ投票ヲ覗知シ得ル等其ノ設備不完全ニシテ衆議院議員選擧法施行令第十一條ニ違背シ斯クノ如キ投票記載所ニ於テ投票ヲ爲シタル平群村ノ衆議院議員選擧ハ全部無效トスヘキモノトス（大正六年十二月六日東京控訴院判決）

一、衆議院議員選擧ニ際シ投票管理者ノ作成スヘキ投票錄ハ其ノ選擧ノ適法ナリヤ否ヲ鑑別スヘキ重要ノ文書ニシテ其ノ投票錄ノ無效ナル場合ハ卽選擧規定ニ違背シタル無效ノ選擧ナリ而シテ衆議院議員選擧法第四十一條ニ所謂署名スヘシトアルハ自署ノ意義ナルコト疑ヲ容ルヘカラサルヲ以テ投票錄ニ投票管理者又ハ同立會人ノ記名アルノミニシテ其ノ自署ヲ缺ク本件ハ固ヨリ違法無效ノモノナリ投票函ヲ閉鎖セントスルニ際シ其ノ投票函外蓋ノ一方ノ鎖鑰破損シ之ニ代フルニ紙片ヲ貼付シ封緘ヲ施スモ紙片ノ封緘ハ鎖鑰ノ效ヲナササルモノナリ從テ前記投票函ハ衆議院議員選擧法施行令第十二條第二十條ニ違反スルヲ以テ選擧ハ無效ナリ（明治三十五年十二月廿三日大阪控訴院判決）

一、衆議院議員選擧法第三十六條第一項ニ所謂自ラ被選擧人ノ氏名ヲ書スルトハ被選擧人ノ氏名ヲ表彰スヘキ文字ヲ認識シタル者カ獨力ヲ以テ投票用紙ニ筆記スルモノト解スヘキヲ以テ若シ文字ヲ切拔キタル紙型ノ輪廓内ニ筆ヲ托シテ文字ヲ描出シ又ハ筆ヲ以テ其ノ輪廓内ヲ塗布シ之ニ文字ヲ表現セシムルカ其ノ他何等ノ方法タルヲ問ハス文字ヲ認識セスシテ文字ヲ現出セシメタル時ハ自書ニアラス從テ此ノ如キ方法ニヨリテ被選擧人ノ氏名ヲ表彰シタル投票ハ前記ノ規定ニ違背シ全然無效トス（大正六年九月二十日大阪控訴院判決）

一、石川縣選擧ニ於テ金澤市部及郡部ヲ通シ投票用紙トシテ使用セシモノハ程村若ハ西ノ内又ハ其レト同等若ハ其レ以上ノ紙質效用ヲ有セス即衆議院議員選擧法第五十八條第一號ニ所謂成規ノ用紙ヲ用ヰサルモノトアルニ該當シ其ノ投票カ全然無效ナリトス然ラハ當選ノ結果ニ異動ヲ

及ホスコト勿論ナルヲ以テ市部郡部選擧ハ全部無效トス（大正五年十一月二十七日名古屋控訴院判決）

當選訴訟ニ關スル控訴院判決摘錄

一、被告ハ新潟電燈株式會社ノ監査役ニシテ該會社ノ役員タリ新潟郵便局長カ當局大臣ノ委任ニ依リ新潟郵便局ニ電燈點火ニ關スル契約ヲ同會社ト締結シ該契約ハ民法第六百三十二條ノ請負タルコト更ニ疑ナキ所トス卽被告ハ政府ノ爲請負ヲ爲ス法人ノ役員ニシテ衆議院議員選擧法第十三條第二項ニ依リ被選擧權ヲ有セサルモノニシテ其ノ當選ヲ無效トスヘキモノトス（明治三十八年一月廿八日東京控訴院判決）

一、投票中被選擧人ノ姓名ノ一部誤字ニ係ルモノ又ハ通常假名字ヲ用ヰタルモノ選擧人ノ姓名又ハ住所ノ記載ニ多少不分明ノ點アリト雖被選擧人又ハ選擧人タルコトヲ認知シ得ル以上ハ無效投票ト爲スノ限ニ在ラス從テ無效投票トシテ當籤ノ數ニ加ヘサリシ七十三票ハ原告ノ得點トシテ無效ノモノナルヲ以テ被告ノ當選ハ無效トス（明治三十六年一月三十一日大阪控訴院判決）

一、衆議院議員選擧法第十三條第二項ニ所謂政府ノ請負ヲ爲ス者トハ政府ト契約ヲ爲シ一定ノ報酬ヲ得テ物品ノ供給仕事ノ完成其ノ他政府ノ需用ヲ供給スルコトヲ業トスルモノニシテ選擧當時其ノ契約關係存續スル場合ヲ謂フモノト解スヘキヲ以テ木箱製造販賣業者ニシテ專賣局トノ間ニ煙草用木箱ニ付隨意契約ニ依リ一定ノ代金ヲ以テ一定ノ數量ヲ一定ノ期日毎ニ供給スヘキコトヲ目的トスル有價契約及器械器具加工ノ契約ヲ爲シ選擧當時尙連續セル被告ハ同法條ニ該當シ被選擧權ナキモノトス（大正六年十二月十五日大阪控訴院判決）

一、被告カ明治三十四年四月中自首シテ追徵ヲ受ケ納付シタル明治三十一年度所得稅二圓二十七錢ヲ同年度ノ所得稅額ニ加算セハ法定資格ヲ充スモ選擧法上既ニ欠缺セル資格ヲ後日ニ補足シ得ヘキモノニアラサルヲ以テ被告ハ其ノ納稅資格ニ於テ被選擧人タル資格ナシ從テ被告ノ當選ハ無效トス（明治卅四年九月廿七日宮城控訴院判決）

一、原告ノ得票中「殿閣下」ノ敬稱ヲ記シタルハ有效ナリ從テ原告ノ有效得票總數ヲ三百十一票ナリト認ム又被告ノ得點中他事ノ記載（投票ニ〇點ヲ附記シタルモノ）ヲ爲シタリト認ムル一票及紙型ヲ用ヰ描出シタリト認ムル一票ハ無效ナルヲ以テ被告ノ有效得點總數ヲ三百九票ナリ

ト認ム

結局原告ノ得票ハ被告ノ得票ニ比シ二票ノ多數ナルヲ以テ被告ノ當選ハ無效トス（大正六年七月廿八日宮城控訴院判決）

一、抑々衆議院議員選擧法第十三條第二項立法ノ理由ハ選擧當選後不正ノ利益ヲ營ミ又ハ議員トシテ其ノ意ニ非サル行爲ヲ爲シ正當ニ職務ヲ盡サヽルコトヲ慮リタルニ基因スルモノナレハ同條ニ所謂政府ノ請負ヲ爲ス者トアルハ民法ニ所謂請負ト其ノ意義ヲ同フセス通俗ニ云フ所ノ廣キ意味ニ於ケル請負ヲ爲ス者ハ勿論民法上請負ニ非サルモ常ニ政府ト契約ヲ爲シ一定ノ報酬ヲ得テ政府ノ爲ニ其ノ需用ヲ供給スルコトヲ業トスル者ハ總テ之ヲ包含スルモノト解スルヲ正當トスヘク彼ノ單ニ政府ノ現金賣買等單一ノ取引ヲ爲シタルニ止マルモノハ之ヲ除キ苟モ營業トシテ政府ノ爲ニ其ノ需用ヲ供給スルコトヲ目的トシ有償ノ契約ヲ爲ス以上ハ其ノ供給カ一定ノ時間繼續スルモノタルト將又政府需用ノ時々別個ノ契約ヲ以テ供給スルトヲ問ハス又其ノ目的物ノ如何ヲ論セス之ヲ同條ニ所謂請負ヲ爲ス者ト云ハサルヲ得ス然リ而テ前顯認定ノ如ク被告ハ政府ニ對シ時間的ニ供給セサルモ數箇月若ハ數年ニ亘リ政府需用ノ時々數回若ハ數十回反復シテ有償的需用品ヲ供給シ來リタルノミナラス之ヲ前掲各契約ノ内容ニ照ストキハ被告ハ世俗ニ所謂御用達ト稱スルモノニ外ナラスシテ政府ノ爲ニ需要ヲ供給スルコトヲ營業トスルモノナルコト洵ニ明瞭ニシテ而カモ大正四年三月二十五日選擧施行ノ當時ハ現ニ其ノ契約關係存在シ居リタルコト前示認定ノ如クナルヲ以テ被告ハ衆議院議員選擧法第十三條第二項ニ所謂政府ノ請負ヲ爲ス者ニ該當スト認定シ（中略）被告代理人ハ被告カ政府ニ供給シタル物品ハ被告取引品中一部ノ供給ニ過キサルカ故ニ所謂政府ノ請負ヲ爲ス者ニアラスト論スレトモ衆議院議員選擧法第十三條第二項中法人ニ付テハ主トシテトノ文字ヲ冠シアルモ自然人ニ付テハ廣ク政府ノ請負ヲ爲ス者トノミアリテ毫モ斯ル制限的文字ナキカ故ニ自然人ニアリテハ政府ノ請負ヲ爲スコトヲ主タル目的ト爲ス者ハ勿論其ノ營業ノ傍ラ政府ノ需用ヲ供給スルコトヲ營業ト爲ス者モ亦是ヲ包含スルモノト解スルヲ妥當トスヘク且苟クモ政府ノ需用ヲ供給スル者ニシテ之ヲ請負ト認メ得ル以上ハ其ノ供給ヲ一手ニ引受ケタルト將タ其ノ一部ヲ引受ケタルトハ敢テ問フ所ニ在ラスト解スルカ故ニ右被告代理人抗辯ノ事實ヲ眞相トスルモ叙上ノ説明ニ動搖ヲ來サヽルニヨリ右被告代理人ノ所論ハ其ノ理由ナキト同時ニ當院カ此ノ事實ノ立證ノ爲ニスル被告代理人

衆議院議員選擧法第十三條第二項ノ證據調ノ申請ヲ排斥シタル所以ナリトス既ニ然ラハ被告ハ衆議院議員選擧法第十三條第二項ニヨリ被選擧權ヲ有セサルヲ以テ其ノ選擧ハ無效ナリトス（大正四年七月十日長崎控訴院判決）

附錄 第二

●府縣制（明治三十二年三月十六日法律第六十四號）（大正三年四月法律第三十五號及同十一年四月法律第五十五號改正）

第二章 府縣會

第一款 組織及選擧

第四條 府縣會議員ハ各選擧區ニ於テ之ヲ選擧ス

2 選擧區ハ郡市ノ區域ニ依ル但シ東京市京都市大阪市其ノ他勅令ヲ以テ指定シタル市ニ於テハ區ノ區域ニ依ル

3 府縣知事ハ府縣會ノ議決ヲ經內務大臣ノ許可ヲ受ケ前項ノ規定ニ依ル選擧區ヲ分チテ數選擧區ト爲スコトヲ得（大正十一年四月法律第五十五號ヲ以テ追加）

4 前項ノ規定ニ依リ選擧區ヲ分ツ場合ニ付テ必要ナル規定ハ勅令ヲ以テ之ヲ定ム（同上）

第五條 府縣會議員ハ府縣ノ人口七十萬未滿ハ議員三十人ヲ以テ定員トシ七十萬以上百萬未滿ハ五萬ヲ加フル毎ニ一人ヲ增シ百萬以上ハ七萬ヲ加フル毎ニ一人ヲ增ス

2 各選擧區ニ於テ選擧スヘキ府縣會議員ノ數ハ府縣會ノ議決ヲ經テ府縣知事之ヲ定ム（大正三年法律三十五號ヲ以テ改正）

3 議員ノ配當ニ關シ必要ナル事項ハ內務大臣之ヲ定ム（同上）

4 議員ノ定數ハ總選擧ヲ行フ場合ニ非サレハ之ヲ增減セス（同上追加）

第六條　府縣內ノ市町村公民ニシテ一年以來其ノ府縣內ニ於テ直接國稅ヲ納ムル者ハ府縣會議員ノ選擧權及被選擧權ヲ有ス（大正十一年三月法律第五十五號ヲ以テ改正）

2 家督相續ニ依リ財產ヲ取得シタル者ニ付テハ其ノ財產ニ付被相續人ノ爲シタル納稅ヲ以テ其ノ者ノ爲シタル納稅ト看做ス（同上）

3 確定名簿ニ登錄セラレタル者ハ其ノ名簿調製期日後選擧權ノ納稅要件ヲ缺クニ至リタル場合ト雖其ノ確定名簿据置ノ期間內仍選擧權ヲ有ス（同上追加）

4 府縣會議員ハ住所ヲ移シタル爲市町村ノ公民權ヲ失フコトアルモ其ノ住所同府縣內ニ在ルトキハ之カ爲其ノ職ヲ失フコトナシ

5 府縣會議員ノ選擧權及被選擧權ノ要件中其ノ年限ニ關スルモノハ府縣郡市町村ノ廢

置分合若ハ境界變更ノ爲中斷セラルルコトナシ
6 陸海軍軍人ニシテ現役中ノ者及戰時又ハ事變ニ際シ召集中ノ者ハ府縣會議員ノ選擧權及被選擧權ヲ有セス（大正十一年四月法律第五十五號ヲ以テ追加）
7 市町村公民權停止中ノ者ハ府縣會議員ノ選擧權及被選擧權ヲ有セス（同上）
8 左ニ掲クル者ハ府縣會議員ノ被選擧權ヲ有セス其ノ之ヲ罷メタル後一箇月ヲ經過セサル者亦同シ
一 其ノ府縣ノ官吏及有給吏員
二 檢事警察官吏及收稅官吏
三 神官神職僧侶其ノ他諸宗敎師（大正三年法律三十五號ヲ以テ改正）
四 小學校敎員
9 前項ノ外ノ官吏ニシテ當選シ之ニ應セントスルトキハ所屬長官ノ許可ヲ受クヘシ
10 選擧事務ニ關係アル官吏吏員ハ其ノ關係區域內ニ於テ被選擧權ヲ有セス其ノ之ヲ罷メタル後一箇月ヲ經過セサル者亦同シ

11府縣ニ對シ請負ヲ爲シ若ハ府縣ニ於テ費用ヲ負擔スル事業ニ付府縣知事又ハ其ノ委任ヲ受ケタル者ニ對シ請負ヲ爲ス者及其ノ支配人又ハ主トシテ同一ノ行爲ヲ爲ス法人ノ無限責任社員、役員及支配人ハ其ノ府縣ニ於テ被選擧權ヲ有セス（大正十一年四月法律第五十五號ヲ以テ改正）

12前項ノ役員トハ取締役、監査役及之ニ準スヘキ者竝淸算人ヲ謂フ（同上追加）

13府縣會議員ハ衆議院議員ト相兼ヌルコトヲ得ス

第七條 府縣會議員ハ名譽職トス

2議員ノ任期ハ四年トシ總選擧ノ日ヨリ之ヲ起算ス（大正三年法律三十五號ヲ以テ改正）

第八條 府縣會議員中闕員アルトキハ三箇月以内ニ補闕選擧ヲ行フヘシ（同上）

2議員闕員ト爲リタルトキ其ノ議員カ第二十九條第二項ノ規定ノ適用ニ依リ當選者ト爲リタル者ナル場合又ハ本條本項、第三十二條第一項但書若ハ第三十六條第一項但書ノ規定ニ依ル第二十九條第二項ノ規定ノ準用ニ依リ當選者ト爲リタル者ナル場合ニ於テハ選擧長ハ直ニ第二十九條第二項ノ規定ノ適用又ハ準用ヲ受ケタル他ノ得票者ニ就キ當選者ヲ定ムヘシ此場合ニ於テハ第二十九條第二項及第三十一條ノ規定ヲ準用ス（大正十一年四月法律第五十五號ヲ以テ追加）

3 補闕議員ハ其ノ前任者ノ殘任期間在任ス

第九條 町村長ハ毎年九月十五日ヲ期トシ其ノ日ノ現在ニ依リ其ノ町村內ノ選擧人名簿二本ヲ調製シ其ノ一本ヲ十月一日マテニ郡長ニ送付スヘシ

2 郡長ハ町村長ヨリ送付シタル名簿ヲ合シ毎年十月十五日マテニ其ノ選擧區ノ選擧人名簿ヲ調製スヘシ

第十條 市長ハ毎年九月十五日ヲ期トシ其ノ日ノ現在ニ依リ十月十五日マテニ其ノ選擧區ノ選擧人名簿ヲ調製スヘシ

第十一條 選擧人其ノ住所ヲ有スル市町村外ニ於テ直接國稅ヲ納ムルトキハ命令ノ定ムル所ニ依リ其ノ證明ヲ得テ九月二十日マテニ其ノ住所地ノ市町村長ニ屆出ツヘシ其ノ期限內ニ屆出ヲ爲ササルトキハ其ノ納稅ハ選擧人名簿ニ記載セラルヘキ要件ニ算入セス（大正十一年四月法律第五十五號ヲ以テ改正）

第十二條　郡市町村長ハ十月二十日ヨリ十五日間其ノ郡市役所町村役場ニ於テ選擧人名簿ヲ關係者ノ縱覽ニ供スヘシ若關係者ニ於テ異議アルトキハ又正當ノ事故ニ依リ前條ノ手續ヲ爲スコト能ハスシテ名簿ニ登錄セラレサルトキハ縱覽期限内ニ之ヲ郡市長ニ申立ツルコトヲ得此ノ場合ニ於テハ郡市長ハ其ノ申立ヲ受ケタル日ヨリ十日以内ニ之ヲ決定スヘシ（大正十一年四月法律第五十五號ヲ以テ改正）

2 前項郡市長ノ決定ニ不服アル者ハ府縣參事會ニ訴願シ其ノ裁決ニ不服アル者ハ行政裁判所ニ出訴スルコトヲ得

3 前項ノ裁決ニ關シテハ府縣知事郡市長ヨリモ亦訴訟ヲ提起スルコトヲ得

4 選擧人名簿ハ十二月十五日ヲ以テ確定期限トシ確定名簿ハ次年ノ十二月十四日マテ之ヲ据置クヘシ

5 府縣參事會ノ裁決確定シ又ハ訴訟ノ判決ニ依リ名簿ノ修正ヲ要スルトキハ郡市長ニ於テ直ニ之ヲ修正スヘシ

6 本條ニ依リ郡市長ニ於テ名簿ヲ修正シタルトキハ其ノ要領ヲ告示シ郡長ハ本人住所

地ノ町村長ニ通知シ町村長ハ名簿ヲ修正シ之ヲ告示スヘシ（大正十一年四月法律第五十五號ヲ以テ改正）

7 確定名簿ニ登錄セラレサル者ハ選擧ニ參與スルコトヲ得ス但シ選擧人名簿ニ記載セラルヘキ確定裁決書若ハ判決書ヲ所持シ選擧ノ當日投票所ニ到ル者ハ此ノ限ニ在ラス

8 確定名簿ニ登錄セラレタル者選擧權ヲ有セサルトキハ選擧ニ參與スルコトヲ得ス但シ名簿ハ之ヲ修正スル限ニ在ラス

9 異議ノ決定若ハ訴願ノ裁決確定シ又ハ訴訟ノ判決アリタルニ依リ名簿無効トナリタルトキハ九月十五日ノ現在ニ依リ更ニ名簿ヲ調製スヘシ但シ名簿調製ノ期日マテニ選擧權ヲ失ヒタル者ハ名簿ニ登錄スル限ニ在ラス

10 天災事變等ノ爲必要アルトキハ更ニ選擧人名簿ヲ調製シ又ハ之ヲ縱覽ニ供スヘシ（大正三年法律三十五號ヲ以テ本項追加）

11 前二項名簿調製ノ期日縱覽修正及確定ニ關スル期限等ハ府縣知事ノ定ムル所ニ依ル（同上改正）

12府縣郡市町村ノ廢置分合境界變更ノ場合ニ於ケル名簿ノ分合ニ關シテハ命令ヲ以テ之ヲ定ム（同上本項追加）

第十三條　府縣會議員ノ選擧ハ府縣知事ノ告示ニ依リ之ヲ行フ其ノ告示ニハ選擧ヲ行フヘキ選擧區投票ヲ行フヘキ日時及選擧スヘキ議員ノ員數ヲ記載シ選擧ノ日ヨリ少クトモ二十日前ニ之ヲ發スヘシ

天災事變等ノ爲投票ヲ行フコトヲ得サルトキ又ハ更ニ投票ヲ行フノ必要アルトキハ府縣知事ハ當該選擧區又ハ投票區ニ付投票ヲ行フヘキ日時ヲ定メ少クトモ七日前ニ之ヲ告示スヘシ（大正三年法律三十五號ヲ以テ本項追加）

第十四條　府縣會議員ノ選擧ハ郡市長之ヲ管理ス

第十五條　投票區ハ市町村ノ區域ニ依ル但シ第四條第三項ノ規定ノ適用ニ依リ市ノ區域內ニ數選擧區アルトキハ其ノ選擧區ノ區域ニ依ル（大正十一年四月法律第五十五號ヲ以テ改正）

2府縣知事ハ命令ノ定ムル所ニ依リ前項ノ規定ニ依ル投票區ノ區域內ニ二箇以上ノ投票區ヲ設ケ又ハ數町村ノ區域ニ依リ一投票區ヲ設クルコトヲ得（同上）

3投票所ハ市役所町村役場又ハ市町村長ノ指定シタル場所ニ之ヲ設ケ市町投長其ノ事務ヲ管理ス

4投票所ハ市町村長ニ於テ選擧ノ日ヨリ少クトモ五日前ニ之ヲ告示スヘシ

5第二項ノ場合ニ於テ投票ニ關シ本法ヲ適用シ難キトキハ命令ヲ以テ特別ノ規定ヲ設クルコトヲ得

第十六條　市町村長ハ臨時ニ其ノ管理スル選擧區域內ニ於ケル選擧人中ヨリ投票立會人二名乃至四名ヲ選任スヘシ

2投票立會人ハ名譽職トス

第十七條　選擧人ニ非サル者ハ投票所ニ入ルコトヲ得ス但シ投票所ノ事務ニ從事スル者投票所ヲ監視スル職權ヲ有スル者又ハ警察官吏ハ此ノ限ニ在ラス（大正三年法律三十五號ヲ以テ改正）

2投票所ニ於テ演說討論ヲ爲シ若ハ喧擾ニ渉リ投票ニ關シ協議若ハ勸誘ヲ爲シ其ノ他投票所ノ秩序ヲ紊ス者アルトキハ投票管理者ハ之ヲ制止シ命ニ從ハサルトキハ之ヲ投票所外ニ退出セシムヘシ

3 前項ノ規定ニ依リ退出セシメラレタル者ハ最後ニ至リ投票ヲ爲スコトヲ得但シ投票管理者投票所ノ秩序ヲ紊スノ虞ナシト認ムル場合ニ於テ投票ヲ爲サシムルヲ妨ケス

第十八條　選擧ハ投票ニ依リ之ヲ行フ

2 投票ハ一投ニ限ル

3 選擧人ハ選擧ノ當日投票時間內ニ自ラ投票所ニ至リ選擧人名簿ノ對照ヲ經又ハ確定裁決書若ハ判決書ヲ提示シテ投票ヲ爲スヘシ（大正三年法律第三十五號ヲ以テ改正）

4 投票時間內ニ投票所ニ入リタル選擧人ハ其ノ時間ヲ過クルモ投票ヲ爲スコトヲ得（同上追加）

5 選擧人ハ投票所ニ於テ投票用紙ニ自ラ被選擧人一名ノ氏名ヲ記載シテ投函スヘシ

6 投票用紙ニハ選擧人ノ氏名ヲ記載スルコトヲ得ス

7 自ラ被選擧人ノ氏名ヲ書スルコト能ハサル者ハ投票ヲ爲スコトヲ得ス

8 投票用紙ハ府縣知事ノ定ムル所ニ依リ一定ノ式ヲ用ウヘシ

9 選擧人名簿調製ノ後選擧人其ノ投票區域外ニ住所ヲ移シタル場合ニ於テ仍選擧權ヲ

有スルトキハ前住所地ノ投票所ニ於テ投票ヲ爲スヘシ
10第三十二條第一項若ハ第三十六條ノ選擧又ハ補闕選擧ヲ同時ニ行フ場合ニ於テハ一ノ選擧ヲ以テ合併シテ之ヲ行フ（大正三年法律第三十五號ヲ以テ追加）

第十九條　投票ノ拒否ハ投票立會人之ヲ議決ス可否同數ナルトキハ市町村長之ヲ決スヘシ

第二十條　市町村長ハ投票錄ヲ製シ投票ニ關スル顚末ヲ記載シ投票立會人ト共ニ之ニ署名スヘシ

第二十一條　投票ヲ終リタルトキハ町村長ハ其ノ指定シタル投票立會人ト共ニ直ニ投票函及投票錄ヲ選擧會場ニ送致スヘシ

第二十二條　島嶼其ノ他交通不便ノ地ニ對シテハ府縣知事ハ適宜ニ其ノ投票期日ヲ定メ選擧會ノ期日マテニ其ノ投票函ヲ送致セシムルコトヲ得

第二十三條　選擧會ハ郡役所、市役所又ハ郡市長ノ指定シタル場所ニ於テ之ヲ開クヘシ

2 前項選擧會ノ場所及日時ハ郡市長豫メ之ヲ告示スヘシ（大正十一年四月法律第五十五號ヲ以テ改正）

第二十四條　郡市長ハ選擧人中ヨリ選擧立會人二名乃至六名ヲ選任スヘシ（大正十一年四月法律第五十五號ヲ以テ改正）

2 選擧立會人ハ名譽職トス

第二十五條　郡市長ハ選擧長ト爲リ郡ニ於テハ投票函ノ總テ到達シタル翌日市ニ於テハ投票ノ翌日選擧立會人ノ上投票函ヲ開キ投票ノ總數ト投票人ノ總數トヲ計算スヘシ若投票ト投票人トノ總數ニ差異ヲ生シタルトキハ其ノ由ヲ選擧錄ニ記載スヘシ但シ場合ニ依リ選擧會ハ郡ニ於テハ投票函到達ノ日市ニ於テハ投票ノ日之ヲ開クコトヲ得

2 天災事變等ノ爲所定ノ期日ニ選擧會ヲ開クコトヲ得サルトキハ郡市長ハ前項ノ規定ニ拘ラス更ニ其ノ期日ヲ定ムヘシ（大正十一年四月法律第五十五號ヲ以テ追加）

3 第一項ノ計算終リタルトキハ選擧長ハ選擧立會人ト共ニ投票ヲ點檢スヘシ（同上改正）

第二十六條　選擧人ハ其ノ選擧會ニ參觀ヲ求ムルコトヲ得

第二十七條　左ノ投票ハ之ヲ無效トス
一　成規ノ用紙ヲ用ヒサルモノ
二　一投票中二人以上ノ被選擧人ヲ記載シタルモノ
三　被選擧人ノ何人タルヲ確認シ難キモノ
四　被選擧權ナキ者ノ氏名ヲ記載シタルモノ
五　被選擧人ノ氏名ノ外他事ヲ記入シタルモノ但シ爵位職業身分住所又ハ敬稱ノ類ヲ記入シタルモノハ此ノ限ニ在ラス
六　被選擧人ノ氏名ヲ自書セサルモノ（大正十一年四月法律第五十五號ヲ以テ追加）
七　現ニ府縣會議員ノ職ニ在ル者ノ氏名ヲ記載シタルモノ（同上改正）
2　前項第七號ノ規定ハ被選擧ノ場合ニ於テ第二十二條ノ規定ニ依リ投票期日ヲ定メタルトキハ之ヲ適用セス（大正十一年四月法律第五十五號ヲ以テ追加）
第二十八條　投票ノ效力ハ選擧立會人之ヲ議決ス可否同數ナルトキハ選擧長之ヲ決スヘシ

第二十九條　府縣會議員ノ選擧ハ有效投票ノ最多數ヲ得タル者ヲ以テ當選者トス但シ其ノ選擧區ニ配當セラレタル議員定數ヲ以テ選擧人名簿ニ登錄セラレタル人員數ヲ除シテ得タル數ノ七分ノ一以上ノ得票アルコトヲ要ス

2　當選者ヲ定ムルニ當リ得票ノ數同シキトキハ年長者ヲ取リ年齢同シキトキハ選擧長抽籤シテ之ヲ定ム（大正三年法律三十五號ヲ以テ改正）

第三十條　選擧長ハ選擧錄ヲ製シテ選擧ノ顚末ヲ記載シ選擧ヲ終リタル後之ヲ朗讀シ選擧立會人二名以上ト共ニ之ニ署名シ投票選擧人名簿其ノ他關係書類ト共ニ選擧及當選ノ效力確定スルニ至ルマテ之ヲ保存スヘシ（同上）

第三十一條　選擧ヲ終リタルトキハ選擧長ハ直ニ當選者ニ當選ノ旨ヲ告知シ同時ニ選擧錄ノ寫ヲ添ヘ當選者ノ住所氏名ヲ府縣知事ニ報告スヘシ（同上）

2　當選者當選ノ告知ヲ受ケタルトキハ十日以內ニ其ノ當選ヲ承諾スルヤ否ヲ府縣知事ニ申立ツヘシ

3　一人ニシテ數選擧區ノ選擧ニ當リタルトキハ最終ニ當選ノ告知ヲ受ケタル日ヨリ十

日以内ニ何レノ選擧ニ應スヘキカヲ府縣知事ニ申立ツヘシ

4 前二項ノ申立ヲ其ノ期限内ニ爲サヽルトキハ當選ヲ辭シタルモノト看做ス

5 第六條第九項ノ官吏ニシテ當選シタル者ニ關シテハ本條ニ定ムル期間ヲ二十日以内トス（大正十一年四月法律第五十五號ヲ以テ改正）

第三十二條 當選者當選ヲ辭シタルトキ、數選擧區ノ選擧ニ當リ前條第三項ノ規定ニ依リ一ノ選擧區ノ選擧ニ應シタル爲他ノ選擧區ニ於テ當選者タラサルニ至リタルトキ、死亡者ナルトキ又ハ選擧ニ關スル犯罪ニ依リ刑ニ處セラレ其ノ當選無效トナリタルトキハ更ニ選擧ヲ行フヘシ但シ其ノ當選者第二十九條第二項ノ規定ノ適用又ハ準用ニ依リ當選者ト爲リタル者ナル場合ニ於テハ第八條第二項ノ例ニ依ル（大正十一年四月法律第五十五號ヲ以テ改正）

2 當選者選擧ニ關スル犯罪ニ依リ刑ニ處セラレ其ノ當選無效トナリタルトキ其ノ前ニ其ノ者ニ關スル補闕選擧若ハ前項ノ選擧ノ告示ヲ爲シタル場合又ハ更ニ選擧ヲ行フコトナクシテ當選者ヲ定メタル場合ニ於テハ前項ノ規定ヲ適用セス（上同）

第三十三條　當選者其ノ當選ヲ承諾シタルトキハ府縣知事ハ直ニ當選證書ヲ付與シ及其ノ住所氏名ヲ告示スヘシ

第三十四條　選擧人選擧若ハ當選ノ效力ニ關シ異議アルトキハ選擧ニ關シテハ選擧ノ日ヨリ當選ニ關シテハ前條告示ノ日ヨリ十四日以内ニ之ヲ府縣知事ニ申立ツルコトヲ特

2 前項ノ異議ハ之ヲ府縣參事會ノ決定ニ付スヘシ

3 府縣知事ニ於テ選擧若ハ當選ノ效力ニ關シ異議アルトキハ第一項申立ノ有無ニ拘ラス選擧ニ關シテハ第三十一條第一項ノ報告ヲ受ケタル日ヨリ當選ニ關シテハ同條第二項又ハ第三項ノ申立アリタル日ヨリ三十日以内ニ府縣參事會ノ決定ニ付スルコトヲ得

4 前二項ノ場合ニ於テハ府縣參事會ハ其ノ送付ヲ受ケタル日ヨリ十四日以内ニ之ヲ決定スヘシ（大正三年法律第三十五號ヲ以テ追加）

5 本條府縣參事會ノ決定ニ不服アル者ハ行政裁判所ニ出訴スルコトヲ得

6 前項ノ決定ニ關シテハ府縣知事郡市長ヨリモ亦訴訟ヲ提起スルコトヲ得

7 第八條第三十二條又ハ第三十六條第二項ノ選擧ハ之ニ關係アル選擧又ハ當選ニ關スル異議申立期間、異議ノ決定確定セサル間又ハ訴訟ノ繫屬スル間之ヲ行フコトヲ得ス（大正十一年四月法律第五十五號ヲ以テ追加）

8 府縣會議員ハ選擧又ハ當選ニ關スル決定確定シ又ハ判決アルマテハ會議ニ參與スルノ權ヲ失ハス（同上）

第三十五條 選擧ノ規定ニ違犯スルコトアルトキハ選擧ノ結果ニ異動ヲ生スルノ虞アル場合ニ限リ其ノ選擧ノ全部又ハ一部ヲ無效トス（大正三年法律第三十五號ヲ以テ改正）

2 當選者ニシテ被選擧權ヲ有セサルトキハ其ノ當選ヲ無效トス

第三十六條 選擧若クハ當選無效ト確定シタルトキハ更ニ選擧ヲ行フヘシ但シ更ニ選擧ヲ行フコトナクシテ當選者ヲ定メ得ヘキ場合ニ於テハ第二十九條第二項及第三十一條ノ規定ヲ準用ス（大正十一年四月法律第五十五號ヲ以テ改正）

2 議員ノ定數ニ足ル當選者ヲ得ルコト能ハサルトキハ其ノ不足ノ員數ニ付更ニ選擧ヲ

行フヘシ此ノ場合ニ於テハ第二十九條第一項但書ノ規定ヲ適用セス（大正三年法律第三十五號ヲ以テ追加）

第三十七條　府縣會議員ニシテ被選擧權ヲ有セサル者ハ其ノ職ヲ失フ其ノ被選擧權ノ有無ニ關シテハ府縣會議員カ左ノ各號ノ一ニ該當スルニ因リ被選擧權ヲ有セサル場合ヲ除クノ外府縣參事會其ノ異議ヲ決定ス（大正十一年四月法律第五十五號ヲ以テ改正）

一　禁治産者又ハ準禁治産者トナリタルトキ

二　家資分散又ハ破産ノ宣告ヲ受ケ其ノ宣告確定シタルトキ

三　禁錮以上ノ刑ニ處セラレタルトキ

四　選擧ニ關スル犯罪ニ依リ罰金ノ刑ニ處セラレタルトキ

2　府縣會ニ於テ其ノ議員中被選擧權ヲ有セサル者アリト認ムルトキハ之ヲ府縣知事ニ通知スヘシ但シ議員ハ自己ノ資格ニ關スル會議ニ於テ辯明スルコトヲ得ルモ其ノ議決ニ加ハルコトヲ得ス

3　府縣知事ハ前項ノ通知ヲ受ケタルトキハ之ヲ府縣參事會ノ決定ニ付スヘシ府縣知事ニ於テ被選擧權ヲ有セサル者アリト認ムルトキ亦同シ

4 第三十四條第四項ノ規定ハ前項ノ場合ニ之ヲ準用ス（大正三年法律第三十五號ヲ以テ改正）
5 本條府縣會ノ決定ニ不服アル者ハ行政裁判所ニ出訴スルコトヲ得
6 前項ノ決定ニ關シテハ府縣知事ヨリモ亦訴訟ヲ提起スルコトヲ得
7 府縣會議員ハ其ノ被選擧權ヲ有セストスル決定確定シ又ハ判決アルマテハ會議ニ參與スルノ權ヲ失ハス（大正十一年四月法律第五十五號ヲ以テ改正）

第三十八條　本款ニ規定スル異議ノ決定及訴願ノ裁決ハ其ノ決定書若ハ裁決書ヲ交付シタルトキ直ニ之ヲ告示スヘシ

第三十九條　第四條第二項但書ノ市ニ於テハ市長トアルハ區長又市トアルハ區、市役所トアルハ區役所ト看做シ本款ノ規定ヲ準用ス
2 町村組合ニシテ町村ノ事務ノ全部又ハ役場事務ヲ共同處理スルモノハ之ヲ一町村其ノ組合ノ管理者ハ之ヲ町村長ト看做シ本款ノ規定ヲ準用ス（大正三年法律第三十五號ヲ以テ改正）

第四十條　府縣會議員ノ選擧ニ付テハ衆議院議員選擧ニ關スル罰則ヲ準用ス

第三章　府會參事會

第一款　組織及選擧

第六十五條　府縣ニ府縣參事會ヲ置キ府縣知事府縣高等官二名及名譽職參事會員ヲ以テ之ヲ組織ス

2　府ノ名譽職參事會員ハ十名トシ縣ノ名譽職參事會員ハ七名トス（大正三年法律三十五號ヲ以テ改正）

3　府縣高等官ニシテ府縣參事會員タルヘキ者ハ內務大臣之ヲ命ス

第六十六條　名譽職參事會員ハ府縣會ニ於テ議員中ヨリ之ヲ選擧スヘシ

2　府縣會ハ名譽職參事會員ト同數ノ補充員ヲ選擧スヘシ

3　前二項ノ場合ニ於テハ第十八條第二十七條及第二十九條ノ規定ヲ準用ス其ノ投票ノ效力ニ關シ異議アルトキハ府縣會之ヲ議決ス

4　名譽職參事會員中闕員アルトキハ府縣知事ハ補充員ノ中ニ就キ之ヲ補票ス其ノ順序ハ選擧ノ時ヲ異ニスルトキハ選擧ノ前後ニ依リ選擧同時ナルトキハ得票數ニ依リ得票同數ナルトキハ年長者ヲ取リ年齡同シキトキハ抽籤ニ依ル仍闕員アル場合ニ於テハ臨時補闕選擧ヲ行フヘシ

5名譽職參事會員及其ノ補充員ハ每年之ヲ選擧スヘシ
6名譽職參事會員ハ後任者就任ノ前日マテ在任ス府縣會議員ノ任期滿了シタルトキ亦同シ（大正三年法律第三十五號ヲ以テ改正）
第六十七條　府縣參事會ハ府縣知事ヲ以テ議長トス府縣知事故障アルトキハ高等官參事會員議長ノ職務ヲ代理ス

●市　制（明治四十四年四月七日法律第六十八號 大正十年四月十一日法律第五十八號改正）

第二章　市　會

第一款　組織及選擧

第十三條　市會議員ハ左ノ被選擧權アルモノニ就キ選擧人之ヲ選擧ス

2 議員ノ定數左ノ如シ（大正十年四月法律第五十八號改正）

一　人口五萬未滿ノ市　三十人

二　人口五萬以上十五萬未滿ノ市　三十六人

三　人口十五萬以上二十萬未滿ノ市　四十人

四　人口二十萬以上三十萬未滿ノ市　四十四人

五　人口三十萬以上ノ市　四十八人

3 人口三十萬ヲ超ユル市ニ於テハ人口十萬、人口五十萬ヲ超ユル市ニ於テハ人口二十萬ヲ加フル毎ニ議員四人ヲ增加ス（大正十年四月法律第五十八號改正）

4 議員ノ定數ハ市條例ヲ以テ特ニ之ヲ增減スルコトヲ得
5 議員ノ定數ハ總選擧ヲ行フ場合ニ非サレハ之ヲ增減セス但シ著シク人口ノ增減アリタル場合ニ於テ內務大臣ノ許可ヲ得タルトキハ此ノ限ニ在ラス
第十四條 市公民ハ總テ選擧權ヲ有ス但シ公民權停止中ノ者又ハ第十一條第三項ノ場合ニ當ル者ハ此ノ限ニ在ラス
（第二項乃至第五項削除）
第十五條 選擧人ハ分チテ二級トス
2 選擧人中選擧人ノ總數ヲ以テ選擧人ノ納ムル直接市稅總額ヲ除シ其ノ平均額以上ヲ納ムル者ヲ一級トシ其ノ他ノ選擧人ヲ二級トス但シ一級選擧人ノ數議員定數ノ二分ノ一ヨリ少キトキハ納稅額最多キ者議員定數ノ二分ノ一ト同數ヲ以テ一級トス兩級ノ間ニ同額ノ納稅者二人以上アルトキハ其ノ市內ニ住所ヲ有スル年數ノ多キ者ヲ以テ上級ニ入ル住所ヲ有スル年數同シトキハ年長者ヲ以テシ年齡ニ依リ難キトキハ市長抽籤シテ之ヲ定ムヘシ

3 選擧人ハ每級各別ニ議員定數ノ二分ノ一ヲ選擧ス但シ選擧區アル場合ニ於テ議員ノ數二分シ難キトキハ其ノ配當方法ハ第十六條ノ市條例中ニ之ヲ規定スヘシ
4 被選擧人ハ各級ニ通シテ選擧セラルルコトヲ得
5 第二項ノ直接市稅ノ納額ハ選擧人名簿調製期日ノ屬スル會計年度ノ前年度ノ賦課額ニ依ルヘシ

第十六條 市ハ市條例ヲ以テ選擧區ヲ設クルコトヲ得二級選擧ノ爲ノミニ付亦同シ
2 選擧區ノ數及其ノ區域竝各選擧區ヨリ選擧スル議員數ハ前項ノ市條例中ニ之ヲ規定スヘシ
3 第六條ノ市ニ於テハ區ヲ以テ選擧區トス各其ノ選擧區ヨリ選出スル議員數ハ市條例ヲ以テ之ヲ定ムヘシ
4 選擧人ハ住所ニ依リ所屬ノ選擧區ヲ定ム第七十六條又ハ第七十九條第二項ノ規定ニ依リ市公民タル者ニシテ市內ニ住所ヲ有セサル者ニ付テハ市長ハ本人ノ申出ニ依リ其ノ申出ナキトキハ職權ニ依リ其ノ選擧區ヲ定ムヘシ

5 選擧區ニ於テハ前條ノ規定ニ準シ選擧人ノ等級ヲ分ツヘシ但シ一級選擧人ノ數其ノ選出スヘキ議員配當數ヨリ少キトキハ納額最多キ者議員配當數ト同數ヲ以テ一級トス

6 被選擧人ハ各選擧區ニ通シテ選擧セラルルコトヲ得

第十七條 特別ノ事情アルトキハ市ハ府縣知事ノ許可ヲ得區劃ヲ定メテ選擧分會ヲ設クルコトヲ得二級選擧ノ爲ノミニ付亦同シ

第十八條 選擧權ヲ有スル市公民ハ被選擧權ヲ有ス

2 左ニ揭クル者ハ被選擧權ヲ有セス其ノ之ヲ罷メタル後一月ヲ經過セサル者亦同シ

一 所屬府縣ノ官吏及有給吏員
二 其ノ市ノ有給吏員
三 檢事警察官吏及收稅官吏
四 神官神職僧侶其ノ他諸宗敎師
五 小學校敎員

3 市ニ對シ請負ヲ爲ス者及其ノ支配人又ハ主トシテ同一ノ行爲ヲ爲ス法人ノ無限責任社員、役員及支配人ハ被選擧權ヲ有セス

4 前項ノ役員トハ取締役、監査役及之ニ準スヘキ者竝ニ清算人ヲ謂フ

5 父子兄弟タル緣故アル者ハ同時ニ市會議員ノ職ニ在ルコトヲ得ス其ノ同時ニ選擧セラレタルトキハ同級ニ在リテハ得票ノ數ニ依リ其ノ多キ者一人ヲ當選者トシ同數ナルトキ又ハ等級若ハ選擧區ヲ異ニシテ選擧セラレタルトキハ年長者ヲ當選者トシ年齡同シキトキハ市長抽籤シテ當選者ヲ定ム其ノ時ヲ異ニシテ選擧セラレタルトキハ後ニ選擧セラレタル者議員タルコトヲ得ス

6 議員ト爲リタル後前項ノ緣故ヲ生シタル場合ニ於テハ年少者其ノ職ヲ失フ年齡同シキトキハ市長抽籤シテ失職者ヲ定ム

7 市長市參與又ハ助役ト父子兄弟タル緣故アル者ハ市會議員ノ職ニ在ルコトヲ得ス

第十九條　市會議員ハ名譽職トス

2 議員ノ任期ハ四年トシ總選擧ノ第一日ヨリ之ヲ起算ス

3 議員ノ定數ニ異動ヲ生シタル爲解任ヲ要スル者アルトキハ毎級各別ニ市長抽籤シテ之ヲ定ム選擧區アル場合ニ於テハ第十六條ノ市條例中ニ其ノ解任ヲ要スル者ノ選擧區及等級ヲ規定シ市長抽籤シテ之ヲ定ムヘシ但シ解任ヲ要スル選擧區及等級ニ闕員アルトキハ其ノ市員ヲ以テ之ニ充ツヘシ

4 議員ノ定數ニ異動ヲ生シタル爲新ニ選擧セラレタル議員ハ總選擧ニ依リ選擧セラレタル議員ノ任期滿了ノ日迄在任ス

5 選擧區又ハ其ノ配當議員數ノ變更アリタル場合ニ於テ之ニ關シ必要ナル事項ハ第六十六條ノ市條例中ニ之ヲ規定スヘシ

第二十條 市會議員中闕員ヲ生シ其ノ闕員議員定數ノ三分ノ一以上ニ至リタルトキ又ハ府縣知事市長若ハ市會ニ於テ必要ト認ムルトキハ補闕選擧ヲ行フヘシ

2 議員闕員ト爲リタルトキ其ノ議員カ第三十條第二項ノ規定ノ適用ニ依リ當選者ト爲リタル者ナル場合又ハ本條本項若ハ第三十三條ノ規定ニ依ル第三十條第二項ノ規定ノ準用ニ依リ當選者ト爲リタル者ナル場合ニ於テハ市長ハ直ニ第三十條第二項ノ規

定ノ適用又ハ準用ヲ受ケタル他ノ得票ニ就キ當選者ヲ定ムヘシ此ノ場合ニ於テハ第三十條第二項ノ規定ヲ準用ス（大正十年四月法律第五十八號ニテ追加）

3 補闕議員ハ其ノ前任者ノ殘任期間在任ス

4 補闕議員ハ前任者ノ選擧セラレタル等級及選擧區ニ於テ之ヲ選擧スヘシ

第二十一條 市長ハ選擧期日前六十日ヲ期トシ其ノ日ノ現在ニ依リ選擧人ノ資格ヲ記載セル選擧人名簿ヲ調製スヘシ但シ選擧區アルトキハ選擧區每ニ名簿ヲ調製スヘシ

2 第六條ノ市ニ於テハ市長ハ區長ヲシテ前項ノ名簿ヲ調製セシムヘシ

3 市長ハ選擧期日前四十日ヲ期トシ其ノ日ヨリ七日間每日午前八時ヨリ午後四時迄市役所第六條ノ市ニ於テハ區役所又ハ告示シタル場所ニ於テ選擧人名簿ヲ關係者ノ縱覽ニ供スヘシ關係者ニ於テ異議アルトキハ縱覽期間內ニ之ヲ市長第六條ノ市ニ於テハ區長ヲ經テニ申立ツルコトヲ得此場合ニ於テハ市長ハ縱覽期間滿了後三日以內ニ市會ノ決定ニ付スヘシ市會ハ其ノ送付ヲ受ケタル日ヨリ七日以內ニ之ヲ決定スヘシ

4 前項ノ決定ニ不服アル者ハ府縣參事會ニ訴願シ其ノ裁決又ハ第五項ノ裁決ニ不服ア

ルモノハ行政裁判所ニ出訴スルコトヲ得

5 第三項ノ決定及前項ノ裁決ニ付テハ市長ヨリモ訴願又ハ訴訟ヲ提起スルコトヲ得

6 前二項ノ裁決ニ付テハ府縣知事ヨリモ訴訟ヲ提起スルコトヲ得

7 前四項ノ場合ニ於テハ決定若ハ裁決確定シ又ハ判決アリタルニ依リ名簿ノ修正ヲ要スルトキハ市長ハ其ノ確定期日前ニ修正ヲ加ヘ第六條ノ市ニ於テハ區長ヲシテ修正セシヘシ

8 選擧人名簿ハ選擧期日前三日ヲ以テ確定ス

9 確定名簿ハ第三條又ハ第四條ノ處分アリタル場合ニ於テ府縣知事ノ指定スルモノヲ除クノ外其ノ確定シタル日ヨリ一年以内ニ於テ行フ選擧ニ之ヲ用フ選擧區アル場合ニ於テハ各選擧區ニ渉リ同時ニ調製シタルモノハ確定シタル日ヨリ一年以内ニ於テ行フ選擧ニ之ヲ用ヒ一部ノ選擧區限リ調製シタルモノハ確定シタル日ヨリ一年以内ニ該選擧區ニ於テノミ行フ選擧ニ之ヲ用フ但シ名簿確定後裁決確定シ又ハ判決アリタルニ依リ名簿ノ修正ヲ要スルトキハ選擧ヲ終リタル後ニ於テ次ノ選擧期日前四日

迄ニ之ヲ修正スヘシ

10 選擧人名簿ヲ修正シタルトキハ市長ハ直ニ其ノ要領ヲ告示シ第六條ノ市ニ於テハ區長ヲシテ之ヲ告示セシムヘシ

11 選擧分會ヲ設クルトキハ市長ハ確定名簿ニ依リ分會ノ區劃毎ニ名簿ノ抄本ヲ調製スヘシ第六條ノ市ニ於テハ區長ヲシテ之ヲ調製セシムヘシ

12 確定名簿ニ登録セラレサル者ハ選擧ニ參與スルコトヲ得ス但シ選擧人名簿ニ登録セラルヘキ確定裁決書又ハ判決書ヲ所持シ選擧ノ當日選擧會場ニ到ル者ハ此ノ限ニ在ラス

13 前項但書ノ選擧人ハ等級ノ標準タル直接市税ニ依リ其ノ者ノ納額ニシテ名簿ニ登録セラレタル一級選擧人中ノ最少額ヨリ多キトキハ一級ニ於テ其ノ他ハ二級ニ於テ選擧ヲ行フヘシ（大正十年四月法律第五十八號改正）

14 確定名簿ニ登録セラレタル者選擧權ヲ有セサルトキハ選擧ニ參與スルコトヲ得ス但シ名簿ハ之ヲ修正スル限ニ在ラス

15第三項乃至第六項ノ場合ニ於テ決定若ハ裁決確定シ又ハ判決アリタルニ依リ名簿無效ト爲リタルトキハ更ニ名簿ヲ調製スヘシ其ノ名簿ノ調製、縱覽、修正、確定及異議ノ決定ニ關スル期日、期限ハ府縣知事ノ定ムル所ニ依ル名簿ノ喪失シタルトキ亦同シ

16選擧人名簿調製後ニ於テ選擧期日ヲ變更スルコトアルモ其ノ名簿ヲ用ヒ縱覽、修正確定及異議ノ決定ニ關スル期日、期間ハ前選擧期日ニ依リ之ヲ算定ス

第二十二條　市長ハ選擧期日前少クトモ七日間選擧會場、投票ノ日時及各級ヨリ選擧スヘキ議員數ヲ告示スヘシ選擧區アル場合ニ於テハ各級ヨリ選擧スヘキ議員數ヲ選擧區每ニ分別シ選擧分會ヲ設クル場合ニ於テハ併セテ其ノ等級及區劃ヲ告示スヘシ

2各選擧區ノ選擧ハ同日時ニ之ヲ行ヒ選擧分會ノ選擧ハ本會ト同日時ニ之ヲ行フヘシ天災事變等ニ依リ同時ニ選擧ヲ行フコト能ハサルトキハ市長ハ其ノ選擧ヲ終ラサル選擧會又ハ選擧分會ノミニ關シ更ニ選擧會場及投票ノ日時ヲ告示シ選擧ヲ行フヘシ

3 選擧ヲ行フ順序ハ先ツ二級ノ選擧ヲ行ヒ次ニ一級ノ選擧ヲ行フヘシ天災事變等ニ依リ選擧ヲ行フコト能ハサルニ至リタルトキハ市長ハ其ノ選擧ヲ終ラサル等級ノミニ關シ更ニ選擧會場及投票ノ日時ヲ告示シ選擧ヲ行フヘシ（大正十年四月法律第五十八號改正）

第二十三條　市長ハ選擧長ト爲リ選擧會ヲ開閉シ其ノ取締ニ任ス

2 各選擧區ノ選擧會ハ市長又ハ其ノ指名シタル吏員（第六條ノ市ニ於テハ區長）選擧長ト爲リ之ヲ開閉シ其ノ取締ニ任ス

3 選擧分會ハ市長ノ指名シタル吏員選擧分會長ト爲リ之ヲ開閉シ其ノ取締ニ任ス

4 市長（第六條ノ市ニ於テハ區長）ハ選擧人中ヨリ二人乃至四人ノ選擧立會人ヲ選任スヘシ但シ選擧區アルトキ又ハ選擧分會ヲ設ケタルトキハ各別ニ選擧立會人ヲ設クヘシ

5 選擧立會人ハ名譽職トス

第二十四條　選擧人ニ非サル者ハ選擧會場ニ入ルコトヲ得ス但シ選擧會場ノ事務ニ從事スル者、選擧會場ヲ監視スル職權ヲ有スル者又ハ警察官吏ハ此ノ限ニ在ラス

2 選擧會場ニ於テ演說討論ヲ爲シ若ハ喧擾ニ涉リ又ハ投票ニ關シ協議若ハ勸誘ヲ爲シ

其ノ他選擧會場ノ秩序ヲ紊ス者アルトキハ選擧長又ハ分會長ハ之ヲ制止シ命ニ從ハサルトキハ之ヲ選擧會場外ニ退出セシムヘシ

3 前項ノ規定ニ依リ退出セシメラレタル者ハ最後ニ至リ投票ヲ爲スコトヲ得但シ選擧長又ハ分會長會場ノ秩序ヲ紊スノ虞ナシト認ムル場合ニ於テ投票ヲ爲サシムルヲ妨ケス

第二十五條 選擧ハ無記名投票ヲ以テ之ヲ行フ

2 投票ハ一人一票ニ限ル

3 選擧人ハ選擧ノ當日投票時間内ニ自ラ選擧會場ニ到リ選擧人名簿又ハ其ノ抄本ノ對照ヲ經テ投票ヲ爲スヘシ

4 投票時間内ニ選擧會場ニ入リタル選擧人ハ其ノ時間ヲ過クルモ投票ヲ爲スコトヲ得

5 選擧人ハ選擧會場ニ於テ投票用紙ニ自ラ被選擧人一人ノ氏名ヲ記載シテ投函スヘシ但シ確定名簿ニ登錄セラレタル毎級選擧人ノ數其ノ選擧スヘキ議員數ノ三倍ヨリ少キ場合ニ於テハ連名投票ノ法ヲ用ウヘシ

6 自ラ被選擧人ノ氏名ヲ書スルコト能ハサル者ハ投票ヲ爲スコトヲ得ス
7 投票用紙ハ市長ノ定ムル所ニ依リ一定ノ式ヲ用ウヘシ
8 選擧區アル場合ニ於テ選擧人名簿ノ調製後選擧人ノ所屬ニ異動ヲ生スルコトアルモ其ノ選擧人ハ前所屬ノ選擧區ニ於テ投票ヲ爲スヘシ
9 選擧分會ニ於テ爲シタル投票ハ分會長少クトモ一人ノ選擧立會人ト共ニ投票函ノ儘之ヲ本會ニ送致スヘシ

第二十六條　第三十三條若ハ第三十七條ノ選擧、增員選擧又ハ補闕選擧ヲ同時ニ行フ場合ニ於テハ一ノ選擧ヲ以テ合併シテ之ヲ行フ

（第二十七條　削除）

第二十八條　左ノ投票ハ之ヲ無效トス

一　成規ノ用紙ヲ用キサルモノ
二　現ニ市會議員ノ職ニ存ル者ノ氏名ヲ記載シタルモノ
三　一投票中二人以上ノ被選擧人ノ氏名ヲ記載シタルモノ

四　被選擧人ノ何人タルカヲ確認シ難キモノ
五　被選擧權ナキ者ノ氏名ヲ記載シタルモノ
六　被選擧人ノ氏名ノ外他事ヲ記入シタルモノ但シ爵位職業身分住所又ハ敬稱ノ類ヲ記入シタルモノハ此ノ限ニ在ラス
七　被選擧人ノ氏名ヲ自書セサルモノ
2　連名投票ノ方法ヲ用ヰタル場合ニ於テハ前項第一號第六號及第七號ニ該當スルモノ竝其記載ノ人員選擧スヘキ定數ニ過キタルモノハ之ヲ無效トシ前項第二號第四號及第五號ニ該當スルモノハ其部分ノミヲ無效トス（大正十年四月法律第五十八號改正）
第二十九條　投票ノ拒否及效力ハ選擧立會人之ヲ決定ス可否同數ナルトキハ選擧長之ヲ決スヘシ
2　選擧分會ニ於ケル投票ノ拒否ハ其ノ選擧立會人之ヲ決定ス可否同數ナルトキハ分會長之ヲ決スヘシ
第三十條　市會議員ノ選擧ハ有效投票ノ最多數ヲ得タル者ヲ以テ當選者トス但シ各級

ニ於テ選擧スヘキ議員數ヲ以テ選擧人名簿ニ登錄セラレタル各級ノ人員數ヲ除シテ得タル數ノ七分ノ一以上ノ得票アルコトヲ要ス
2 前項ノ規定ニ依リ當選者ヲ定ムルニ當リ得票ノ數同シキトキハ年長者ヲ取リ年齡同シキトキハ選擧長抽籤シテ之ヲ定ムヘシ
第三十一條 選擧長又ハ分會長ハ選擧錄ヲ調製シテ選擧又ハ投票ノ顚末ヲ記載シ選擧又ハ投票ヲ終リタル後之ヲ朗讀シ選擧立會人二人以上ト共ニ之ニ署名スヘシ
2 各選擧區ノ選擧長ハ選擧錄（第六條ノ市ニ於テハ其ノ謄本）ヲ添ヘ當選者ノ住所氏名ヲ市長ニ報告スヘシ
3 選擧分會長ハ投票函ト同時ニ選擧錄ヲ本會ニ送致スヘシ
4 選擧錄ハ投票、選擧人名簿其ノ他ノ關係書類ト共ニ選擧及當選ノ效力確定スルニ至ル迄之ヲ保存スヘシ
第三十二條 當選者定マリタルトキハ市長ハ直ニ當選者ニ當選ノ旨ヲ告知シ第六條ノ市ニ於テハ區長ヲシテ之ヲ告知セシムヘシ

2 當選者當選ヲ辭セムトスルトキハ當選ノ告知ヲ受ケタル日ヨリ五日以內ニ之ヲ市長ニ申立ツヘシ

3 一人ニシテ數級又ハ數選擧區ニ於テ當選シタルトキハ最終ニ當選ノ告知ヲ受ケタル日ヨリ五日以內ニ何レノ當選ニ應スヘキカヲ市長ニ申立ツヘシ其ノ期間內ニ之ヲ申立テサルトキハ市長抽籤シテ之ヲ定ム

4 第十八條第二項ニ揭ケサル官吏ニシテ當選シタル者ハ所屬長官ノ許可ヲ受クルニ非サレハ之ニ應スルコトヲ得ス

5 前項ノ官吏ハ當選ノ告知ヲ受ケタル日ヨリ二十日以內ニ之ニ應スヘキ旨ヲ市長ニ申立テサルトキハ其ノ當選ヲ辭シタルモノト看做ス第三項ノ場合ニ於テ何レノ當選ニ應スヘキカヲ申立テサルトキハ總テ之ヲ辭シタルモノト看做ス

第三十三條 當選者當選ヲ辭シタルトキ、數級若ハ數選擧區ニ於テ當選シタル場合ニ於テ前條第三項ノ規定ニ依リ一ノ級若ハ選擧區ノ當選ニ應シ若ハ抽籤ニ依リ一ノ級若ハ選擧區ノ當選者ト定マリタル爲他ノ級若ハ選擧區ニ於テ當選者タラサルニ至リタルトキ、死亡者ナルトキ又ハ選擧ニ關スル犯罪ニ依リ刑ニ處セラレ其ノ當選無效ト爲リタルトキハ更ニ選擧ヲ行フヘシ但シ其ノ當選者第三十條第二項ノ規定ノ適用又ハ準用ニ依リ當選者ト爲リタル者ナル場合ニ於テハ第二十條第二項ノ例ニ依ル

2 當選者選擧ニ關スル犯罪ニ依リ刑ニ處セラレ其ノ當選無效ト爲リタルトキ其ノ前ニ其ノ者ニ關スル補闕選擧若ハ前項ノ選擧ノ告示ヲ爲シタル場合又ハ更ニ選擧ヲ行フコトナクシテ當選者ヲ定メタル場合ニ於テハ前項ノ規定ヲ適用セス

第三十四條 選擧ヲ終リタルトキハ市長ハ直ニ選擧錄ノ謄本ヲ添ヘ之ヲ府縣知事ニ報告スヘシ

2 第三十二條第二項ノ期間ヲ經過シタルトキ、同條第三項若ハ第五項ノ申立アリタルトキ又ハ同條第三項ノ規定ニ依リ抽籤ヲ爲シタルトキハ市長ハ直ニ當選者ノ住所氏名ヲ告示シ併セテ之ヲ府縣知事ニ報告スヘシ

第三十五條 選擧ノ規定ニ違反スルコトアルトキハ選擧ノ結果ニ異動ヲ生スルノ虞アル場合ニ限リ其ノ選擧ノ全部又ハ一部ヲ無效トス

第三十六條　選擧人選擧又ハ當選ノ效力ニ關シ異議アルトキハ選擧ニ關シテハ選擧ノ日ヨリ當選ニ關シテハ第三十四條第二項ノ告示ノ日ヨリ七日以內ニ之ヲ市長ニ申立ツルコトヲ得此ノ場合ニ於テハ市長ハ七日以內ニ市會ノ決定ニ付スヘシ府會ハ其ノ送付ヲ受ケタル日ヨリ十四日以內ニ之ヲ決定スヘシ

2　前項ノ決定ニ不服アル者ハ府縣參事會ニ訴願スルコトヲ得

3　府縣知事ハ選擧又ハ當選ノ效力ニ關シ異議アルトキハ選擧ニ關シテハ第三十四條第一項ノ報告ヲ受ケタル日ヨリ當選ニ關シテハ同條第二項ノ報告ヲ受ケタル日ヨリ二十日以內ニ之ヲ府縣參事會ノ決定ニ付スルコトヲ得

4　前項ノ決定アリタルトキハ同一事件ニ付爲シタル異議ノ申立及市會ノ決定ハ無效トス

5　第二項若ハ第六項ノ裁判又ハ第三項ノ決定ニ不服アル者ハ行政裁判所ニ出訴スルコトヲ得

6　第一項ノ決定ニ付テハ市長ヨリモ訴願ヲ提起スルコトヲ得

7 第二項若ハ前項ノ裁決又ハ第三項ノ決定ニ付テハ市縣知事又ハ府長ヨリモ訴訟ヲ提起スルコトヲ得

8 第二十條、第三十三條又ハ第三十七條第三項ノ選擧ハ之ニ關係アル選擧又ハ當選ニ關スル異議申立期間異議ノ決定若ハ訴願ノ裁決確定セサル間又ハ訴訟ノ繫屬スル間之ヲ行フコトヲ得ス

9 市會議員ハ選擧又ハ當選ニ關スル決定若ハ裁決確定シ又ハ判決アル迄ハ會議ニ列席シ議事ニ參與スルノ權ヲ失ハス

第三十七條 當選無效ト確定シタルトキハ市長ハ直ニ第三十條ノ例ニ依リ更ニ當選者ヲ定ムヘシ

2 選擧無效ト確定シタルトキハ更ニ選擧ヲ行フヘシ

3 議員ノ定數ニ足ル當選者ヲ得ルコト能ハサルトキハ其ノ不足ノ員數ニ付更ニ選擧ヲ行フヘシ此ノ場合ニ於テハ第三十條第一項但書ノ規定ヲ適用セス

第三十八條 市會議員ニシテ被選擧權ヲ有セサル者ハ其ノ職ヲ失フ其ノ被選擧權ノ有

無ハ市會議員カ左ノ各號ノ一ニ該當スルニ因リ被選擧權ヲ有セサル場合ヲ除クノ外市會之ヲ決定ス

一　禁治產者又ハ準禁治產者ト爲リタルトキ

二　家資分散又ハ破產ノ宣告ヲ受ケ其ノ宣告確定シタルトキ

三　禁錮以上ノ刑ニ處セラレタルトキ

四　選擧ニ關スル犯罪ニ依リ罰金ノ刑ニ處セラレタルトキ

2 市長ハ市會議員中被選擧權ヲ有セサル者アリト認ムルトキハ之ヲ市會ノ決定ニ付スヘシ市會ハ其ノ送付ヲ受ケタル日ヨリ十四日以內ニ之ヲ決定スヘシ

3 第一項ノ決定ヲ受ケタル者其ノ決定ニ不服アルトキハ府縣參事會ニ訴願シ其ノ裁決又ハ第四項ノ裁決ニ不服アルトキハ行政裁判所ニ出訴スルコトヲ得

4 第一項ノ決定及前項ノ裁決ニ付テハ市長ヨリモ訴願又ハ訴訟ヲ提起スルコトヲ得

5 前二項ノ裁決ニ付テハ府縣知事ヨリモ訴訟ヲ提起スルコトヲ得

6 第三十六條第九項ノ規定ハ第一項及前三項ノ場合ニ之ヲ準用ス（大正十年四月法律第五十八號改正）

7 第一項ノ決定ハ文書ヲ以テ之ヲ爲シ其ノ理由ヲ附シ之ヲ本人ニ交付スヘシ

第三十九條 第二十一條及第三十六條ノ場合ニ於テ府縣參事會ノ決定及裁決ハ府縣知事、市會ノ決定ハ市長直ニ之ヲ告示スヘシ

第四十條 本法又ハ本法ニ基キテ發スル勅令ニ依リ設置スル議會ノ議員ノ選擧ニ付テハ衆議院議員選擧ニ關スル罰則ヲ準用ス

第三章 市參事會

第一款 組織及選擧

第六十四條 市ニ市參事會ヲ置キ左ノ職員ヲ以テ之ヲ組織ス

一 市長

二 助役

三 名譽職參事會員

2 前項ノ外市參與ヲ置ク市ニ於テハ市參與ハ參事會員トシテ其ノ擔任事業ニ關スル場合ニ限リ會議ニ列席シ議事ニ參與ス

第六十五條　名譽職參事會員ノ定數ハ六人トス但シ第六條ノ市ニ在リテハ市條例ヲ以テ十二人迄之ヲ增加スルコトヲ得
2 名譽職參事會員ハ市會ニ於テ其ノ議員中ヨリ之ヲ選擧スヘシ其ノ選擧ニ關シテハ第二十五條第二十八條及第三十條ノ規定ヲ準用シ投票ノ效力ニ關シ異議アルトキハ市會之ヲ決定ス
3 名譽職參事會員中闕員アルトキハ直ニ補闕選擧ヲ行フヘシ
4 名譽職參事會員ノ任期ハ市會議員ノ任期ニ依ル但シ市會議員ノ任期滿了ノ場合ニ於テハ後任名譽職參事會員選擧ノ日迄在任ス
第六十一條　市參事會ハ市長ヲ以テ議長トス市長故障アルトキハ市長代理者之ヲ代理ス

●町村制（明治四十四年四月七日法律第六十九號 大正十年四月十一日法律第五十九號改正）

第二章　町村會

第一款　組織及選擧

第十一條　町村會議員ハ其ノ被選擧權アル者ニ就キ選擧人之ヲ選擧ス

2 議員ノ定數左ノ如シ

一　人口千五百未滿ノ町村　八人

二　人口千五百以上五千未滿ノ町村　十二人

三　人口五千以上一萬未滿ノ町村　十八人

四　人口一萬以上二萬未滿ノ町村　二十四人

五　人口二萬以上ノ町村　三十人

3 議員ノ定數ハ町村條例ヲ以テ特ニ之ヲ增減スルコトヲ得

4 議員ノ定數ハ總選擧ヲ行フ場合ニ非サレハ之ヲ增減セス但シ著シク人口ノ增減アリ

タル場合ニ於テ内務大臣ノ許可ヲ得タルトキハ此ノ限ニ在ラス

第十二條 町村公民ハ總テ選擧權ヲ有ス但シ公民權停止中ノ者又ハ第九條第三項ノ場合ニ當ル者ハ此ノ限ニ在ラス

（第二項乃至第五項削除）

第十三條 町村ハ町村條例ヲ以テ選擧人ヲ分チテ二級ト爲スコトヲ得此ノ場合ニ於テハ市制ノ例ニ依ル

第十四條 特別ノ事情アルトキハ町村ハ郡長ノ許可ヲ得區劃ヲ定メテ選擧分會ヲ設クルコトヲ得

第十五條 選擧權ヲ有スル町村公民ハ被選擧權ヲ有ス

2 左ニ掲クル者ハ被選擧權ヲ有セス其ノ之ヲ罷メタル後一月ヲ經過セサル者亦同シ

一 所屬府縣郡ノ官吏及有給吏員

二 其ノ町村ノ有給吏員

三 檢事警察官吏及收稅官吏

四　神官神職僧侶其ノ他諸宗教師
五　小學校教員
3 町村ニ對シ請負ヲ爲ス者及其ノ支配人又ハ主トシテ同一ノ行爲ヲ爲ス法人ノ無限責任社員、役員及支配人ハ被選擧權ヲ有セス
4 前項ノ役員トハ取締役監査役及之ニ準スヘキ者竝淸算人ヲ謂フ
5 父子兄弟タル緣故アル者ハ同時ニ町村會議員ノ職ニ在ルコトヲ得ス其ノ同時ニ選擧セラレタルトキハ得票ノ數ニ依リ其ノ多キ者一人ヲ當選者トシ同數ナルトキハ年長者ヲ當選者トシ年齡同シキトキハ町村長抽籤シテ當選者ヲ定ム其ノ時ヲ異ニシテ選擧セラレタルトキハ後ニ選擧セラレタル者議員タルコトヲ得ス
6 議員ト爲リタル後前項ノ緣故ヲ主シタル場合ニ於テハ年少者其ノ職ヲ失フ年齡同シキトキハ町村長抽籤シテ失職者ヲ定ム
7 町村長又ハ助役ト父子兄弟タル緣故アル者ハ町村會議員ノ職ニ在ルコトヲ得ス
第十六條　町村會議員ハ名譽職トス

2 議員ノ任期ハ四年トシ總選擧ノ日ヨリ之ヲ起算ス
3 議員ノ定數ニ異動ヲ生シタル爲メ解任ヲ要スル者アルトキハ町村長抽籤シテ之ヲ定ム闕員アルトキハ其闕員ヲ以テ之ニ充ツヘシ
4 議員ノ定數ニ異動ヲ生シタル爲新ニ選擧セラレタル議員ハ總選擧ニ依リ選擧セラレタル議員ノ任期滿了ノ日迄在任ス

第十七條 町村會議員中闕員ヲ生シ其ノ闕員議員定數ノ三分ノ一以上ニ至リタルトキ又ハ郡長町村長若ハ町村會ニ於テ必要ト認ムルトキハ補闕選擧ヲ行フヘシ
2 議員闕員ト爲リタルトキ其ノ議員カ第二十七條第二項ノ規定ノ適用ニ依リ當選者ト爲リタル者ナル場合又ハ本條本項若ハ第三十條ノ規定ニ依ル第二十七條第二項ノ規定ノ準用ニ依リ當選者ト爲リタル者ナル場合ニ於テハ町村長ハ直ニ第二十七條第二項ノ規定ノ適用又ハ準用ヲ受ケタル他ノ得票者ニ就キ當選者ヲ定ムヘシ此ノ場合ニ於テハ第二十七條第二項ノ規定ヲ準用ス
3 補闕議員ハ其ノ前任者ノ殘任期間在任ス

第十八條　町村長ハ選擧期日前六十日ヲ期トシ其ノ日ノ現在ニ依リ選擧人ノ資格ヲ記載セル選擧人名簿ヲ調製スヘシ

2 町村長ハ選擧期日前四十日ヲ期トシ其ノ日ヨリ七日間毎日午前八時ヨリ午後四時迄町村役場又ハ告示シタル場所ニ於テ選擧人名簿ヲ關係者ノ縱覽ニ供スヘシ關係者ニ於テ異議アルトキハ縱覽期間內ニ之ヲ町村長ニ申立ツルコトヲ得此ノ場合ニ於テハ町村長ハ縱覽期間滿了後三日以內ニ町村會ノ決定ニ付スヘシ町村會ハ其ノ送付ヲ受ケタル日ヨリ七日以內ニ之ヲ決定スヘシ

3 前項ノ決定ニ不服アル者ハ府縣參事會ニ訴願シ其ノ裁決又ハ第四項ノ裁決ニ不服アル者ハ行政裁判所ニ出訴スルコトヲ得

4 第二項ノ決定及前項ノ裁決ニ付テハ町村長ヨリモ訴願又ハ訴訟ヲ提起スルコトヲ得

5 前二項ノ裁決ニ付テハ府縣知事ヨリモ訴訟ヲ提起スルコトヲ得

前四項ノ場合ニ於テ決定若ハ裁決確定シ又ハ判決アリタルニ依リ名簿ノ修正ヲ要スルトキハ町村長ハ其ノ確定期日前ニ修正ヲ加フヘシ

7 選擧人名簿ハ選擧期日前三日ヲ以テ確定ス
8 確定名簿ハ第三條ノ處分アリタル場合ニ於テ府縣知事ノ指定スルモノヲ除クノ外其確定シタル日ヨリ一年以內ニ於テ行フ選擧ニ之ヲ用フ但シ名簿確定後裁決確定シ又ハ判決アリタルニ依リ名簿ノ修正ヲ要スルトキハ選擧ヲ終リタル後ニ於テ次ノ選擧期日前四日迄ニ之ヲ修正スヘシ
9 選擧人名簿ヲ修正シタルトキハ町村長ハ直ニ其ノ要領ヲ告示スヘシ
10 選擧分會ヲ設クルトキハ町村長ハ確定名簿ニ依リ分會ノ區劃每ニ名簿ノ抄本ヲ調製スヘシ
11 確定名簿ニ登錄セラレサル者ハ選擧ニ參與スルコトヲ得ス但シ選擧人名簿ニ登錄セラルヘキ確定裁決書又ハ判決書ヲ所持シ選擧ノ當日選擧會場ニ到ル者ハ此ノ限ニ在ラス
12 確定名簿ニ登錄セラレタル者選擧權ヲ有セサルトキハ選擧ニ參與スルコトヲ得ス但シ名簿ハ之ヲ修正スル限ニ在ラス

13 第二項乃至第五項ノ場合ニ於テ決定若ハ裁決確定シ又ハ判決アリタルニ依リ名簿無效ト爲リタルトキハ更ニ名簿ヲ調製スヘシ其ノ名簿ノ調製、縱覽、修正、確定及異議ノ決定ニ關スル期日、期限及期間ハ郡長ノ定ムル所ニ依ル名簿ノ喪失シタルトキ亦同シ

14 選擧人名簿調製後ニ於テ選擧期日ヲ變更スルコトアルモ其ノ名簿ヲ用キ縱覽、修正、確定及異動ノ決定ニ關スル期日、期限及期間ハ前選擧期日ニ依リ之ヲ算定ス

第十九條 町村長ハ選擧期日前少クトモ七日間選擧會場、投票ノ日時及選擧スヘキ議員數ヲ告示スヘシ選擧分會ヲ設クル場合ニ於テハ併セテ其ノ區劃ヲ告示スヘシ

2 選擧分會ノ選擧ハ本會ト同日時ニ之ヲ行フヘシ

3 天災事變等ニ依リ選擧ヲ行フコト能ハサルニ至リタルトキハ町村長ハ其ノ選擧ヲ終ラサル選擧會又ハ選擧分會ノミニ關シ更ニ選擧會場及投票ノ日時ヲ告示シ選擧ヲ行フヘシ

第二十條 町村長ハ選擧長ト爲リ選擧會ヲ開閉シ其ノ取締ニ任ス

2選擧分會ハ町村長ノ指名シタル吏員選擧分會長ト爲リ之ヲ開閉シ其ノ取締ニ任ス
3町村長ハ選擧人中ヨリ二人乃至四人ノ選擧立會人ヲ選任スヘシ但シ選擧分會ヲ設ケタルトキハ各別ニ選擧立會人ヲ設クヘシ
4選擧立會人ハ名譽職トス
第二十一條　選擧人ニ非サル者ハ選擧會場ニ入ルコトヲ得ス但シ選擧會場ノ事務ニ從事スル者、選擧會場ヲ監視スル職權ヲ有スル者又ハ警察官吏ハ此ノ限ニ在ラス
2選擧會場ニ於テ演說討論ヲ爲シ若ハ喧擾ニ渉リ又ハ投票ニ關シ協議若ハ勸誘ヲ爲シ其ノ他選擧會場ノ秩序ヲ紊ス者アルトキハ選擧長又ハ分會長ハ之ヲ制止シ命ニ從ハサルトキハ之ヲ選擧會場外ニ退出セシムヘシ
3前項ノ規定ニ依リ退出セシメラレタル者ハ最後ニ至リ投票ヲ爲スコトヲ得但シ選擧長又ハ分會長會場ノ秩序ヲ紊スノ虞ナシト認ムル場合ニ於テ投票ヲナサシムルヲ妨ケス
第二十二條　選擧ハ無名投票ヲ以テ行フ

2 投票ハ一人一投ニ限ル
3 選擧人ハ選擧ノ當日投票時間內ニ自ラ選擧會場ニ到リ選擧人名簿又ハ其ノ抄本ノ對照ヲ經テ投票ヲ爲スヘシ
4 投票時間內ニ選擧會場ニ入リタル選擧人ハ其ノ時間ヲ過クルモ投票ヲ爲スコトヲ得
5 選擧人ハ選擧會場ニ於テ投票用紙ニ自ラ被選擧人一人ノ氏名ヲ記載シテ投函スヘシ
6 自ラ被選擧人ノ氏名ヲ書スルコト能ハサル者ハ投票ヲ爲スコトヲ得ス
7 投票用紙ハ町村長ノ定ムル所ニ依リ一定ノ式ヲ用ウヘシ
8 選擧分會ニ於テ爲シタル投票ハ分會長少クトモ一人ノ選擧立會人ト共ニ投票函ノ儘之ヲ本會ニ送致スヘシ

第二十三條 第三十條若ハ第三十四條ノ選擧、增員選擧又ハ補闕選擧ヲ同時ニ行フ場合ニ於テハ一ノ選擧ヲ以テ合併シテ之ヲ行フ

(**第二十四條** 削除)

第二十五條 左ノ投票ハ之ヲ無效トス

一　成規ノ用紙ヲ用キサルモノ
二　現ニ町村會議員ノ職ニ在ル者ノ氏名ヲ記載シタルモノ
三　一投票中二人以上ノ被選舉人ノ氏名ヲ記載シタルモノ
四　被選舉人ノ何人タルカヲ確認シ難キモノ
五　被選舉權ナキ者ノ氏名ヲ記載シタルモノ
六　被選舉人ノ氏名ノ外他事ヲ記入シタルモノ但シ爵位職業身分住所又ハ敬稱ノ類ヲ記入シタルモノハ此ノ限ニ在ラス
七　被選舉人ノ氏名ヲ自書セルモノ
（第二項削除）
第二十六條　投票ノ拒否及效力ハ選舉立會人之ヲ決定ス可否同數ナルトキハ選舉長之ヲ決スヘシ
2　選舉分會ニ於ケル投票ノ拒否ハ其ノ選舉立會人之ヲ決定ス可否同數ナルトキハ分會長之ヲ決スヘシ

第二十七條　町村會議員ノ選擧ハ有效投票ノ最多數ヲ得タル者ヲ以テ當選者トス但シ選擧スヘキ議員數ヲ以テ選擧人名簿ニ登錄セラレタル人員數ヲ除シテ得タル數ノ七分ノ一以上ノ得票アルコトヲ要ス（大正十年四月法律第五十九號ヲ以テ改正）

2　前項ノ規定ニ依リ當選者ヲ定ムルニ當リ得票ノ數同シキトキハ年長者ヲ取リ年齡同シキトキハ選擧長抽籤シテ之ヲ定ムヘシ

第二十八條　選擧長又ハ分會長ハ選擧錄ヲ調製シテ選擧又ハ投票ノ顚末ヲ記載シ選擧又ハ投票ヲ終リタル後之ヲ朗讀シ選擧立會人二人以上ト共ニ之ニ署名スヘシ

2　選擧分會長ハ投票函ト同時ニ選擧錄ヲ本會ニ送致スヘシ

3　選擧錄ハ投票、選擧人名簿其ノ他ノ關係書類ト共ニ選擧及當選ノ效力確定スルニ至ル迄之ヲ保存スヘシ

第二十九條　當選者定マリタルトキハ町村長ハ直ニ當選者ニ當選ノ旨ヲ告知スヘシ

2　當選者當選ヲ辭セントスルトキハ當選ノ告知ヲ受ケタル日ヨリ五日以內ニ之ヲ町村長ニ申立ツヘシ

3 第十五條第二項ニ掲ケサル官吏ニシテ當選シタル者ハ所屬長官ノ許可ヲ受クルニ非サレハ之ニ應スルコトヲ得ス
4 前項ノ官吏ハ當選ノ告知ヲ受ケタル日ヨリ二十日以内ニ之ニ應スヘキ旨ヲ町村長ニ申立テサルトキハ其ノ當選ヲ辭シタルモノト看做ス
第三十條 當選者當選ヲ辭シタルトキ、死亡者ナルトキ又ハ選擧ニ關スル犯罪ニ依リ刑ニ處セラレ其ノ當選無效トナリタルトキハ更ニ選擧ヲ行フヘシ但シ其ノ當選者第二十七條第二項ノ規定ノ適用又ハ準用ニ依リ當選者ト爲リタル者ナル場合ニ於テハ第十七條第二項ノ例ニ依ル
2 當選者選擧ニ關スル犯罪ニ依リ刑ニ處セラレ其ノ當選無效ト爲リタルトキ其ノ者ニ關スル補闕選擧若ハ前項ノ選擧ノ告示ヲ爲シタル場合又ハ更ニ選擧ヲ行フコトナクシテ當選者ヲ定メタル場合ニ於テハ前項ノ規定ヲ適用セス
第三十一條 選擧ヲ終リタルトキハ町村長ハ直ニ選擧錄ノ謄本ヲ添ヘ之ヲ郡長ニ報告スヘシ

2 第二十九條第二項ノ期間ヲ經過シタルトキ又ハ同條第四項ノ申立アリタルトキハ町村長ハ直ニ當選者ノ住所氏名ヲ告示シ併セテ之ヲ郡長ニ報告スヘシ

第三十二條 選擧ノ規定ニ違反スルコトアルトキハ選擧ノ結果ニ異動ヲ生スルノ虞アル場合ニ限リ其ノ選擧ノ全部又ハ一部ヲ無效トス

第三十三條 選擧人選擧又ハ當選ノ效力ニ關シ異議アルトキハ選擧ニ關シテハ選擧ノ日ヨリ當選ニ關シテハ第三十一條第二項ノ告示ノ日ヨリ七日以内ニ之ヲ町村長ニ申立ツルコトヲ得此ノ場合ニ於テハ町村長ハ七日以内ニ町村會ノ決定ニ付スヘシ町村長ハ其ノ送付ヲ受ケタル日ヨリ十四日以内ニ之ヲ決定スヘシ

2 前項ノ決定ニ不服アル者ハ府縣參事會ニ訴願スルコトヲ得

3 郡長ハ選擧又ハ當選ノ効力ニ關シ異議アルトキハ府縣知事ノ指揮ヲ受ケ選擧ニ關シテハ第三十一條第一項ノ報告ヲ受ケタル日ヨリ當選ニ關シテハ同條第二項ノ報告ヲ受ケタル日ヨリ二十日以内ニ之ヲ處分スルコトヲ得

4 前項ノ處分アリタルトキハ同一事件ニ付爲シタル異議ノ申立及町村會ノ決定ハ無效

トス

5 第三項ノ處分ニ不服アル者ハ府縣參事會ニ訴願シ其ノ裁決又ハ第二項若ハ第六項ノ裁判ニ不服アル者ハ行政裁判所ニ出訴スルコトヲ得

6 第一項ノ決定及第二項又ハ前項ノ裁決ニ付テハ町村長ヨリモ訴願又ハ訴訟ヲ提起スルコトヲ得

7 第二項第五項又ハ前項ノ裁決ニ付テハ府縣知事ヨリモ訴訟ヲ提起スルコトヲ得

8 第十七條、第三十條又ハ三十四條第三項ノ選擧ハ之ニ關係アル選擧又ハ當選ニ關スル異議申立期間、異議ノ決定若ハ訴願ノ裁決確定セサル間又ハ訴訟ノ繫屬スル間之ヲ行フコトヲ得ス

9 町村會議員ハ選擧又ハ當選ニ關スル處分、決定若ハ裁決確定シ又ハ判決アル迄ハ會議ニ列席シ議事ニ參與スルノ權ヲ失ハス

第三十四條　當選無效ト確定シタルトキハ町村長ハ直ニ第二十七條ノ例ニ依リ更ニ當選者ヲ定ムヘシ

2 選擧無效ト確定シタルトキハ更ニ選擧ヲ行フヘシ
3 議員ノ定數ニ足ル當選者ヲ得ルコト能ハサルトキハ其ノ不足ノ員數ニ付更ニ選擧ヲ行フヘシ此ノ場合ニ於テハ第二十七條第一項ヲ適用セス

第三十五條 町村會議員ニシテ被選擧權ヲ有セサル者ハ其ノ職ヲ失フ其ノ被選擧權ノ有無ハ町村會議員カ左ノ各號ノ一ニ該當スルニ因リ被選擧權ヲ有セサル場合ヲ除クノ外町村會之ヲ決定ス

一 禁治產者又ハ準禁治產者ト爲リタルトキ
二 家資分散又ハ破產ノ宣告ヲ受ケ其ノ宣告確定シタルトキ
三 禁錮以上ノ刑ニ處セラレタルトキ
四 選擧ニ關スル犯罪ニ依リ罰金ノ刑ニ處セラレタルトキ

2 町村長ハ町村會議員中被選擧權ヲ有セサル者アリト認ムルトキハ之ヲ町村會ノ決定ニ付スヘシ町村會ハ其ノ送付ヲ受ケタル日ヨリ十四日以內ニ之ヲ決定スヘシ
3 第一項ノ決定ヲ受ケタル者其ノ決定ニ不服アルトキハ府縣參事會ニ訴願シ其ノ裁決

又ハ第四項ノ裁決ニ不服アルトキハ行政裁判所ニ出訴スルコトヲ得
4 第一項ノ決定及前項ノ裁決ニ付テハ町村長ヨリモ訴願又ハ訴訟ヲ提起スルコトヲ得
5 前二項ノ裁決ニ付テハ府縣知事ヨリモ訴訟ヲ提起スルコトヲ得
6 第三十三條第九項ノ規定ハ第一項及前三項ノ場合ニ之ヲ準用ス（大正十年四月法律第五十九號改正）
7 第一項ノ決定ハ文書ヲ以テ之ヲ爲シ其ノ理由ヲ附シ之ヲ本人ニ交付スヘシ

第三十六條 第十八條及第三十三條ノ場合ニ於テ府縣參事會ノ決定及裁決ハ府縣知事郡會ノ處分ハ郡長、町村會ノ決定ハ町村長直ニ之ヲ告示スヘシ

第三十七條 本法又ハ本法ニ基キテ發スル勅令ニ依リ設置スル議會ノ議員ノ選擧ニ付テハ衆議院議員選擧ニ關スル罰則ヲ準用ス

（第二項削除）

第三十八條 特別ノ事情アル町村ニ於テハ郡長ハ府縣知事ノ許可ヲ得テ其ノ町村ヲシテ町村會ヲ設ケス選擧權ヲ有スル町村公民ノ總會ヲ以テ之ニ充テシムルコトヲ得
2 町村總會ニ關シテハ町村會ニ關スル規定ヲ準用ス

附録終

大正十三年四月十五日印刷
大正十三年四月十八日發行

衆議院議員選擧罰則
定價金壹圓五拾錢

司法省刑事局編纂

編輯兼發行者　葉多野太兵衛
東京市神田區今川小路二丁目四番地

印刷者　古田市郎平
東京市小石川區柳町二十六番地

印刷所　新進堂印刷所
東京市小石川區柳町二十六番地

東京市神田區今川小路二丁目四番地

發行所　清水書店
電話九段五七七、五七八番
振替口座東京七四四七番

不許複製

大審院判決例大審院検事局決議司法省質疑回答
衆議院議員選舉罰則
附　選舉訴訟、當選訴訟判決例

日本立法資料全集　別巻　1186

平成30年4月20日　　復刻版第1刷発行

編纂者　司　法　省　刑　事　局

発行者　今　井　　　貴
　　　　渡　辺　左　近

発行所　信　山　社　出　版

〒113-0033　東京都文京区本郷6-2-9-102
モンテベルデ第2東大正門前
電　話　03（3818）1019
FAX　03（3818）0344
郵便振替　00140-2-367777（信山社販売）

Printed in Japan.

制作／(株)信山社，印刷・製本／松澤印刷・日進堂

ISBN 978-4-7972-7301-4 C3332

巻数	書　名	編・著者	ISBN	本体価格
950	実地応用町村制質疑録	野田藤吉郎、國吉拓郎	ISBN978-4-7972-6656-6	22,000 円
951	市町村議員必携	川瀬周次、田中迪三	ISBN978-4-7972-6657-3	40,000 円
952	増補 町村制執務備考 全	増澤鐵、飯島篤雄	ISBN978-4-7972-6658-0	46,000 円
953	郡区町村編制法 府県会規則 地方税規則 三法綱論	小笠原美治	ISBN978-4-7972-6659-7	28,000 円
954	郡区町村編制 府県会規則 地方税規則 新法例纂 追加地方諸要則	柳澤武運三	ISBN978-4-7972-6660-3	21,000 円
955	地方革新講話	西内天行	ISBN978-4-7972-6921-5	40,000 円
956	市町村名辞典	杉野耕三郎	ISBN978-4-7972-6922-2	38,000 円
957	市町村吏員提要〔第三版〕	田邊好一	ISBN978-4-7972-6923-9	60,000 円
958	帝国市町村便覧	大西林五郎	ISBN978-4-7972-6924-6	57,000 円
959	最近検定 市町村名鑑 附 官国幣社 及 諸学校所在地一覧	藤澤衛彦、伊東順彦、増田穆、関惣右衛門	ISBN978-4-7972-6925-3	64,000 円
960	鼇頭対照 市町村制解釈 附 理由書 及 参考諸布達	伊藤寿	ISBN978-4-7972-6926-0	40,000 円
961	市町村制釈義 完　附 市町村制理由	水越成章	ISBN978-4-7972-6927-7	36,000 円
962	府県郡市町村 模範治績　附 耕地整理法 産業組合法 附属法令	荻野千之助	ISBN978-4-7972-6928-4	74,000 円
963	市町村大字読方名彙〔大正十四年度版〕	小川琢治	ISBN978-4-7972-6929-1	60,000 円
964	町村会議員選挙要覧	津田東璋	ISBN978-4-7972-6930-7	34,000 円
965	市制町村制 及 府県制　附 普通選挙法	法律研究会	ISBN978-4-7972-6931-4	30,000 円
966	市制町村制註釈 完　附 市制町村制理由〔明治21年初版〕	角田真平、山田正賢	ISBN978-4-7972-6932-1	46,000 円
967	市町村制詳解 全　附 市町村制理由	元田肇、加藤政之助、日鼻豊作	ISBN978-4-7972-6933-8	47,000 円
968	区町村会議要覧 全	阪田辨之助	ISBN978-4-7972-6934-5	28,000 円
969	実用 町村制市制事務提要	河邨貞山、島村文耕	ISBN978-4-7972-6935-2	46,000 円
970	新旧対照 市制町村制正文〔第三版〕	自治館編輯局	ISBN978-4-7972-6936-9	28,000 円
971	細密調査 市町村便覧(三府 四十三県 北海道 樺太 台湾 朝鮮 関東州)　附 分類官公衙公私学校銀行所在地一覧表	白山榮一郎、森田公美	ISBN978-4-7972-6937-6	88,000 円
972	正文 市制町村制 並 附属法規	法曹閣	ISBN978-4-7972-6938-3	21,000 円
973	台湾朝鮮関東州 全国市町村便覧 各学校所在地〔第一分冊〕	長谷川好太郎	ISBN978-4-7972-6939-0	58,000 円
974	台湾朝鮮関東州 全国市町村便覧 各学校所在地〔第二分冊〕	長谷川好太郎	ISBN978-4-7972-6940-6	58,000 円
975	合巻 佛蘭西邑法・和蘭邑法・皇国郡区町村編成法	箕作麟祥、大井憲太郎、神田孝平	ISBN978-4-7972-6941-3	28,000 円
976	自治之模範	江木翼	ISBN978-4-7972-6942-0	60,000 円
977	地方制度実例総覧〔明治36年初版〕	金田謙	ISBN978-4-7972-6943-7	48,000 円
978	市町村民 自治読本	武藤榮治郎	ISBN978-4-7972-6944-4	22,000 円
979	町村制詳解　附 市制及町村制理由	相澤富蔵	ISBN978-4-7972-6945-1	28,000 円
980	改正 市町村制 並 附属法規	楠綾雄	ISBN978-4-7972-6946-8	28,000 円
981	改正 市制 及 町村制〔訂正10版〕	山野金蔵	ISBN978-4-7972-6947-5	28,000 円

別巻　巻数順一覧【915 ～ 949 巻】

巻数	書　名	編・著者	ISBN	本体価格
915	改正 新旧対照市町村一覧	鍾美堂	ISBN978-4-7972-6621-4	78,000 円
916	東京市会先例彙輯	後藤新平、桐島像一、八田五三	ISBN978-4-7972-6622-1	65,000 円
917	改正 地方制度解説〔第六版〕	狭間茂	ISBN978-4-7972-6623-8	67,000 円
918	改正 地方制度通義	荒川五郎	ISBN978-4-7972-6624-5	75,000 円
919	町村制市制全書 完	中嶋廣蔵	ISBN978-4-7972-6625-2	80,000 円
920	自治新制 市町村会法要談 全	田中重策	ISBN978-4-7972-6626-9	22,000 円
921	郡市町村吏員 収税実務要書	荻野千之助	ISBN978-4-7972-6627-6	21,000 円
922	町村至宝	桂虎次郎	ISBN978-4-7972-6628-3	36,000 円
923	地方制度通 全	上山満之進	ISBN978-4-7972-6629-0	60,000 円
924	帝国議会府県会郡会市町村会議員必携 附関係法規 第1分冊	太田峯三郎、林田亀太郎、小原新三	ISBN978-4-7972-6630-6	46,000 円
925	帝国議会府県会郡会市町村会議員必携 附関係法規 第2分冊	太田峯三郎、林田亀太郎、小原新三	ISBN978-4-7972-6631-3	62,000 円
926	市町村是	野田千太郎	ISBN978-4-7972-6632-0	21,000 円
927	市町村執務要覧 全 第1分冊	大成館編輯局	ISBN978-4-7972-6633-7	60,000 円
928	市町村執務要覧 全 第2分冊	大成館編輯局	ISBN978-4-7972-6634-4	58,000 円
929	府県会規則大全　附 裁定録	朝倉達三、若林友之	ISBN978-4-7972-6635-1	28,000 円
930	地方自治の手引	前田宇治郎	ISBN978-4-7972-6636-8	28,000 円
931	改正 市制町村制と衆議院議員選挙法	服部喜太郎	ISBN978-4-7972-6637-5	28,000 円
932	市町村国税事務取扱手続	広島財務研究会	ISBN978-4-7972-6638-2	34,000 円
933	地方自治制要義 全	末松偕一郎	ISBN978-4-7972-6639-9	57,000 円
934	市町村特別税之栞	三邊長治、水谷平吉	ISBN978-4-7972-6640-5	24,000 円
935	英国地方制度 及 税法	良保両氏、水野遵	ISBN978-4-7972-6641-2	34,000 円
936	英国地方制度 及 税法	髙橋達	ISBN978-4-7972-6642-9	20,000 円
937	日本法典全書 第一編 府県制郡制註釈	上條慎蔵、坪谷善四郎	ISBN978-4-7972-6643-6	58,000 円
938	判例挿入 自治法規全集 全	池田繁太郎	ISBN978-4-7972-6644-3	82,000 円
939	比較研究 自治之精髄	水野錬太郎	ISBN978-4-7972-6645-0	22,000 円
940	傍訓註釈 市制町村制 並ニ 理由書〔第三版〕	筒井時治	ISBN978-4-7972-6646-7	46,000 円
941	以呂波引町村便覧	田山宗堯	ISBN978-4-7972-6647-4	37,000 円
942	町村制執務要録 全	鷹巣清二郎	ISBN978-4-7972-6648-1	46,000 円
943	地方自治 及 振興策	床次竹二郎	ISBN978-4-7972-6649-8	30,000 円
944	地方自治講話	田中四郎左衛門	ISBN978-4-7972-6650-4	36,000 円
945	地方施設改良 訓諭演説集〔第六版〕	鹽川玉江	ISBN978-4-7972-6651-1	40,000 円
946	帝国地方自治団体発達史〔第三版〕	佐藤亀齢	ISBN978-4-7972-6652-8	48,000 円
947	農村自治	小橋一太	ISBN978-4-7972-6653-5	34,000 円
948	国税 地方税 市町村税 滞納処分法問答	竹尾高堅	ISBN978-4-7972-6654-2	28,000 円
949	市町村役場実用 完	福井淳	ISBN978-4-7972-6655-9	40,000 円

別巻　巻数順一覧【878 ～ 914 巻】

巻数	書　名	編・著者	ISBN	本体価格
878	明治史第六編 政黨史	博文館編輯局	ISBN978-4-7972-7180-5	42,000 円
879	日本政黨發達史 全〔第一分冊〕	上野熊藏	ISBN978-4-7972-7181-2	50,000 円
880	日本政黨發達史 全〔第二分冊〕	上野熊藏	ISBN978-4-7972-7182-9	50,000 円
881	政党論	梶原保人	ISBN978-4-7972-7184-3	30,000 円
882	獨逸新民法商法正文	古川五郎、山口弘一	ISBN978-4-7972-7185-0	90,000 円
883	日本民法鼇頭對比獨逸民法	荒波正隆	ISBN978-4-7972-7186-7	40,000 円
884	泰西立憲國政治攬要	荒井泰治	ISBN978-4-7972-7187-4	30,000 円
885	改正衆議院議員選擧法釋義 全	福岡伯、横田左仲	ISBN978-4-7972-7188-1	42,000 円
886	改正衆議院議員選擧法釋義 附 改正貴族院令,治安維持法	犀川長作、犀川久平	ISBN978-4-7972-7189-8	33,000 円
887	公民必携 選擧法規ト判決例	大浦兼武、平沼騏一郎、木下友三郎、清水澄、三浦數平	ISBN978-4-7972-7190-4	96,000 円
888	衆議院議員選擧法輯覽	司法省刑事局	ISBN978-4-7972-7191-1	53,000 円
889	行政司法選擧判例總覽―行政救濟と其手續―	澤田竹治郎・川崎秀男	ISBN978-4-7972-7192-8	72,000 円
890	日本親族相續法義解 全	髙橋捨六・堀田馬三	ISBN978-4-7972-7193-5	45,000 円
891	普通選擧文書集成	山中秀男・岩本溫良	ISBN978-4-7972-7194-2	85,000 円
892	普選の勝者 代議士月旦	大石末吉	ISBN978-4-7972-7195-9	60,000 円
893	刑法註釋 卷一～卷四(上卷)	村田保	ISBN978-4-7972-7196-6	58,000 円
894	刑法註釋 卷五～卷八(下卷)	村田保	ISBN978-4-7972-7197-3	50,000 円
895	治罪法註釋 卷一～卷四(上卷)	村田保	ISBN978-4-7972-7198-0	50,000 円
896	治罪法註釋 卷五～卷八(下卷)	村田保	ISBN978-4-7972-7198-0	50,000 円
897	議會選擧法	カール・ブラウニアス、國政研究科會	ISBN978-4-7972-7201-7	42,000 円
901	鼇頭註釈 町村制　附 理由 全	八乙女盛次、片野續	ISBN978-4-7972-6607-8	28,000 円
902	改正 市制町村制　附 改正要義	田山宗堯	ISBN978-4-7972-6608-5	28,000 円
903	増補訂正 町村制詳解〔第十五版〕	長峰安三郎、三浦通太、野田千太郎	ISBN978-4-7972-6609-2	52,000 円
904	市制町村制 並 理由書　附 直接間接税類別及実施手続	高崎修助	ISBN978-4-7972-6610-8	20,000 円
905	町村制要義	河野正義	ISBN978-4-7972-6611-5	28,000 円
906	改正 市制町村制義解〔帝國地方行政学会〕	川村芳次	ISBN978-4-7972-6612-2	60,000 円
907	市制町村制 及 関係法令〔第三版〕	野田千太郎	ISBN978-4-7972-6613-9	35,000 円
908	市町村新旧対照一覧	中村芳松	ISBN978-4-7972-6614-6	38,000 円
909	改正 府県郡制問答講義	木内英雄	ISBN978-4-7972-6615-3	28,000 円
910	地方自治提要 全　附 諸届願書式 日用規則抄録	木村時義、吉武則久	ISBN978-4-7972-6616-0	56,000 円
911	訂正増補 市町村制問答詳解　附 理由及追輯	福井淳	ISBN978-4-7972-6617-7	70,000 円
912	改正 府県制郡制註釈〔第三版〕	福井淳	ISBN978-4-7972-6618-4	34,000 円
913	地方制度実例総覧〔第七版〕	自治館編輯局	ISBN978-4-7972-6619-1	78,000 円
914	英国地方政治論	ジョージ・チャールズ・ブロドリック、久米金彌	ISBN978-4-7972-6620-7	30,000 円